願いが叶う!! 想いが実る!!

究極の財産管理ツール

民事信託超入門

河合 保弘 著

日本加除出版株式会社

刊行に寄せて
「民事信託と正義」

「信託は正義である」

この言葉は、私が、よく嘱託人や相談者に語る言葉です。

ここで言う「正義」というのは、社会的弱者である高齢者や障害者を助けるという正義の意味そのものではありません。信託を創造（設定）するとき、そして信託を実現（事務処理）するとき、ともに「正しいこと」に向かって取り組まなければならないという意味です。

法は、信託に、この正義を実現するためさまざまな規定を置いています。その1は、信託として認められない目的や仕組みを法定していること、その2は、信託事務処理につき正しいことを実現させるため受託者にさまざまな義務や責任を課していることに大別されます。これは、信託が本来与えられた社会的役割から外れて恣意的に使われた歴史があったからとも言えます。

民事信託は、信じて託す財産の管理承継制度です。

民事信託は、家族型民事信託（家族信託）に代表されますが、家族のための家族信託のほかに地域再生のため、あるいは公益性の強い事業を支えるためなど多種多様の活用分野があります（このことは、本書で特に詳しく紹介されています）。

信託制度は、この託された財産を「管理（守る）」「活用（活かす）」そして「承継帰属させる（遺す）」という機能を一つの法的仕組みでできるという、他にはない画期的な機能があります。信託では、この機能をパワフルに使うのです。

民事信託は、これを利用する人が自由な発想で、これらの財産の管理や処分の仕組みを組み立てることができる法制度です。信託は、設定する信託の目的が違法であったり達成できない不可能なものでない限り、いかなる目的にも活用でき、しかも他の制度とリンクさせることもできる、まさに「広遠な法制度」です。道垣内弘人教授は、「（信託には）さまざまなバリエーションがあり、このバリエーションの可能性こそが、信託がさまざまな目的に用いる手段であることを基礎づけている」（道垣内弘人「信託法入門」日本経済新聞出版社・平成19年、31、38、２３３ページ）といい、さらに樋口範雄教授は、「新たな仕組みを作るというのは、従来、法律家に最も重要とされてきた文書の解釈技術だけでは足りず、社会の現実的な要請を理解し、それに適合するようなスキームを作り上げる創造的な能力が求められる」（樋口範雄「入門・信託と信託法」弘文堂・平成19年、２４７ページ）と説明しているとおり、信託の神髄が創造制作にあることは明らかです。

このように民事信託にあっては、法が認める枠組み（基本ルール）の中で、それが目的に従って機能するよう創造すること（「企画」と「制作」）が最も重要であり、先ずはこの信託を考え信託行為という形にすることに最大の力を傾注しなければなりません。

そこで、何でも創造できる信託の中で、信託創造者が確実に遵守しなければならないこと、すなわちやってはならないことが二つあります。

その1は、**信託の本質**に反する信託の設定です。

信託の本質とは、受益者と受託者との信頼関係（「信認関係」）であり、受託者が、信認関係に裏打ちされた信認義務を全うすることにあるといえます。例えば、信託という名のもとに、信託財産を受託者に移転せず委託者名義で管理運用する、これは受益者と受託者との信認関係がない仕組みです。したがって、法にいう信託とは言えません。この信認関係がよく問題になるのは、自己信託の制度です。委託者、受託者、そして受益者がいずれも同一人の信託（「スリーS自己信託」と呼んでいます）が相談に持ち込まれることがありますが、受益者を一人以上追加しない限り、設定はできないとお断りしています。どこにも信認関係がないからです。

しかし、信託の本質にかかわる事柄は、かかる自己信託だけで問題となるものではありません。時として相談が持ち込まれる中に、受託者が何でもやれる、まさに受託者のための信託といえるようなものがあります。例えば、受託者の専権で受益者を自由に変更できるもの、あるいはすべての受益権を自由に受託者が取得できるなどとするスキーム、これも信認関係があってないようなものですし、法が認める信託の仕組みからは外れていると考えられます。さらに、受託者の負担する信認義務を裏付ける個々の義務等を全くデフォルト・ルールにした信託、例えば善管注意義務すら負わなくてもよいとする信託なども同様と言えます。

その2は、**法が認めない不正義な信託の設定**です。

信託は、前記のように、信託の本質に反しない限り、いかなる仕組みをも組み立てられますが、おのずと限界があります。

民事信託は、委託者が実現したい目的があれば何でもできる、そんな法制ですが、信託ではできないさまざまなことがらを法定し、あるいは考えられています。信託法が明文で禁止や規制している信託としては、受託者が専ら利益享受する信託（信託法8条）、脱法信託（同法9条）、訴訟信託（同法10条）や詐害信託（同法11条）などがあります。しかも、信託業法にも制約の規定があります。このほか、法の趣旨から禁止されていると考えられているものもあるのです（「名義信託」など）。それとともに、法は、信託の事務処理に「正しいこと」を求めるために、先に説明したように受託者に数多くの義務（信託事務遂行義務、自己執行義務、善管注意義務、忠実義務、公平義務、分別管理義務、帳簿等作成義務・情報提供義務など）を課しています。したがって、信託の設定に当たっては、これらの規定を遵守する必要があります。

このように、信託は、法が許容する「正しいこと」を託すこと、そして託された人も正しく事務処理をするということが基本にあると考えています。信託の本質と最低限守らなければならない仕組み（基本ルール）を理解しないで、民事信託は利用できませんし、また信託の創造者になってはならないのです。

そもそも、信託実務における信託の正義とは何かという疑問があろうかと思います。答えは簡単だと考えています。それは、信託を使う理由がないのに使う、使う必要がないのに使う、そして使ってはならないのに使う、それを犯すことが信託にとっては、正義ではないということです。

法が支配する私的自治のもとにあっては、根拠のない考えだという方もおられるでしょうが、家族型民事信託にとって、今、まさに黎明期ともいえる時期にあることを忘れてはなりません。信託は、いまだあるべき姿が成熟しておらず、一般の人には理解が難しい制度ともいえます。それゆえ無規律であってはならず、誰もが納得する使い方が求められています。信託行為の証書を作成するにあたり、法定されている脱法信託や詐害信託等に当たらないというだけでなく、信託の目的や信託財産等の関係からして、何のために信託を使うのか、合理的説明ができないものは、そこに正義を見いだせないと思います。

このたび、尊敬する河合保弘先生から本書を出版するにあたり、実務に携わる者としての民事信託に対する考え方を巻頭に書いてもらいたいという依頼を受けて快諾したものの、趣旨に沿った内容になっているかどうかと心配しています。本書は、民事信託の基礎知識や実務の現状を明瞭に紹介した入門書です。しかも、実際に使われている信託について独自のわかりやすい表現を用いて説明し、信託が無限の可能性を秘めた制度であることを紹介した実務参考書であります。ぜひ多くの方々に読んでほしいと思います。

平成26年9月

東京法務局所属公証人　遠藤　英嗣

はじめに

平成19年に信託法の大改正がありましたが、もうあれから約7年が経過しています。

実は、その大改正は、従前の「信託」というもの自体の常識を根本的に変えたばかりではなく、我が国の民事法体系全体の常識をも大きく覆すものだったのです。

しかし意外にも、そのことに対する認識が、世間一般はもとより、専門家の間においてさえ、正しくなされているとは到底言えない状況なのではないかと思います。

特に「民事信託」については、平成23年2月、著者たちのグループが「誰でも使える民事信託」（日本加除出版）を出版して以来、専門家の世界では、その用語を耳にすることが多くなってきたものの、ほとんどの人がまだ民事信託と商事信託の本質的な相違を理解しないままに語っていることや、信託業法の規制を必要以上に気にしていることもあって、その普及が遅れているのではないかと考えています。

現在では、信託をテーマとした書籍の出版数も増えましたし、セミナーも毎週のように開催されているようですが、大変残念なことに、ほとんどの書籍やセミナーは、民事信託に特化するのではなく、信託一般を包括的に論じた高度な理論が中心であったり、信託の税務に関してのみ述べられた専門的なものであったりと、専門家であってさえその内容をすべて理解することが困難なように思えてなりません。

そうしたことから、「民事信託」に関しては、その基礎知識から応用事例までを体系的に論じられることが、今まであまりなかったのではないでしょうか。

しかし、民事信託を活用する対象が拡大し、その知識を求める層の裾野が広がってきている今、社会は明らかにもっとわかりやすい「民事信託」の入門書を求めていると思います。

本書は、そういったニーズに応えるため、民事信託のみに特化して、初心者から専門家、実務家までの各層の読者が、その基礎の基礎から理解できるよう、図表をメインにおいて、可能な限りわかりやすいように構成しました。

また、事例についても、著者たちのグループが現実に活用しているスキームを中心に、各種に応用を効かせることによって、現場で提案することが可能な内容になっています。

ただ、具体的な信託契約書等の文例については、あまりにも千差万別の事例に対してオーダーメイドで作成する必要があるため、本書では割愛しており、それについては遠藤英嗣公証人の著書「増補・新しい家族信託」(日本加除出版・平成26年8月)を参考にされることをお薦めしておきます。

本書が「民事信託」の入門書として、広く活用されることを心から願っています。

平成26年9月

河合　保弘

第3章　人の生涯と財産管理

第4章　「何もしない」リスクとリスクマネジメント

第7章　民事信託の税務

第１章

民事信託・その無限の可能性

1　信託の原点とその本質

民事信託を語り出すその前に、まず本来の信託の原点とその本質について解説しておきたいと思います。これは、おそらく広く知られていることであると思いますが、そもそも信託の原点は、中世ヨーロッパの十字軍であると言われています（異説も各種あるようですが…）。

国家の命を受け、十字軍として異国の地へと遠征に出向く兵士を「委託者（settler）」、その兵士が最も信頼する友人を「受託者（trustee）」、そして出征する兵士の家族を「受益者（beneficiary）」とする新たな形態の契約行為が、必要に迫られて誕生しました。

兵士（委託者）は、その所有している財産の名義を友人（受託者）に託し、その財産を友人自らの責任でもって適切に管理・運用すること、そこから出てくる収益を必ず兵士の家族（受益者）に手渡すことを約束してもらい、安心して戦地に出向くことになります。

このことから、信託の本質とは、委託者から受益者に対する「贈与」あるいは「相続の先渡し（死因贈与）」であるということがわかると思います。

ただし、この贈与にはいくつかの「条件」が付けられることになります。

【図表1】十字軍の信託

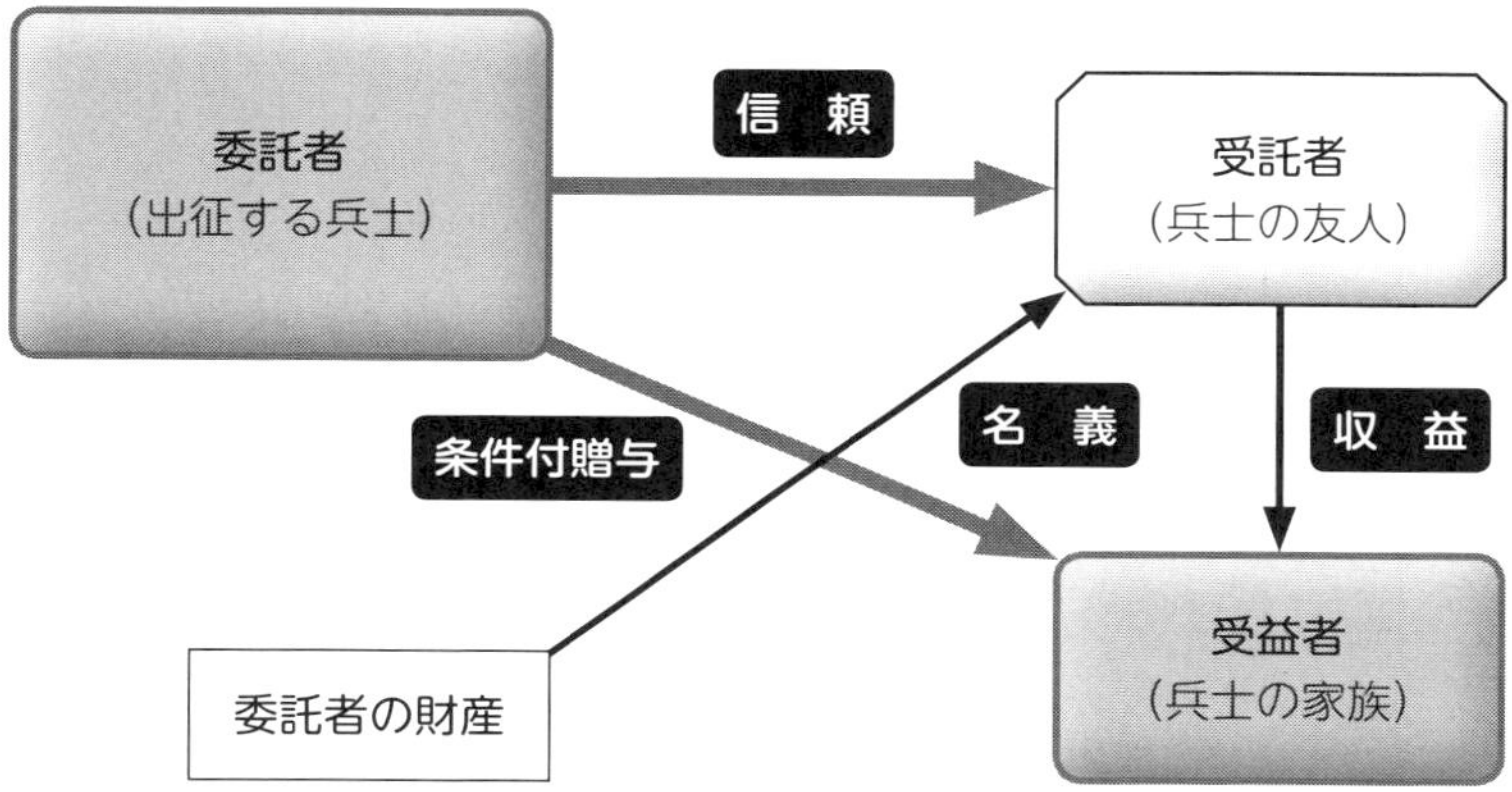

絶対的な信頼と愛情があってこそ成り立つ制度である。

例えば十字軍の例で言いますと、まず兵士の財産（物権）を即時に直接的に兵士の家族が取得するのではなく、それは名義上の財産所有者となる友人を介して受益権（債権）として段階的に手渡されるということ、そして次に、もし将来、兵士が戦場から元気に生還してきた場合には、その財産は元の状態に復される可能性もあり、かつ不幸にも兵士が傷病兵として帰還して自らで財産管理ができない状況となってしまった場合には、信託が継続されることも有り得るということです。

この「受託者が名義上の所有者になり、実質的な権利はすべて受益者に移る」という点が、名義も権利も全部移転する「贈与」や「売買」、あるいは名義は移転しないで権利の一部が移動するだけの「貸借」や「寄託」、いずれも移動しない「委任」や「代理」とは異なる、「信託」だけが持つ極めて大きな特徴となります。

さらに、受託者となる者は、その契約によって自らが利益を得ることは一切なく、ただただ大切な友人である委託者の「信頼に応える」ために「託された行為」を、委託者が深い愛情を持って養ってきた家族、すなわち受益者のために遂行するだけの、言ってみれば債務を負うだけの立場となります。

まさに、信託の受託者は「紳士と紳士の高潔なる約束」を誠実に履行しているということになるのです。

そういった観点から改めて信託を考えてみますと、それを構成し動かしているのは、「願い」や「想い」を持っている委託者の意思であり、それを真摯に叶え実らせようとする受託者の誠意であり、彼らの強い気持ちや愛情を深い感謝をもって受け止める受益者という、それぞれの人間の純粋な心情であることがわかると思います。

2　我が国における信託制度の「不幸な歴史」

前節では「信託は贈与」とか「受託者は利益を得ない」と述べましたが、何か違和感を感じられるのではないでしょうか。

我が国の常識では、「信託は資産運用の手段」であり、「受託者は営利が目的で、かつ許可が必要」そして「信託法による規制はとっても厳しい」ということになっています。

そのこともあってか、大変残念なことに、我が国における信託制度は、必ずしも国民に浸透したものではなく、かつ積極的に活用されている制度にはなっていないように思えてなりません。

その理由は二つあると考えています。

まず一つ目の理由は、実は我が国には信託制度にとって、極めて「不幸な歴史」があるということです。

我が国において「信託」という制度自体は、明治初期に制定された旧民法の時代から取り入れられていたのですが、大正時代に入って「信託会社」を称する悪徳業者により、信託という名目で一般市民から金を集めてこれを横領・着服するといった犯罪行為が頻発したそうです。

そして大正11年、そのような悪徳信託業者を規制する目的をもって、大資本がバックにある信託銀行や、特別な許可を受けた信託会社以外には信託の受託者になることを認めないという方向で、信託法及び信託業法が制定されたのです。

それ以降、我が国で信託と言えば「商事信託」を指すものとなり、「信託」という制度自体が、国民からは遠い存在になってしまいました。

次にもう一つの理由ですが、それは我が国における信託が「自益信託」を基本とするものにならざるを得なかったということです。

信託の本質は「条件付贈与」なのですから、基本的には委託者と受益者は別人である「他益信託」であるべきなのですが、制度上では委託者と受益者が同一である「自益信託」も認められています。

【図表２】他益信託

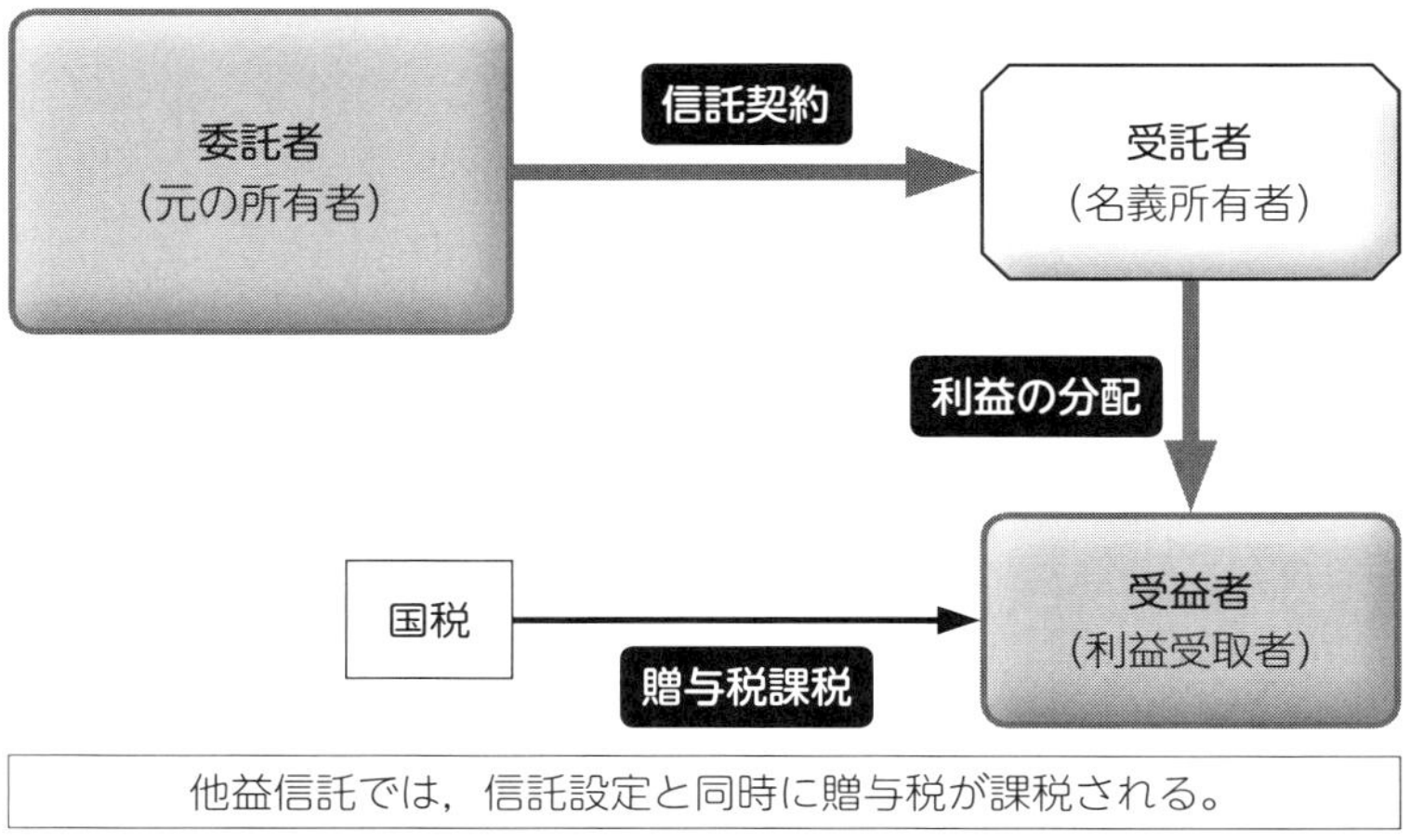

【図表３】自益信託

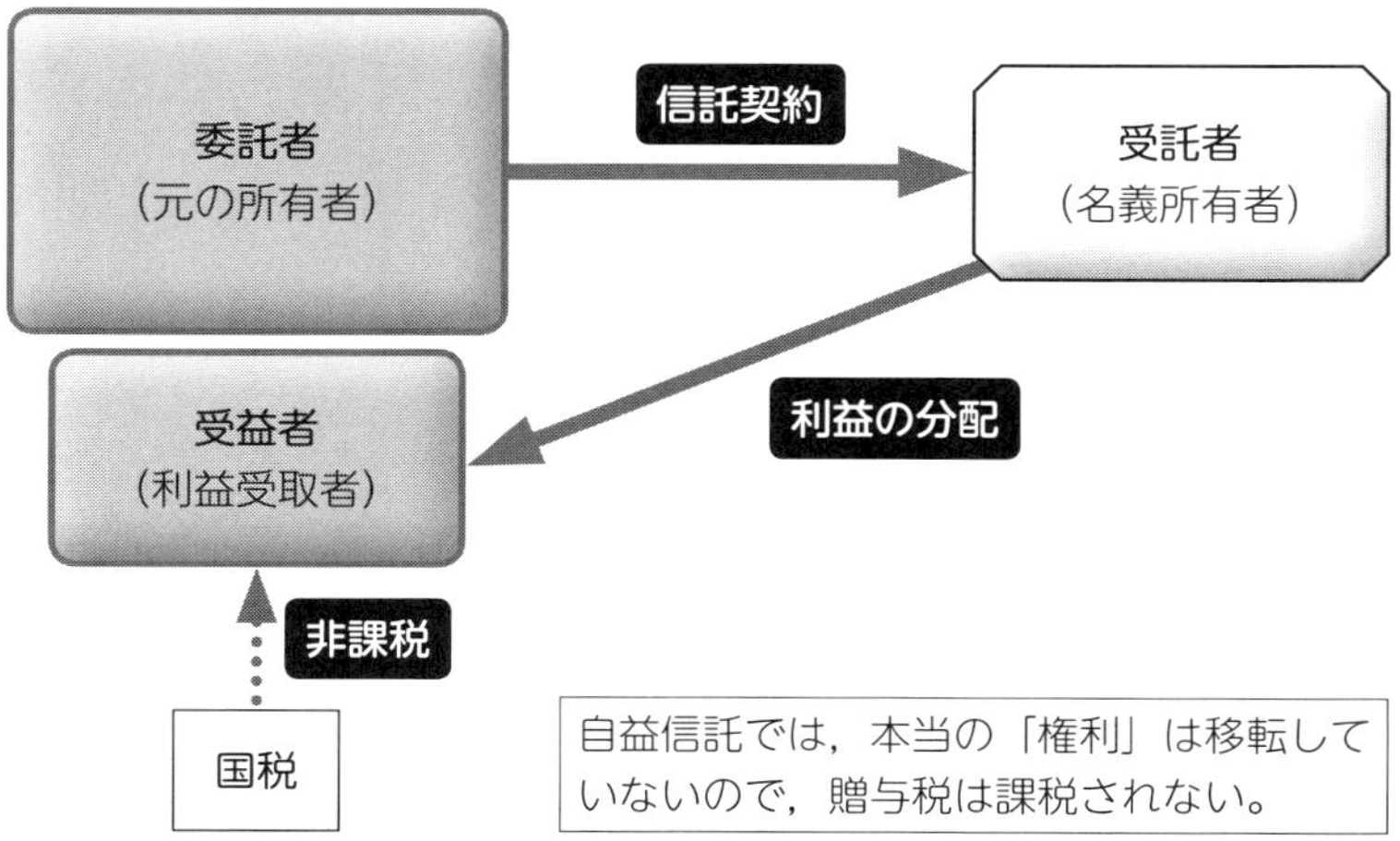

図表を比較いただくとわかるように、「他益信託」すなわち「十字軍の信託」を我が国で実行しようとすれば、信託を設定した瞬間に「権利が移転した」として、贈与税の課税が発生するのです。

しかし、自益信託であれば、自分で自分に権利を渡すのですから、これは「権利が移転した」とは捉えられず、特に課税はされないので、少なくとも信託設定当初は自益信託としておくのが我が国の信託の常識となってしまいました。

そしてその結果、その後の我が国における「信託」とは、「委託者自身の財産を運用して増やすために」「受託者が営業として行う」こと、すなわち「信託銀行や許可のある信託会社以外は取り扱ってはいけないもの」という先入観や思い込みができてしまい、一方で「信託は危ないものだから個人が受託者となってはいけない」という風潮となり、その結果、本来あるべき「十字軍の信託」とは全く異なった歴史を辿ることとなったのです。

しかし、本当の「信託」とは、関係者全員の絶対的な信頼と愛情があってこそ成り立つ制度であり、まさに委託者の「願いを叶え」「想いを実らせる」ためのものであるべきなのではないでしょうか。

そのような信託の原点を振り返り、かつ本質を的確に捉えたうえで、個人が自由自在に設計して活用できる信託こそが本当の信託であり、それこそが「民事信託」であると考えます。

3　民事信託の定義

ところで「民事信託」という用語は、いつ何処から発生したのでしょうか。

実は、この用語は、信託法や信託業法はもちろん、我が国のあらゆる法律の中に一切出てくることはありません。

調べてみたところ、信託法改正が論じられていた２０００年頃に学者や法制審議会の議論の中で「商事信託」「営業信託」に対する対比語として使われたのが最初ではないかと言われているようですが、実はその用語の発祥自体が曖昧なものなのです。

また、現在でも民事信託の類義語として「家族信託」「福祉信託」「個人信託」等々の用語が、それぞれの局面においてバラバラな概念でもって使用されており、ますます混乱をきたしている感があります。

そこで本書では「民事信託」の定義を、新たに定めたいと考えました。

まず最初に、民事信託が、受託者が金融庁等の何等かの公的機関の許認可を得て、営業行為として行う「商事信託」とは根本的に存在意義や目的が異なり、いわば一線を画するものであることに注目したいと思います。

【図表4】商事信託の考え方（信託＝資産運用）

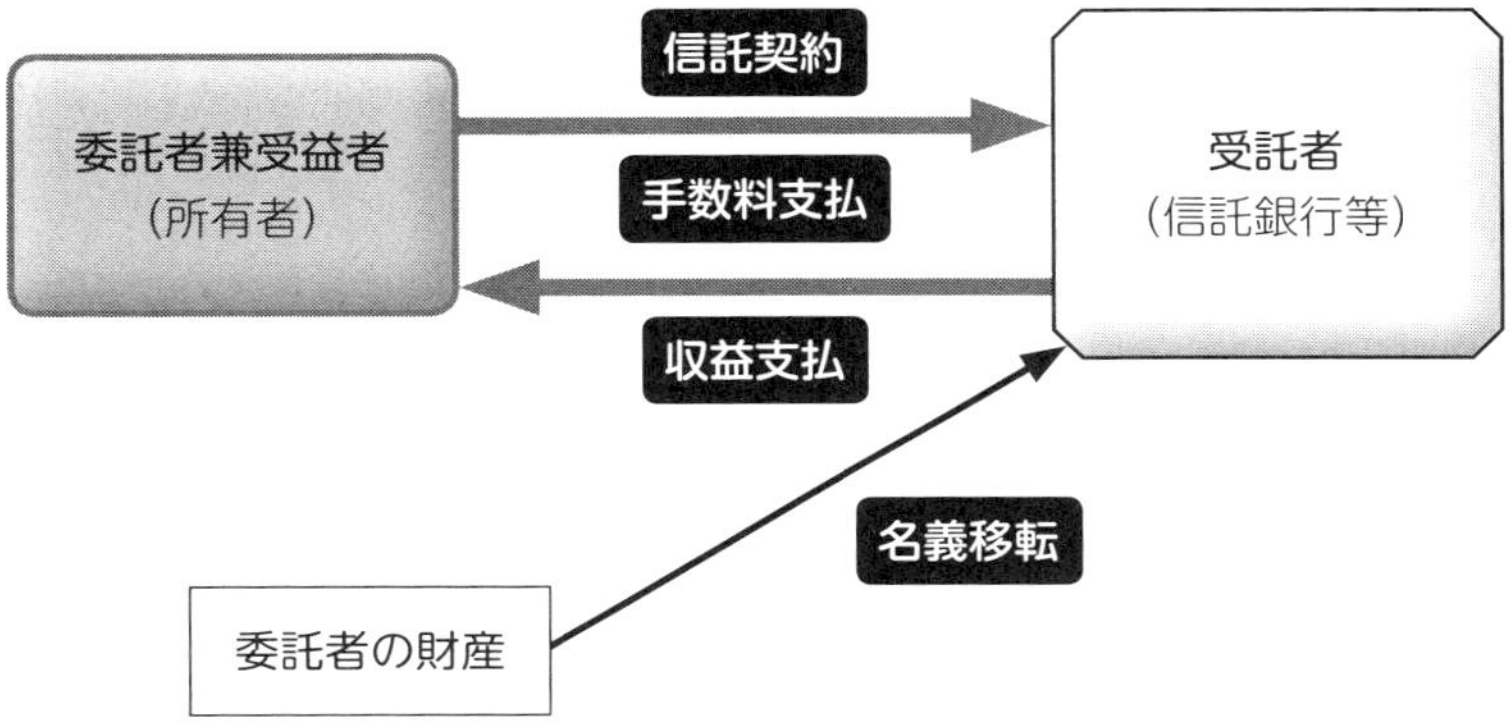

委託者兼受益者が信託財産から収益を得て，受託者が手数料を得るための制度。

我が国の商事信託において、その目的は「個人や法人が自己の資産を活用・運用するために、信託銀行や信託会社に信託し、その収益は自分自身が受け取ること（自益信託）」というのが一般的な常識でしょう。

少なくとも一般人にとって、信託銀行や信託会社の利用は、普通の銀行に預金したり、不動産を誰かに預けて管理してもらうのと何ら変わらない、自己の財産の運用の一手法にすぎません。

すなわち、一般人が信託銀行を利用する際に、それが信託であるか、消費貸借や賃貸借、あるいは寄託や委任や代理といった他の契約形態であるかを気に掛けることはないのではないでしょうか。

ところが民事信託は、考え方そのものが、商事信託とは全く異なります。

民事信託は、信託の原点である「十字軍の信託」の志を汲み取って行われるべき制度であり、すなわち、委託者と受託者の間の絶対的な信頼と、委託者が受益者に向ける愛情、そして受託者の無償の献身によって初めて成り立つ制度なのです。

そこで本書では、民事信託の定義を次のように定めたいと思います。

民事信託の定義

許認可のある信託銀行や信託会社を介することなく、一般市民や中小企業等が委託者・受託者・受益者等の信託を構成する機関となり、個人的な信頼関係を基礎として執り行われる信託行為のすべて。

既にお気付きのことと思いますが、これまでの図表１から図表４を見ていただくと、図表１から図表３については委託者に比べて受託者が小さく表現されており、図表４のみが受託者の存在を大きく表現しています。

これは民事信託と商事信託の違いを明らかにするためで、詳しくは後述しますが、同じ信託制度であっても、商事信託では受託者の存在が非常に大きいものであるのに対し、民事信託においては受託者の存在意義や役割が根本的に異なるということを表現しているので、この後も本書においては、このようなバランスで図表を表現することになります。

図表５にあるとおり、信託法大改正後の信託の基本は民事信託であり、信託の一類型として従前のような商事信託が存在し、さらに民事信託のカテゴリーの中に「家族信託」「個人信託」「福祉信託」等の特別

【図表５】民事信託と商事信託

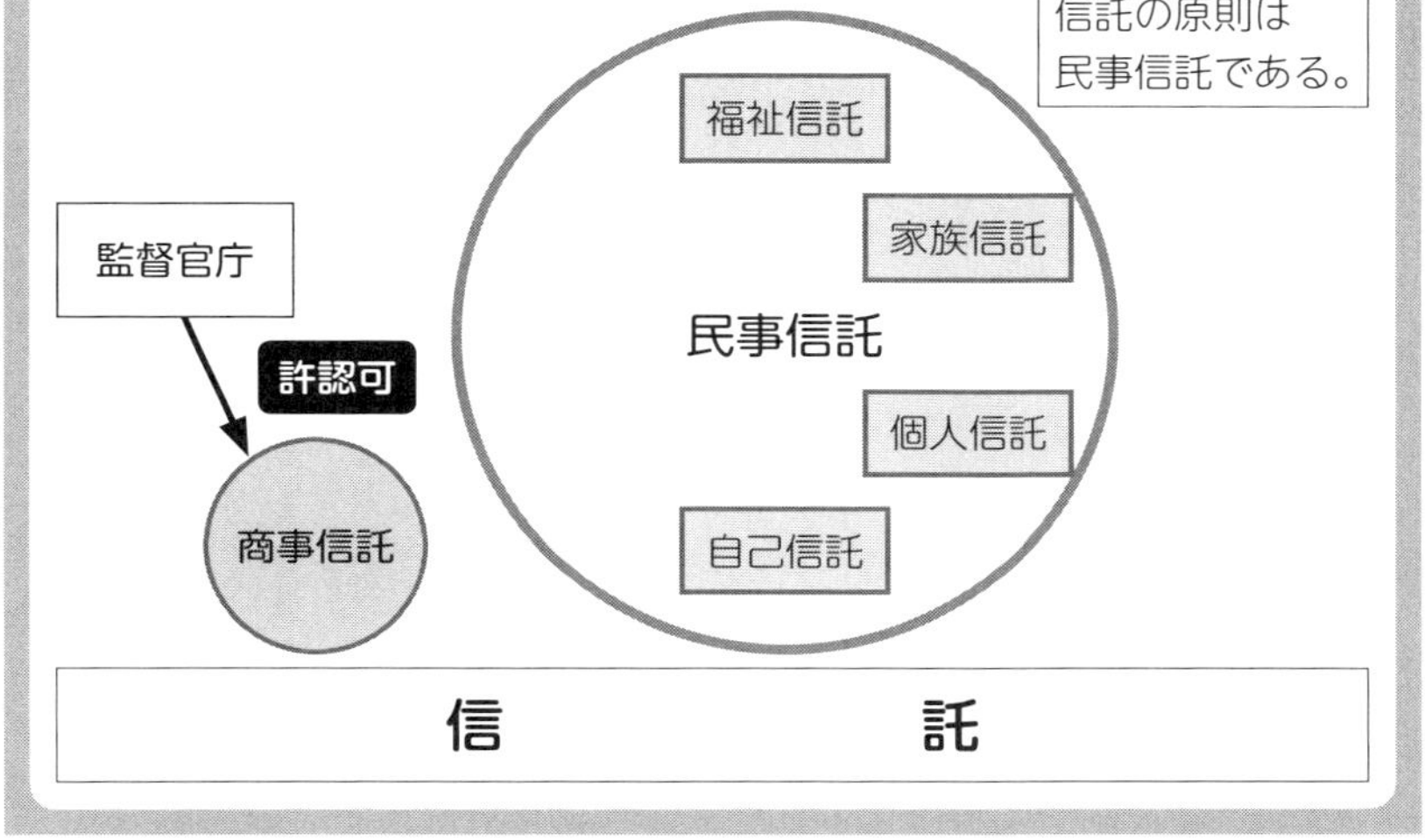

な用語が使われていると考えてください。

そうなりますと、従前の信託法解説書のメインテーマとなっていました商事信託における受託者の義務や責任と言った難しい論点を中心に信託を論じるのではなく、ここではあくまでも「信託をする人たちの願いや想い」を、どのように信託という手段を使って「叶え・実らせる」ことができるのか、という視点を中心に民事信託を語ることが重要であるという結論に達するのです。

＊

余談ではありますが、正直なところ「民事信託」という用語は、「民事事件」や「民事訴訟」を連想させるため、あまり一般市民にとって親しみを感じるものではなく、むしろ難しくて怖いものではないかというイメージが先行しているようで、決してベストではないと著者は感じています。

かと言って「家族信託」「福祉信託」「個人信

託」といった一部で使われている用語も、大きな範囲を指す「民事信託」と比較すると、その意味が狭く捉えられがちで、どれも好ましくないように思うのです。

本来であれば、本書の出版を機会として、「商事信託」の対比語として最も相応しい新たな用語を創り出せればと考えていたのですが、大変残念なことに現時点ではこれに代わるベストな用語を思い付かないことから、本書では暫定的に「民事信託」という表現を使用する結果となったことを、念のために申し添えておきます。

4　民事信託と商事信託

詳しくは後述しますが、我が国では歴史的な問題から、信託制度自体がほとんどすべて商事信託を原則として発展してきたため、そもそも民事信託という捉え方自体があまりありませんでした。

実際、今でもなお一般市民の方々にとって「信託」という言葉から連想されるのは、ほぼ間違いなく「信託銀行」だと思います。

さらに、専門家の間ですら現時点でもまだ「信託は許可が必要な制度」と頭から思い込んでいるような傾向があって、それが民事信託の正しい普及を阻害しているように思えてなりません。

当然のことながら、民事信託は誰の許可を得ることもなく設定可能な制度なのですが、専門家はまだそのあたりに違和感を感じているのではないでしょうか。

しかし、今般の信託法改正によって、その前提は全く変わったのです。

今のところ、いろいろな説がありますが、少なくとも改正された信託法が、民事信託を大いに活用することを薦めていることは間違いのない事実であると思います。これを根拠付けるために、民事信託における受託者の要件について考えてみましょう。

信託法

（受託者の資格）
第7条　信託は、未成年者又は成年被後見人若しくは被保佐人を受託者としてすることができない。

まず、信託法上での受託者の要件ですが、第7条によると、行為能力さえあれば特に制限はないということになっていますので、行為能力ある自然人なら誰でもなれますし、当然に会社や法人が受託者になることも可能ということになります。

しかし、信託業法において、受託者が「営業」として信託行為を行うためには、一定の規制に服することを求めています。

信託業法

（目的）

第1条　この法律は、信託業を営む者等に関し必要な事項を定め、信託に関する引受けその他の取引の公正を確保することにより、信託の委託者及び受益者の保護を図り、もって国民経済の健全な発展に資することを目的とする。

（定義）

第2条　この法律において「信託業」とは、信託の引受け（他の取引に係る費用に充てるべき金銭の預託を受けるものその他他の取引に付随して行われるものであって、その内容等を勘案し、委託者及び受益者の保護のため支障を生ずることがないと認められるものとして政令で定めるものを除く。以下同じ。）を行う営業をいう。

それでは、「営業」とは、どういったものなのでしょうか。

これは、信託法にも信託業法にも明確な規定がないので、現在では専門家がそれぞれ勝手に解釈して、できる限り規制を重く（すなわち民事信託ができない方向で）考える傾向があるようですが、信託業法は監督官庁が金融庁であることから明白であるように、利益追求型の信託行為を規制しているだけであって、決して民事信託を取り締まるための法律ではないということを忘れてはならないと思うのです。

民事信託と商事信託の相違点＝「営業」と「非営業」

民事信託は、受託者にとって「営業」ではない（「非営業」）信託

→受託者が営利を目的とせず、特定の委託者から特定の目的に限定して受託する信託であり、かつ信託財産を運用して利益を生み出し、それを多数の受益者に配当するというような目的でなければ、金融庁の監督に服さない。

「非営業」の基準

i 非営利性

→受託者が信託の運営経費を大きく上回る受託手数料や役員報酬を得ないこと。

（全く報酬を得てはならないというまでの規制ではない）

ii 非事業性

→受託者（受託法人）が、当該信託行為と密接に関連する他の事業を行わないこと。

（例えば不動産業者が不動産信託の受託者になる行為には問題が全くないとは言い切れない）

iii 非金融性
→対象財産から発生した収益を、不特定多数の受益者に配当するような内容ではないこと。
（不動産の賃料を共同相続人である受益者に配分することは可能と考えられる）

iv 非反復継続性
→一人の受託者が一つの信託契約継続中に、当事者が全く別の信託契約の受託者にはならないこと。
（親族等の関連当事者の信託を複数受託するのは問題ないと考えられる）

以上のことから、正当な動機で正当な内容をもって信託をすることに関しては、必要以上に信託業法の規制を気にすることよりも、如何にして委託者・受託者・受益者の各者にとって有益であり、社会的にも適格な信託行為であるか否かが問題であって、信託業法を民事信託の普及を阻害する要因であると考えるよりも、規制をする必要のないような健全な信託の組成を目指すべきであると考えるべきではないでしょうか。

その意味から、本書冒頭の遠藤英嗣公証人の文章をもう一度振り返っていただければと思います。

5　詐害信託について

しかし、民事信託はその設定内容が自由であるが故に、当初から誰かの権利を侵害することを目的として信託行為を行う不届き者が出てくるということは、大変残念なことながら、これも想定せざるを得ないのです。

信託法は、そのあたりを考慮してか、詐害信託に関しては、債権者が取り消すことができるとの規定を置いています。

信託法

（詐害信託の取消し等）

第11条　委託者がその債権者を害することを知って信託をした場合には、受託者が債権者を害すべき事実を知っていたか否かにかかわらず、債権者は、受託者を被告として、民法第４２４条第１項の規定による取消しを裁判所に請求することができる。

具体的には、大きな債務があって返済が難しいことが明白な状態になっている者が、自分の財産の一部を信託して他者の名義とすることによって、債権者からの強制執行を免れようとするような行為で、これは取り消されて当然の不当な行為でしょう。

しかし、信託法第11条では、取消しの方法として民法第424条「詐害行為取消権」の規定を準用しているため、この取消しは訴訟によらなくてはならず、簡単なことではありません。

民法

（詐害行為取消権）

第424条 債権者は、債務者が債権者を害することを知ってした法律行為の取消しを裁判所に請求することができる。ただし、その行為によって利益を受けた者又は転得者がその行為又は転得の時において債権者を害すべき事実を知らなかったときは、この限りでない。

2 前項の規定は、財産権を目的としない法律行為については、適用しない。

実際、信託を債権者を害する目的で使おうとする者は存在していますし、これが信託制度、特に個人や会社が自由に設定できる民事信託全体に対する誤解を生んでいるように思えてなりません。

そのことから、まずは信託設定の段階から、詐害行為とならないよう正しく指導することが専門家の役割であると考えるべきですし、専門家は信託設定の相談を受けた場合、次のような基準でもって信託の適格性を判断する必要があるのではないかと考えます。

詐害信託の判断基準例

- ・信託契約時に委託者が債務超過状態（帳簿上ではなく実体・時価ベースとして）になっている。
- ・信託契約時に委託者が既に資金繰り難に陥っており、債権者に対する弁済の延滞をしたり、常態として督促を受けている状態にある。
- ・委託者の債権者の中に一人でも信託設定に反対している者がいる。
- ・信託設定行為が一部債権者のみの利益を図る内容である。
- ・一部従業員の労働条件低下や契約解除の可能性がある内容である。（事業信託の場合）
- ・その他、客観的に見て信託の設定が一部の関係者のみの利益を図る行為であることが明確である。

ただ、ここで重要なことは、詐害信託か否かを判別する際の基準となるのは、あくまでも委託者と委託者の債権者との関係であり、決して委託者と委託者の推定相続人との関係ではないということです。

民法上の相続に関しては、一般的には遺留分制度の適用がありますが、信託設定段階で将来の推定相続人の遺留分を侵害している内容であったとしても、推定相続人にはまだその時点では何らの権利もないのですから、信託設定行為自体は影響を受けることがないので、委託者の意思で自由に設定してかまわないということを忘れてはなりません。

ポイント 「詐害」の対象は「債権者」であり、決して「推定相続人」ではない!!

さて、詐害信託に対する注意事項を示したところですが、どうしても我が国においては「信託」という言葉自体に何となく悪いイメージが付き纏っている感じがしますし、また我が国の法律家や会計人は、新しい制度を使った新しい仕組みに対しては、すぐに「脱法行為ではないか?」とか「脱税につながるのでは?」と疑いの目を持って見てしまう悪い傾向があるようですが、民事信託の原点が十字軍の信託であったことを思い出した時、そういった思考自体が極めて卑しいものであり、誤った発想であることがわかると思います。

本質的に民事信託とは、その目的が不純なものでない限り、どのような内容を定めてもかまわないと考えるべきであり、それを阻害しているのが、実は本来であれば制度の活用を推進すべき専門家の方であるということを忘れてはならないのです。

ここに、かつて信託の第一人者として尊敬を集められた故・四宮和夫教授の言葉を引用します。

> 信託は、その目的が不法や不能でないかぎり、どのような目的のためにも設定されることが可能である。したがって、信託の事例は無数にありうるわけで、それを制限するものがあるとすれば、それは、法律家や実務家の想像力の欠如にほかならない。
>
> 四宮和夫「信託法新版」（有斐閣・平成元年）より

本書は、この四宮教授の言葉を基本理念に置きながら、大改正された信託法を検討します。

余談ではありますが、四宮教授はかつて、「歩く通説」と称賛された我妻栄教授に師事していた当時、我妻教授に対して「歩く反対説」と呼ばれる程に異説を唱える研究者であったと言われているらしいのです。

しかし、四宮教授の反対説によってはじめて論点化されたことも多く、徐々にその名声を高め、特に信託法に関しては第一人者としての確固たる地位を築いておられたことを、ここで併せてご紹介しておきたいと思います。

第2章

民事信託の考え方

1　小泉構造改革が目指したもの

今次の信託法大改正は、かつて一世を風靡した小泉構造改革の影響が極めて大きいと言われています。

小泉構造改革の最終的な功罪は数十年経過しないと決められないとは思いますが、良きにつけ悪しきにつけ、我が国既存の法制度の常識を真正面から覆し、「グローバル化」という美名のもとに、極めてアメリカ的な発想を取り入れようとした改革であったと一般的には評されています。

ごく簡単に申しますと、我が国既存の法制度は、国民の経済活動に関して基本的には「全面禁止」が前提であり、ただ「法律が特別に認めたことだけはＯＫ」、そして「なるべく事前に規制して訴訟沙汰を避けよう」といった考え方が原則であったのに対し、アメリカ的法制度は「経済活動はすべて自由」が前提で、ただ「法律で特別に規制していることだけはＮＧ」、そして「少しでも揉めたら訴訟で決着せよ」という、全く逆の発想となっているのです。

この傾向は、信託法と同時期に施行された会社法に如実に顕れています。

旧商法時代、株式会社となるには最低資本金制度や役員の人数、事業目的の適格性等々、相当に厳格な要件をクリアする必要があり、それ以外は株式会社として認められることは一切ありませんでした。

【図表6】小泉構造改革前後の法制度の転換イメージ

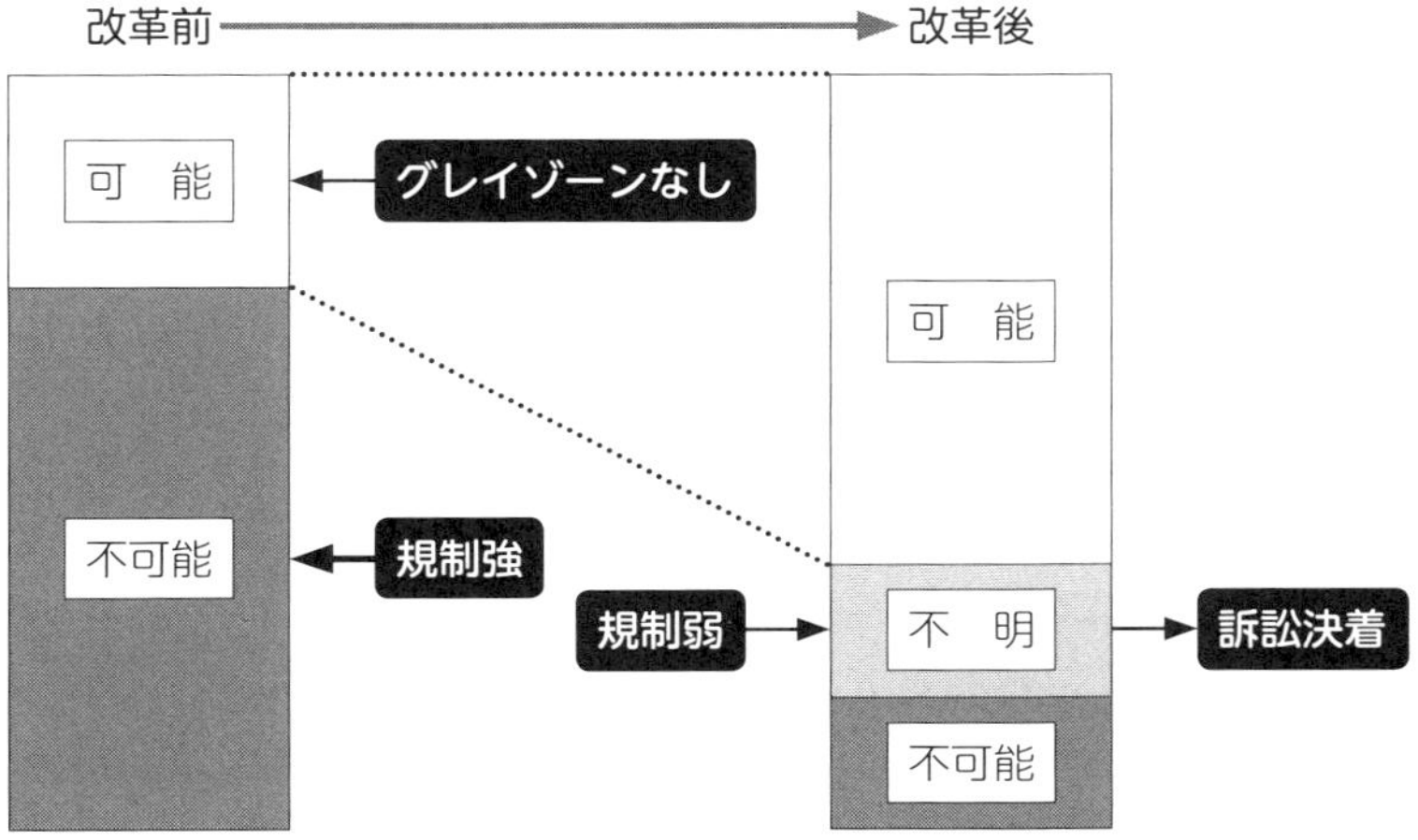

しかし、会社法では、そのような要件のほとんどが廃止され、資本金1円、役員1名、事業目的もほぼフリーになるなど、いわば誰でもが株式会社を作ることができるようになったのです。

もちろん、考えようによっては、旧商法時代の株式会社に対する規制が、中小企業にとって、あまりにも重過ぎて実態にそぐわない面がありましたので、それを現場の実態に合わせたのだという見方もできなくはないでしょうが、会社法が目指している改革とは、そのような手続き的なことばかりではないと思います。

いずれにしても、会社法は旧商法の改正などではなく、全く新しい発想で作り上げられた全く新たな法律であるということは、論を待つまでもない事実なのです。

もちろん会社法による大幅な規制緩和を是とする意見ばかりではなく、数多くの問題点や課題も存在するとは思いますが、少なくとも定款自治の徹底や種類株式の活用範囲拡大など、中小企業の経営に役に立ち、かつ経営実態に沿った改正が含まれていることは間違いなく、それらを戦略的に活用できるチャンスが生まれたことも確かなのです。

小泉構造改革は、さらに押し進められる予定であった病院の営利法人化等の政策を残して中途で挫折し、特に各界の反対を押し切って断行された司法制度改革による法曹人口増員政策に関しては、今となっては「失政」と批判する意見も多いようですが、こと会社法の制定に関しては、これを是とし、かつ中小企業にとっての新たな機会の創設として、最大限の評価をすることができるのではないでしょうか。

2 小泉構造改革と信託法大改正

そして信託法も、会社法とほぼ同時期に、法制定以来実に85年ぶりという大改正の時を迎えたのですが、意外と世間は会社法ほどに信託法の大改正を話題にすることがありませんでした。

そもそも我が国における信託法の歴史は、信託という制度を、なるべく使わせないために規制してきた歴史と言っても過言ではないと思います。

そういった経緯からして、我が国の「信託」の歴史は、相当に以前から誤った方向に突き進んできてしまってきており、かつそれに伴って、信託に対する研究も、信託銀行等が受託者となる商事信託のみを前提とする議論に終始してきた感があり、その解釈も極めて硬直化していたのではないかと考えています。

「信託」の制度的特徴として、従前から、

i　信託は財産分離方式による財産管理制度であること

ii　信託の受託者に対して非常に厳しい権利義務を課す必要があること

iii　受益者を手厚く保護する必要があること

の三点が挙げられています（「誰でも使える民事信託〔第2版〕」1～2ページ・新井誠教授の特別寄稿から）。

従前の考え方では、元の所有者である委託者が、受託者に対して財産の名義を移転させることが信託の絶対的な前提であり、そのことが他の財産管理制度である代理や委任や寄託との相違であると言われてきました。

また、委託者にとっては他人である受託者に財産の名義を移転する関係上、受託者を厳しく規制し、かつ信託財産から利益を得るべき受益者を保護する必要があるのも当然であったと思います。

そして、本来の信託は、委託者と受益者が別人であるのが前提であり、十字軍のエピソードでわかるように、委託者から受益者に対する「贈与」の一類型として論じられるべきところを、委託者と受益者が異なる「他益信託」においては、我が国の税制では信託設定時点で直ちに贈与税が課せられ、かつ税率が他国に比較して極めて高くなっていることから、ほぼすべての信託が委託者＝受益者という「自益信託」として発展してきたという部分においても、国際的には極めて特殊性のある信託制度であったのです。

3 改正前後における信託の特徴の変化

今般の小泉構造改革は、信託に関しても突然に極めてアメリカ的な「何でもあり」という発想を持ち込んできたため、ある意味では会社法以上に従前の常識を大きく覆してしまった感があり、我が国における信託という制度の全体について、改めて一から考え直してみる必要が出てきたのです。

新信託法においては、前記のような商事信託を前提としての常識は、完全に覆ってしまっている部分が多いように思われます。

今のところの通説では、信託法大改正の特徴として法務省が説明していると言われていることとして、

i　受託者の義務の合理化
ii　受益者の権利行使の強化
iii　新たな信託類型の創設

の三点があるとされています（「誰でも使える民事信託〔第2版〕」3ページ・新井誠教授の特別寄稿から）。

確かに、受託者の義務を強行法規から任意法規化し、契約等によって軽減できるようになったことや、受益者を従前以上に保護するような制度となったことは、商事信託における受託者と受益者の関係を想定

した変更として重要な論点であるとは思いますが、民事信託において最も大切な論点は、三点目の「新たな信託類型の創設」であると考えます。

例えば、新たな信託類型として、詳しくは後述しますが、「自己信託」「目的信託」というものが認められたことによって、従来は当然に別個の存在であったはずの「委託者と受託者」あるいは「受託者と受益者」が同一となる信託形態であっても差し支えないとされ、さらに絶対に事前に特定しておく必要があった受益者が「まだ決まっていない」状態における信託の設定も可能となりました。これは「委託者が受託者に対して財産の名義を移転し、受託者は受益者のために財産を管理・運用する」という、従前の信託法の考え方では説明がつかないものなのです。

さらに「受益者連続型信託」においては、一般法である民法の相続編における通念を大きく覆す特別法という構成となっており、実は従前の民法の常識が通用しない世界に突入しているのです。

これは、従前の我が国における信託の考え方自体を全部転換しないと説明できないのではないかと考えるのです。

確かに商事信託の構成では、その基本形は委託者自身が受益者となり、信託財産を受託者に名義移転して運用させて収益を請求し、受託者は手数料を得るというスキームですから、自己信託や目的信託という考え方は最初から成り立たないでしょう。

そこで改正された信託法、特に民事信託においては、その基本として次のように考えてみてはどうかと思っています。

【図表7】民事信託の考え方（所有権の分割）

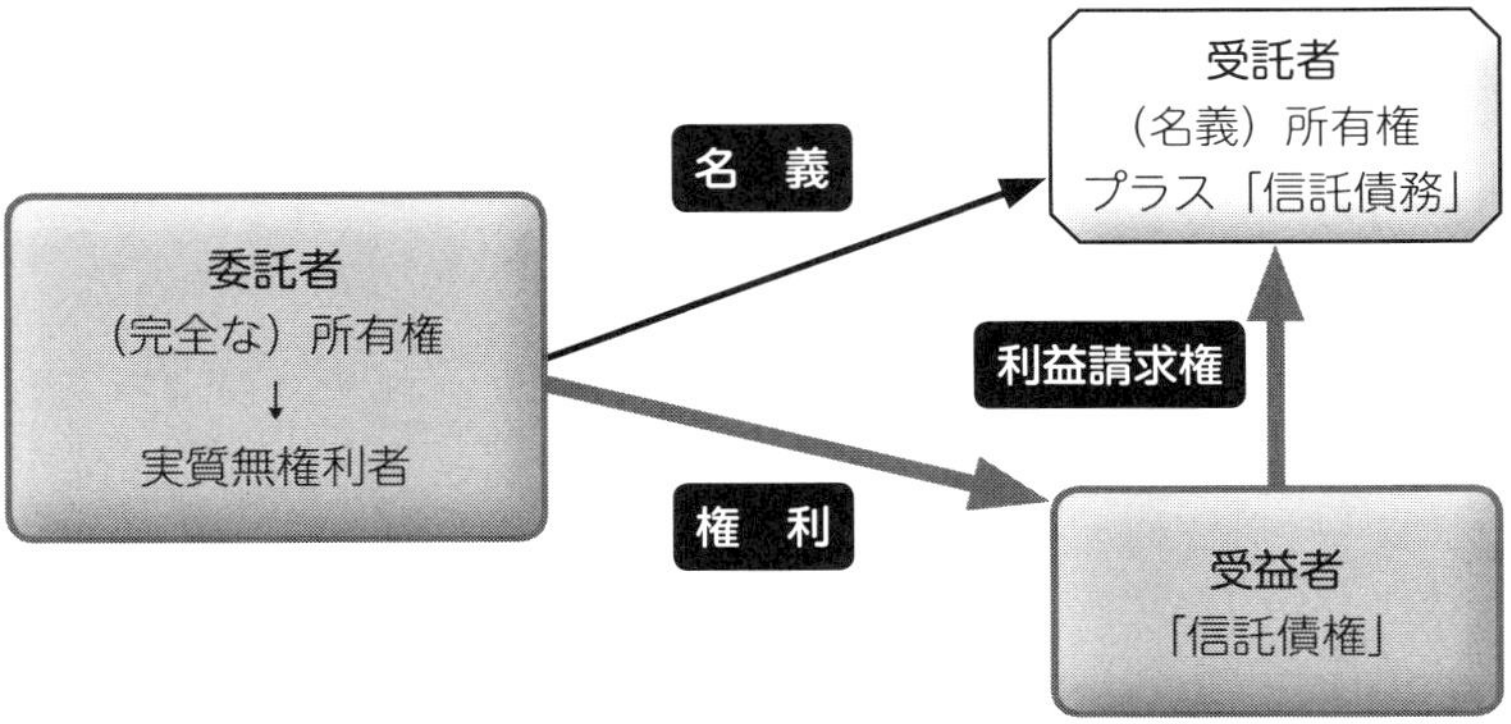

委託者は所有権の名義を受託者に移転，すべての権利を受益者に贈与して無権利者となり，受託者は信託債務を負う。

これは「信託は条件付贈与である」という前提と、後述する「物権の債権化機能」を信託の中心的機能として捉えたうえで、民法における所有権の考え方を根本的に変更するものであると思います。

すなわち、民法においては本来不可分であるはずの所有権を、物権的内容（所有者名義）と債権的内容（発生する各種権利）に完全に分割し、前者は受託者に対する名義移転、後者は受益者に対する贈与による権利移転がなされ、委託者がすべての権利を失うという考え方です。

もちろん、委託者には信託契約そのものを解除して元の状態に戻す権利を留保させることはできますが、それは信託契約上で別途個別に定められる権利であり、当然に発生するものではないということから、このような考え方が成立し、これを「所有権の分割」とします。

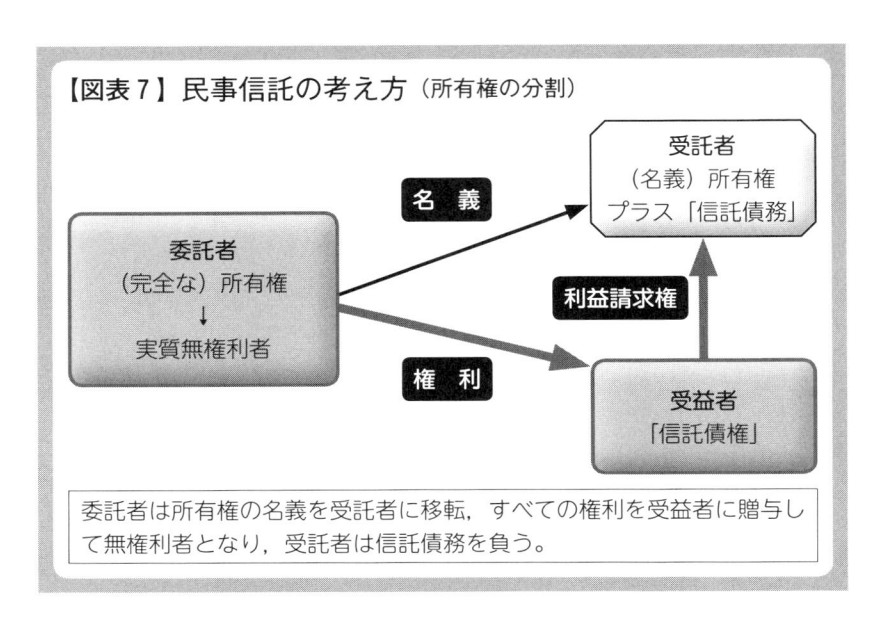

【図表8】民事信託の考え方（名義と権利の分離）

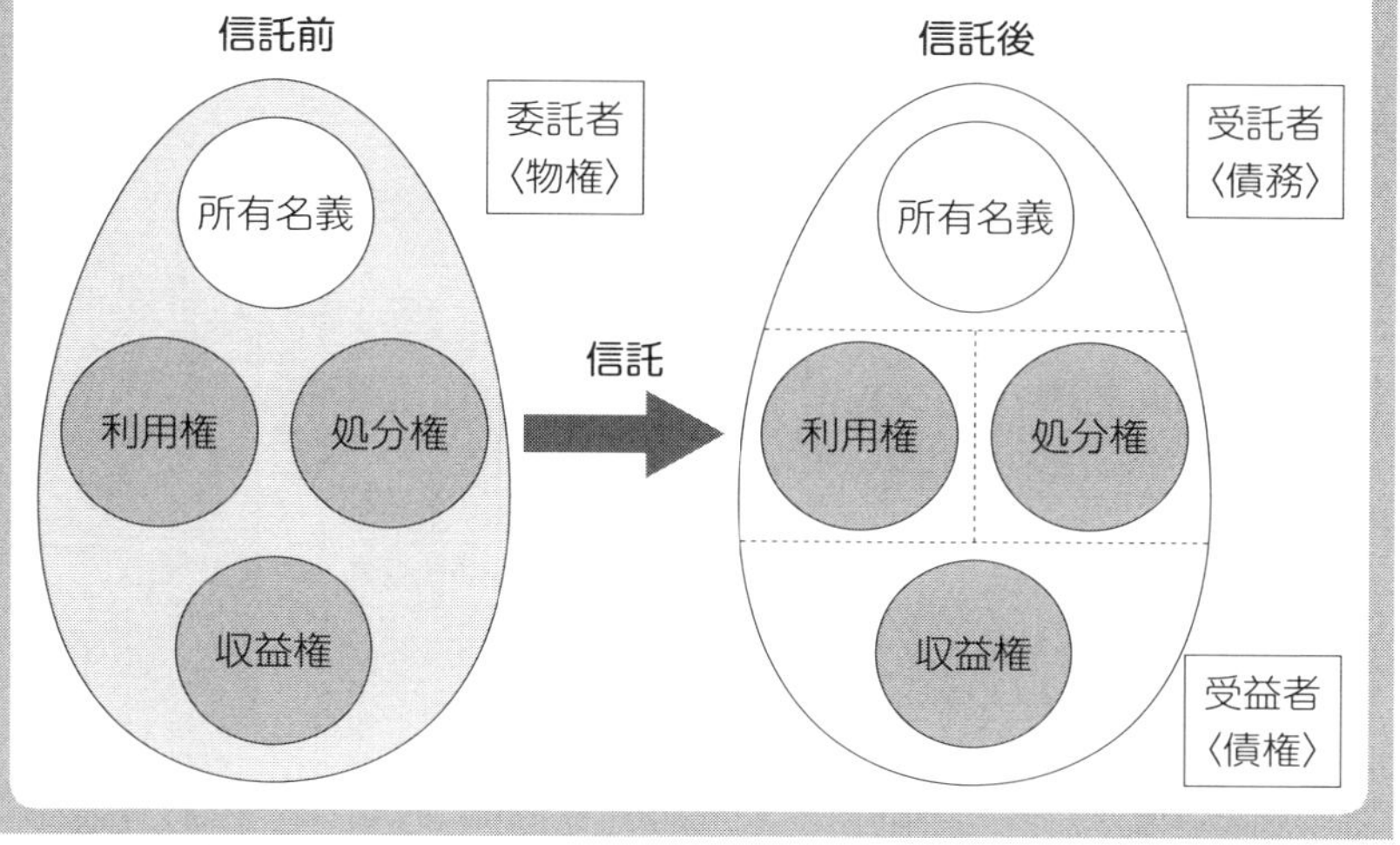

さらに所有権自体の内容を分析してみますと、一つの「所有権」という権利の中に、「所有名義」「処分権」「収益権」「利用権」といった分類ができることがわかります。

そのうちの「利用権」に関しては、地上権や賃借権といった別途の権利を設定することが民法上で可能ですが、その他の三つの権利に関しては、あまり論じられてきたことがありませんでした。

しかし、信託という行為は、それら権利をすべて併せ持っていた委託者から、それぞれ別々に受託者若しくは受益者に移転することができるものと考えることができます。

これを「名義と権利の分離」とします。

この考え方によると、信託とは委託者が一つの物権として所有していた権利を分離・分割して受託者や受益者にそれぞれ持たせているということになります。

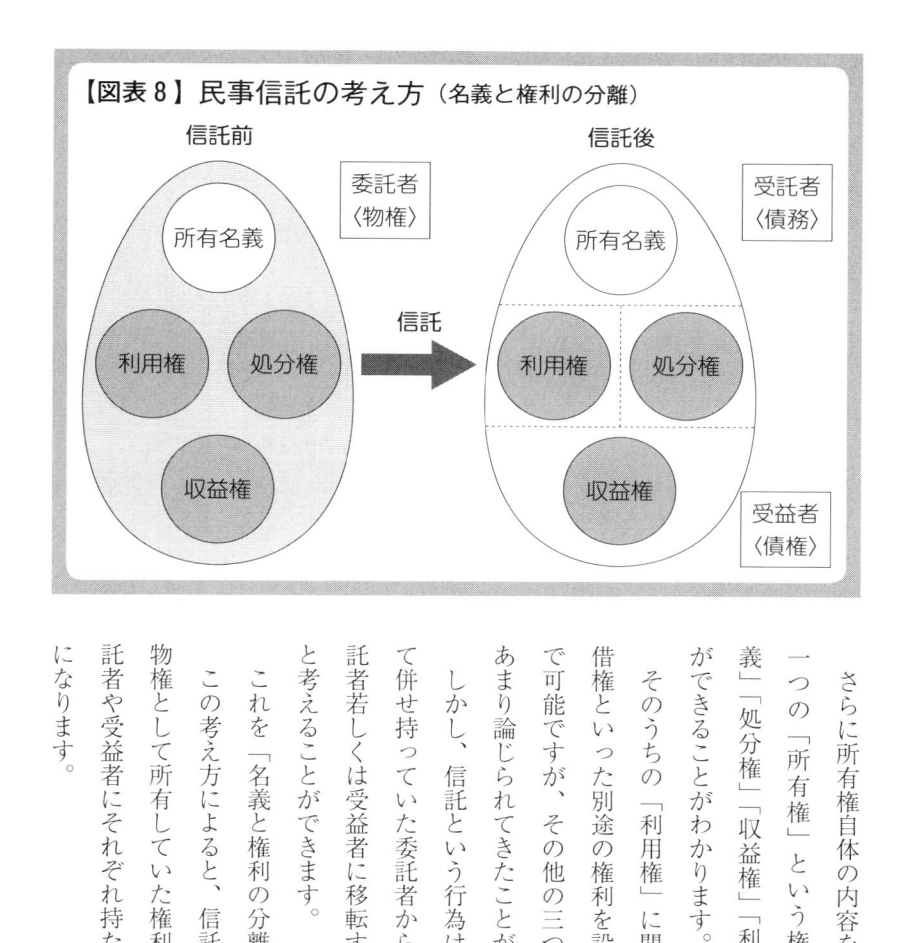

いわば一つの卵を、卵の殻と中身に分離して、殻だけを受託者に託して、中身の権利についてはすべて受益者に渡しているというイメージです。

そのように考えますと、商事信託のように受託者の責任とか受益者の権利とかを重要視する必然性はなくなり、要するに委託者が望むような財産管理方法を自由にとることができる制度であるということとなるので、それであれば自己信託も目的信託も何の問題もなく設定できるという結論に達することができるでしょう。

また、この考え方によりますと、受託者は単に所有者としての名義を託されるだけで、あとは受益者に対して一方的に義務を負うだけの債務者にすぎないという構成になります。

それでは商事信託が成り立たなくなるので、受託者が別途契約でもって受益者から手数料を受領することになるのですが、民事信託の場合にはそれがないため、本当に純粋に受益者のために無償で働くという、まさに「十字軍の信託」の考え方に回帰するということになるのです。

さらにもう一つ言うとすれば、新たな信託の考え方は「分別管理説」が基本となるべきであるということです。

分別管理説とは、要するに一人の人（又は法人）が所有している財産はすべて混在しており、いわば「財布は一つしかない」ところを、必要に応じてそれぞれに別の財布を作って、それぞれの財産を入れることによって管理しようということで、その管理するための「財布」が受託者に相当するという考え方です。

【図表9】新しい「信託」の捉え方（分別管理説）

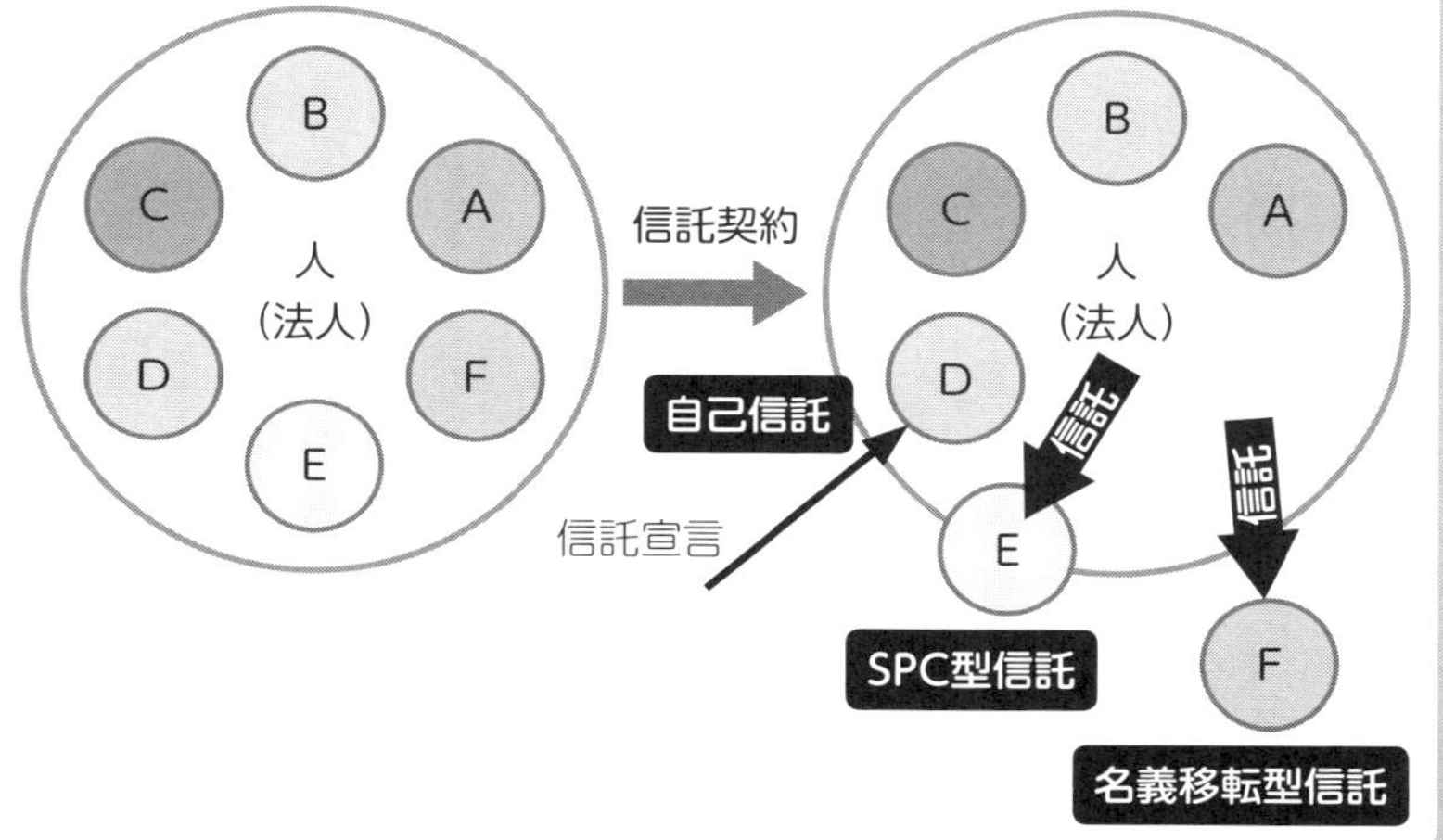

図表９において、一人の人（法人）が所有する財産が６種類あったと仮定し、そのうちのＡＢＣ財産についてはそのまま残して、Ｄ財産は「信託宣言」によって自らを受託者とする自己信託とし、Ｅ財産は自ら設立した法人（ＳＰＣ）を受託者として名義移転する契約を、Ｆ財産は従前通り信託銀行等に名義移転する商事信託か、あるいは親族や身内等を受託者として民事信託する契約を行います。

これにより、一人の人の財産のうち、ＤＥＦの各財産については「信託財産」となって、他の財産とは完全に分別管理されることになります。

この場合の受益者については、税金の問題や法令上の制限等を別物と考えれば、誰がなってもいいですし、あるいは受益者を決めない目的信託契約とすることも理論的には可能です。

こういったことから、ますます受託者の役割は「単なる箱」という存在に近くなり、信託の原動力は委託者の「願いと想い」であることがわかってくると思うのです。

ここで一つ疑問に思われることがあるかもしれません。

それは、信託契約が始まった後に、委託者が死亡した場合、委託者の地位がどうなるのかということです。

一般的な民法の契約概念では、当初に行われる信託契約の当事者は委託者と受託者であり、受益者は契約当事者になっていませんので、委託者が死亡したなら、誰かがその地位を継がなければ契約が継続できないのではないかと考えてしまいそうです。

そのことから、委託者（多くの場合には当初受益者でもある）が死亡した場合には、その地位を相続人又は信託契約で指定した者が承継するという考え方もありました。

しかし、これまでに述べました民事信託の考え方においては、委託者はその権利をすべて受益者と受託者に分割して贈与して、既に所有者ではなくなっており、さらに唯一残っている「元に戻す権利」も死亡によって失っているのですから、委託者の地位をわざわざ相続等によって承継させる必要はないということになります。

実はこのことは、これまで議論されてきたようなのですが、最終的には民法の概念に関係なく、委託者死亡後の委託者の地位は財産権ではないため相続の対象とはならず、その後の契約当事者は受益者と受託者に事実上は変更されるという考え方が主流になってきているようです。

すなわち、信託設定の段階において、委託者はその契約上の地位をも、自己の死亡を条件として受益者に死因贈与しているということですね。

本書においては、このような新しい信託の捉え方をベースに民事信託を解説していきますので、従前の常識とは異なる解釈のもとに事例を紹介する場合があると思いますが、その時には図表7～9を再度確認してみてください。

第３章

人の生涯と財産管理

1　人の生涯とその財産の行方

さて、ここで一度「信託」から離れて、人の生涯と財産管理について検討してみましょう。

「人は生まれ、成長し、衰弱し、やがていつか亡くなるもの」です。

もちろん、法律上の人である「法人」には決まった寿命はありませんが、何らかのハプニングで破綻することもあるでしょうし、いかに長寿企業となったとしても、いつかは滅びる日が来ます。

その意味から、人が人である限り、やがて衰弱し、いつか死亡することを受け入れなければならないのが宿命なのです。

人は「身体（Body）」「精神（Spirit）」「財産（Property）」の三要素から成るとの考え方があります。

そのうちの「身体」については、人の物質的な部分である限り、医学の発展によって多少の変化はあるものの、誰もがいつかは老化し死亡するという運命から逃れることはできず、かつ物質としての人は、死亡によって完全に現世から姿を消すことになりますので、ある意味では自らの責任で最後まで自己完結できるものとも考えられます。

また「精神」については、死後の世界の存在を誰も「ある」とも「ない」とも証明できないのですから、

【図表10】人はいつか亡くなる宿命

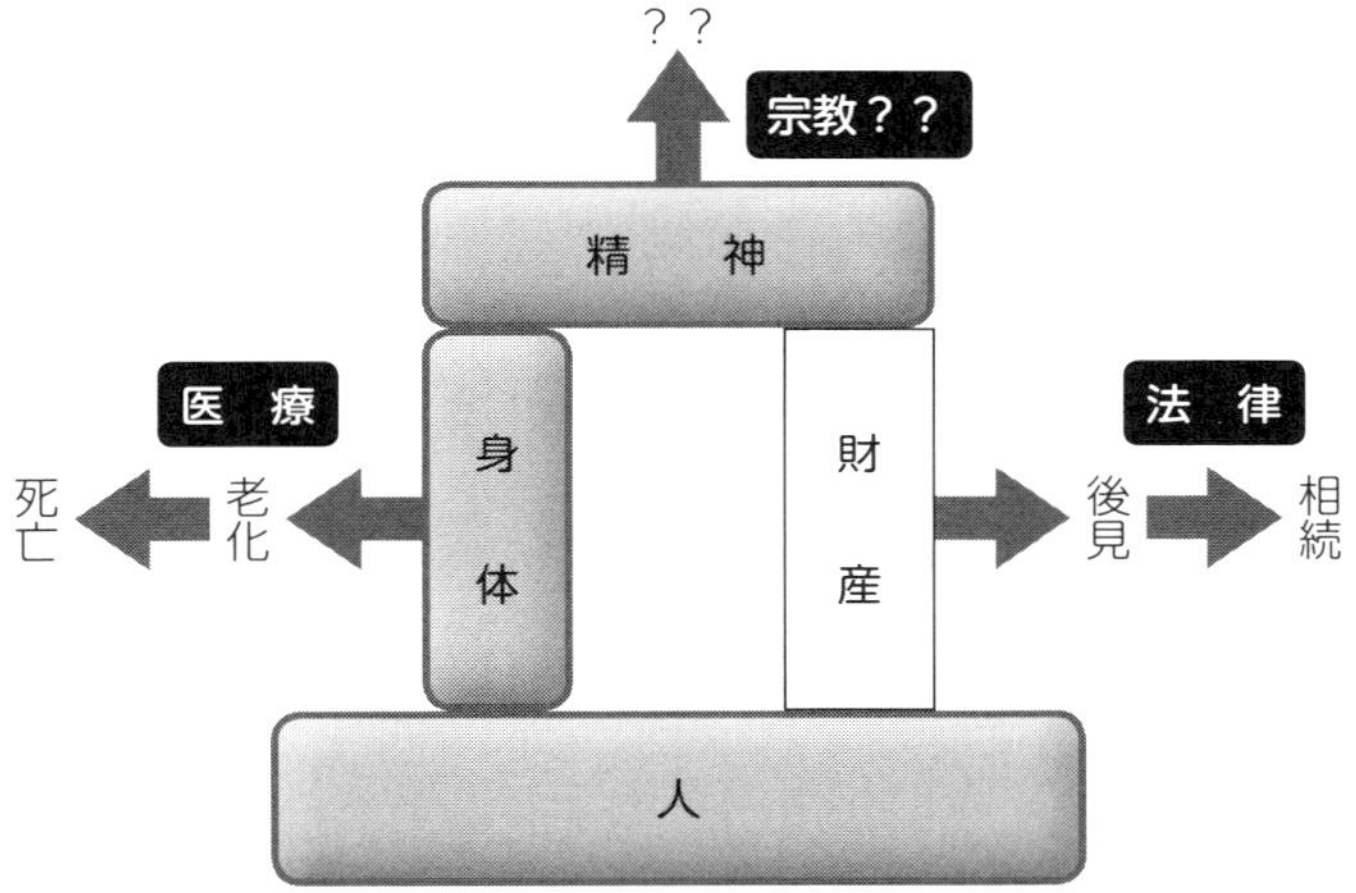

これは各人が信仰する宗教や心理学的な世界であり、ここで論じる性質のものではありませんが、いずれにしても人の死後に「目に見える形」として現世に残ることはないのです。

それに対し「財産」というものは、人そのものではなく、その人が何らかの法的権利として所有しているものです。

人自体の存在が現世から消えて「身体」と「精神」が見えなくなってしまったとしても、唯一、財産だけが「目に見える形」でもって残ってしまうことになり、さらに財産を所有する人が認知症等によって判断能力を失ってしまった際にどうするかという法的課題も内包されているなど、いわば人が自らの責任で最後まで自己完結することが困難な極めて厄介な存在であるといえます。

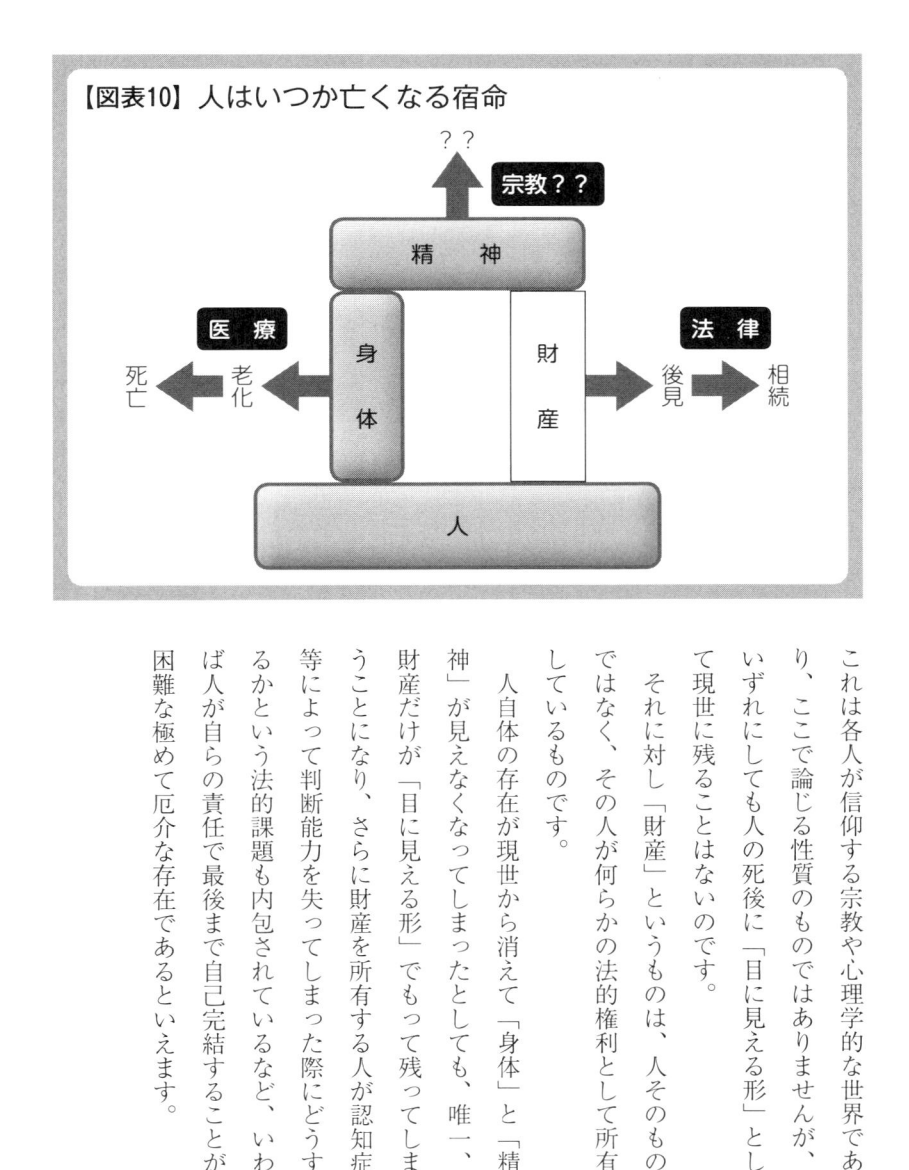

【図表11】財産の分類

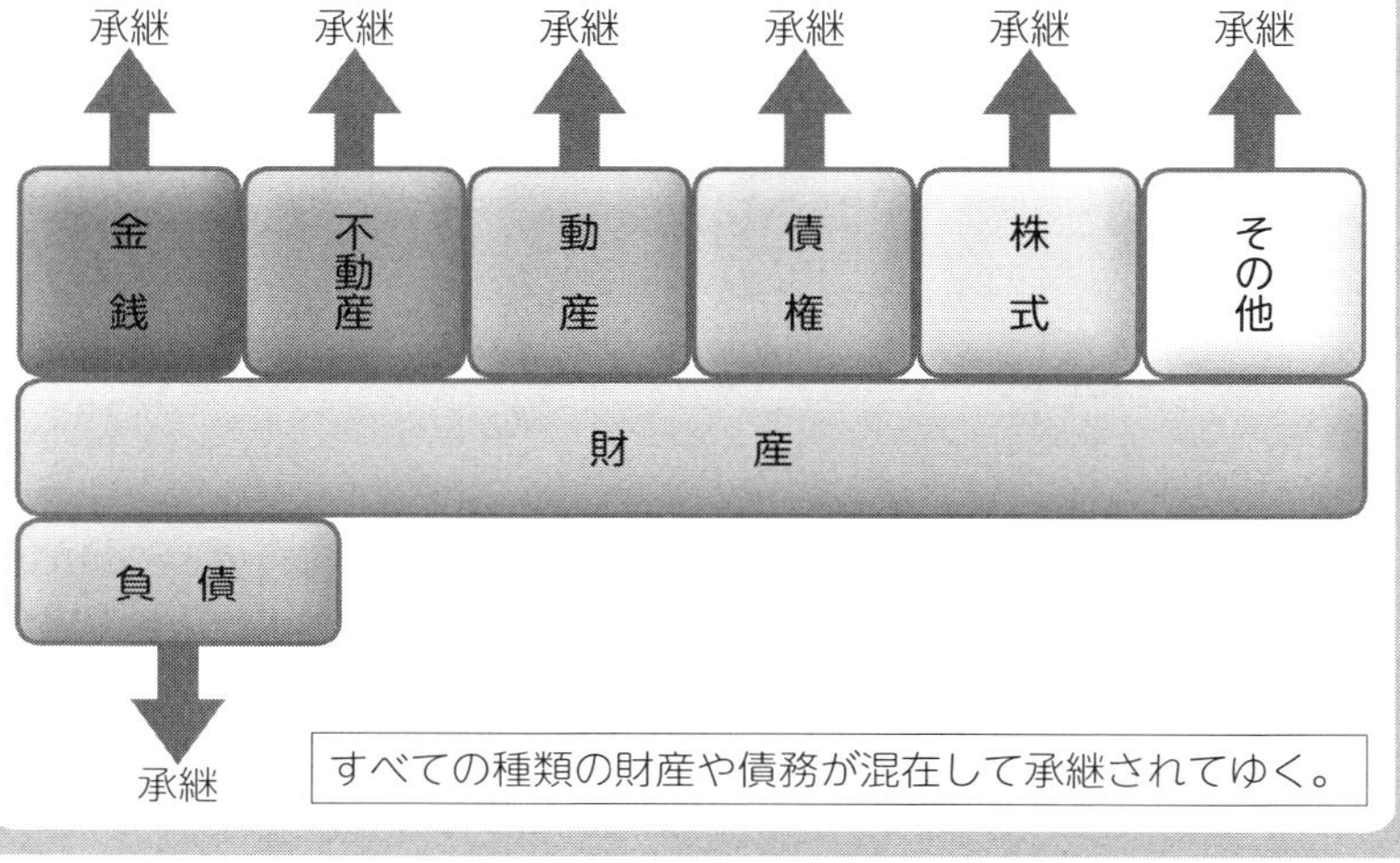

　そしてさらに厄介なことに、現代人は、金銭と不動産くらいしか財産の種類がなかった昔の人に比べると、債権や株式や知的所有権など、実に様々な種類の財産を所有しており、そのうえ、ローンやクレジットの普及によって、その多寡を問わず何等かの負債を負っていることも非常に多くなっています。

　そして人の死亡（あるいは法人の破綻）によっても、それら財産は自動的に消失することなく、事前に何の対策も講じていなかった場合には、各種の財産が混在しているという極めて複雑な形のままで残存してしまい、残された者たちがその処理に困ってしまうことになるのです。

2　法定相続制度の弊害

我が国の民法においては、財産所有者が死亡した場合の財産処理方法として、「遺言」と「法定相続」という二種類の手法が用意されており、法文上では「遺言がない場合には法定相続となる」と読み取れるのですが、それとは別途に法定相続を基準とした「遺留分」という考え方があります。

民法

（包括遺贈及び特定遺贈）
第964条　遺言者は、包括又は特定の名義で、その財産の全部又は一部を処分することができる。ただし、遺留分に関する規定に違反することができない。

このように規定されているためか、「遺言があったとしても、最後は法定相続人全員に相続されてしまうもの」と一般市民ばかりか、専門家までが思い込んでいる風潮があります。

そして、結局「何もしない」ままに財産の所有者が死亡し、財産のすべてが法定相続になってしまうことによって不要な財産トラブルを招き、また不動産や会社株式が共有名義化してしまうことによって、あらゆる分野において社会を混乱させる原因となっているのではないかと思います。

しかし、よくよく考えてみれば、我が国に法定相続制度が導入されたのは戦後の民法改正以来のことなのですから、僅か70年弱の歴史しかないのです。

その70年の間において、おそらく2～3回の相続が発生しているものと思われますが、もう既に共有者が１００人近い人数になっている不動産物件が現に存在していますし、共有者が多数になって全員の合意を得ることができずに権利行使ができなくなってしまっている株式や銀行預金も全国に多数存在していると言われているのです。

また、東日本大震災の被災地では、被災した不動産の所有者が度重なる法定相続によって不明となってしまい、結果的に復興の妨げになっているというケースが多数報告されていますし、それ以外でも例えば歴史的町並みの保存や農地・山林の保全に関しても、法定相続による共有化がそれを阻害しているケースが数え切れないくらいに存在しています。

もしこのままの状態で数十年が経過すれば、さらに何度もの法定相続が繰り返され、本当に収拾が付かない状態に陥ってしまうことは明白で、これは日本という国家全体の根幹を揺るがしてしまう可能性がある大きな問題なのではないでしょうか。

さらに悪いことに、日本人は先進国の中で最も遺言することに消極的な国民とされています。

実際に、西欧諸国と比較して圧倒的に遺言率が低く、最近は少し増加傾向にあるとはいえ、未だに遺言公正証書の作成数が年間8万件弱程度（年間死亡者数１３０万人に対して約６％）に止まっており、遺言をすることが極めて特殊な行為であるかの如くに思われている傾向が強いようです。

現実に遺言を勧めた時、多くの人は、「縁起でもない」「まだ早い」「自分の子に限って相続で揉めたりしない」等々の理由を挙げて、何としてでも遺言することを避けようとしているような気がします。

また、専門家の間においては、後述のように、円滑な財産承継を妨げることになる遺留分制度という、極めて問題のある制度が推定相続人の強力な権利として濫用されていることもあって、結局「遺言などしても無駄」という意識があるようで、だから多くの人々が結局「何もしない」ままに相続の日を迎えてしまい、その後に大慌てするという悪しき風潮が蔓延しているように思えてなりません。

しかし、「何もしない」ことは、極めて無責任かつ危険なことなのです。

3　遺留分制度の大きな問題点

遺留分制度が引き起こしている無用な相続トラブルは数えきれないくらいにあると思います。

ごく普通の感覚を持って考えてみても、ずっと親と同居して献身的に世話をしてきた者や、親が作った会社の発展のために心血を注いで尽力してきた者と、全く親を顧みずに勝手な行動ばかりしてきた者や、場合によっては親に暴力を振るったり暴言を吐いたりする者が、同じ「推定相続人」という立場でもって、全く同じ割合の相続権を主張することが、社会正義に適う訳がないと思うのですが、何故か我が国の裁判例の傾向を見る限り、遺留分減殺請求権の効力は絶大であり、せっかく民法で定められている相続人廃除の規定も、その適用が認められることは極めて稀という状況なのです。

遺留分制度も法定相続制度と同じく、日本国憲法が施行された際の民法改正で導入されたものです。

それでは、ここで日本国憲法の条文を振り返ってみましょう。

日本国憲法

第14条　すべて国民は、法の下に平等であつて、人種、信条、性別、社会的身分又は門地により、政治的、経済的又は社会的関係において、差別されない。

として「法の下の平等」が謳われており、また「基本的人権」や「両性の本質的平等」は明定されているものの、何処をどう読んでも「推定相続人の平等」という要素を読み取ることはできません。

日本国憲法

第29条　財産権は、これを侵してはならない。

として、所有者が自由に財産の処理方法を決めることができる「所有権絶対の原則」が謳われています。

日本国憲法

第13条　すべて国民は、個人として尊重される。生命、自由及び幸福追求に対する国民の権利については、公共の福祉に反しない限り、立法その他の国政の上で、最大の尊重を必要とする。

として、いわゆる「幸福追求権」が謳われています。

そのことから、日本国民が個人として所有している財産権は不可侵なものであり、かつその人は幸福追求権を持っているのですから、自分の財産を何に使おうが勝手ということになります。

それなのに、財産の所有者が死亡した瞬間に、その財産は元所有者の意思に全く関係なく、遺留分権を持つ一部の推定相続人にとって「当然の権利」となってしまうのは、憲法解釈的にも不自然であると言わざるを得ないのではないでしょうか。

ついでに申しますと、現行の成年後見制度も、被後見人の自己決定権を必要以上に奪うものとして、我が国も２００７年9月に署名し、２０１４年1月に批准している「障がい者の権利に関する条約（Convention on the Rights of Persons with Disabilities）」違反の疑いがあると、国際的に問題視されているということも、十分に認識しておく必要があると思います。

次に現行民法における財産の帰属フローを示します。

【図表12】現行民法における財産の帰属フロー

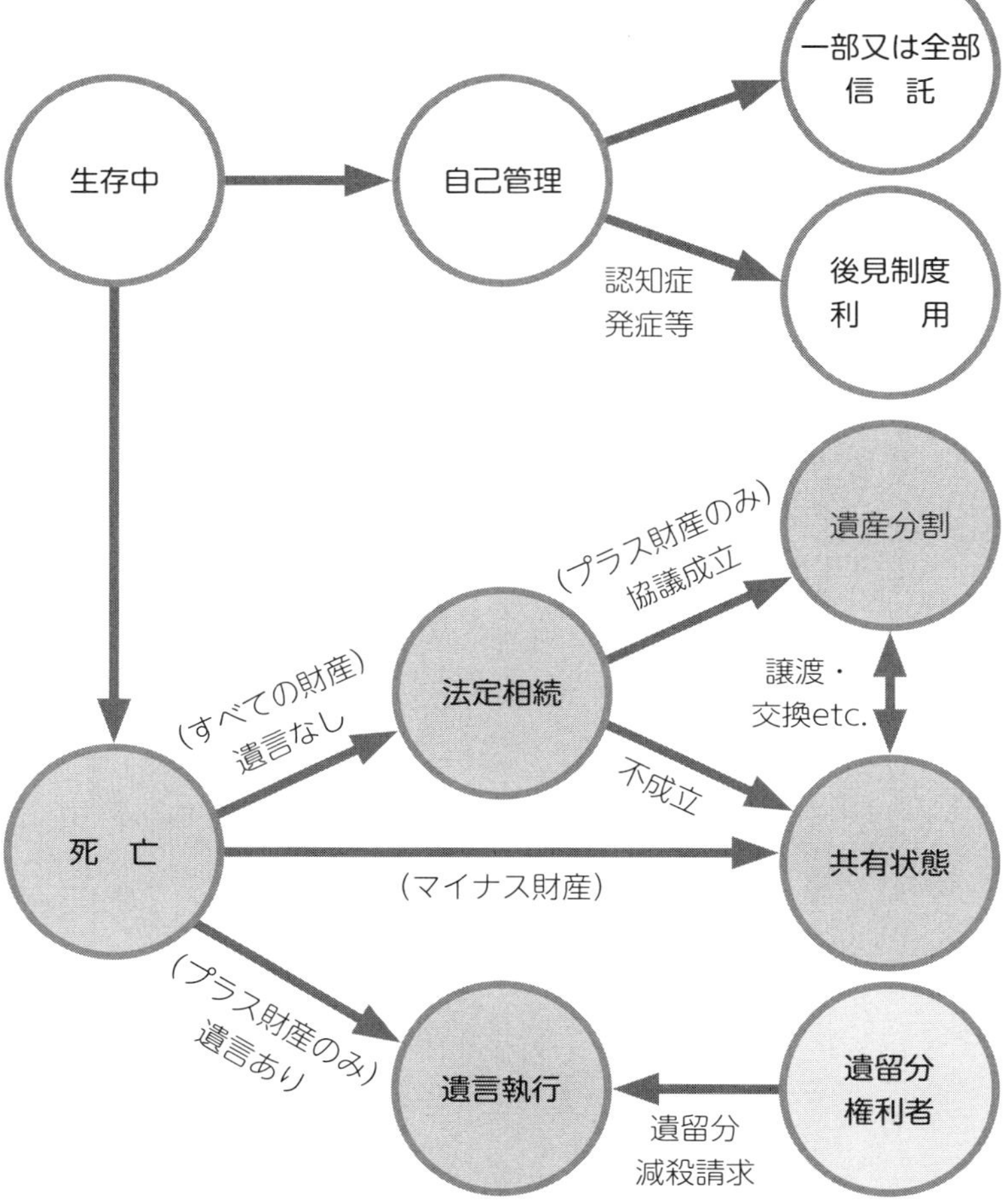

必ずしも被相続人の生前の意思が生かせない可能性がある。

注）マイナス財産の帰属について，平成21年３月24日に新たな最高裁判例が出ている（民集63巻３号427頁）。

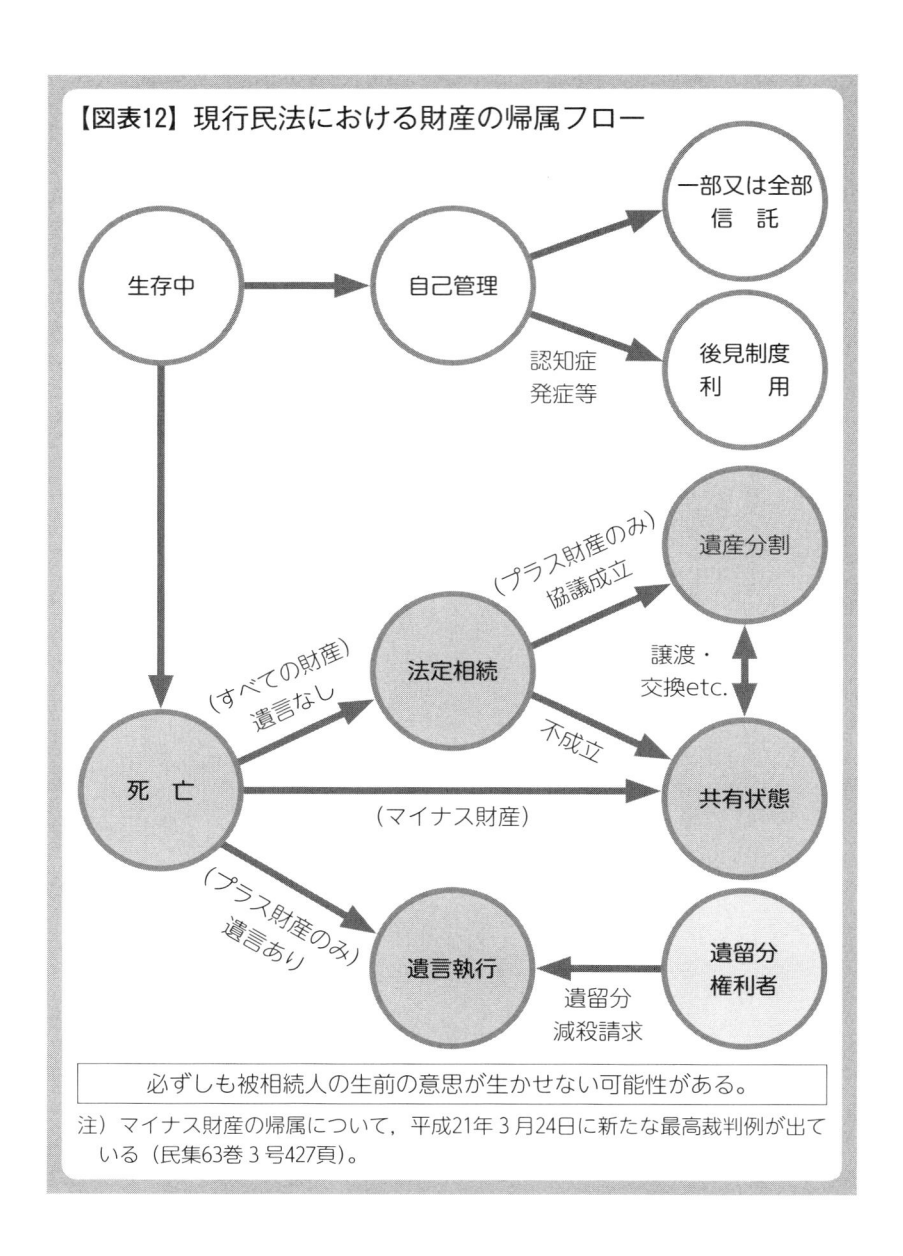

このように、結局は財産所有者である被相続人（あるいは被後見人）の意思が生かされないままで相続制度や後見制度が運用されており、それが親族間における無用な紛争の原因を作り出してしまったり、権利の共有化により財産管理が困難となるリスクを生み出しているのではないかと考えます。

4 旧民法に学ぶべき財産管理手法

さて、旧民法においては、現行民法とは全く異なる相続制度が定められていました。

もちろん旧民法は、旧大日本帝国憲法をベースにした法律なのですから、基本的人権や両性の本質的平等などといった重要な考え方が抜け落ちており、現代の常識からすれば時代遅れのものであるかもしれませんが、こと相続に関してだけは、極めて合理的かつリスクの少ない制度であったと思うのです。

次ページの図表13のように、財産の所有者である「戸主」が死亡した際には、自動的に「家督相続人」に全財産が権利と義務そして身分をも包括的に含んだ形で承継されるのが本則であり、もし他の相続人にも財産や権利義務を承継させたいのであれば、分家若しくは遺言という方法が別途用意されていました。

また、旧民法においては「隠居」という、現行民法では認められていない制度が存在し、かつ現代のように生前の財産処分に対して高額の贈与税が課されるという税制度もありませんでしたので、戸主は随時

【図表13】旧民法・家督相続のフロー

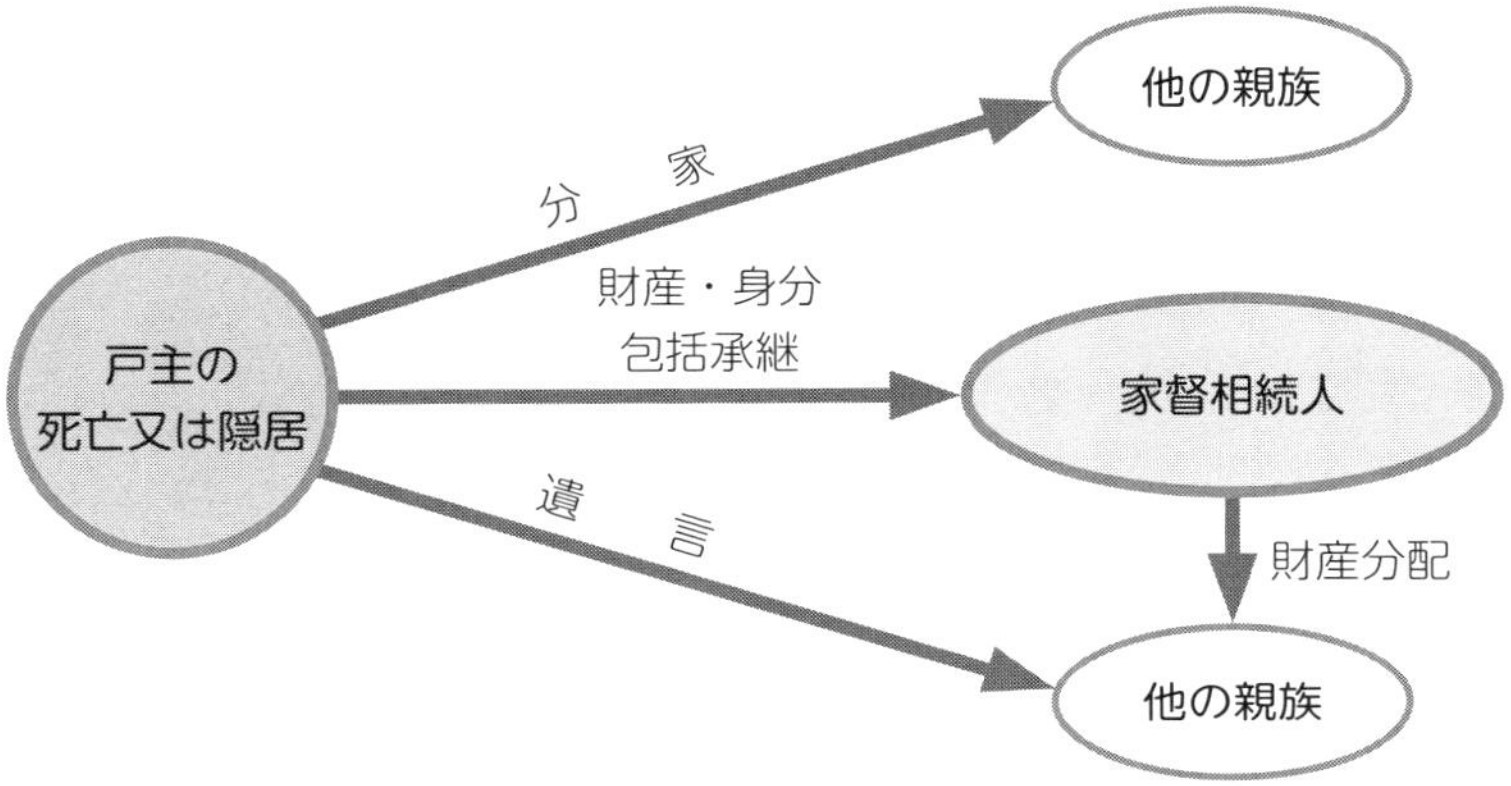

「家」の維持のため，戸主の意思が最優先された。

に自己の判断でもって生前に相続を開始することが可能でしたし、万一家督相続人に問題が発生した際には、再び元に戻すことも不可能でした。

それにより、旧民法時代の戸主は、安心して自分の死後の財産処理を行うことができ、自己の判断で隠居することによって、現代でいう被後見状態となって周囲を困らせるといったリスクを回避することが可能であるという、極めて合理的な制度に守られていたのです。

もちろん、「家制度」には男女差別や家督相続人とそれ以外の相続人の格差など、諸々の問題があったことは確かで、現行民法がそれを解消したこと自体は評価することができると思いますが、こと財産の管理や承継の方法に関しては、旧民法による方法の方が長期にわたって安定的に進めることができる優位性があったことには異論を唱えることができないのではないでしょうか。

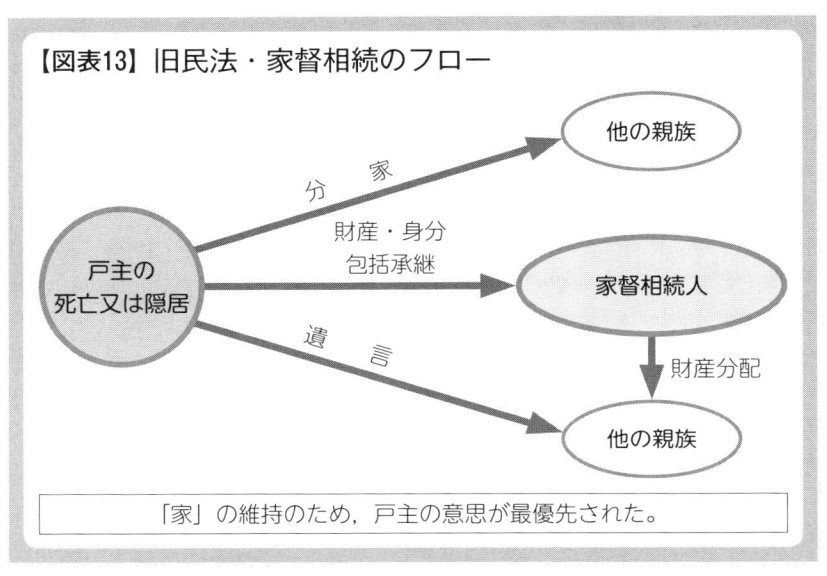

現実に、現代においても、家督相続的な財産承継方法を望む人は決して少なくありません。例えば旧家の当主が「先祖伝来の不動産を自分の直系血族に承継させたい」と希望したり、一代で立派な事業を築き上げた中小企業の経営者が「自社株式は事業承継をする後継者にのみ渡したい」と考えるのは、至極当然のことでしょう。

しかし残念ながら、現行民法の枠内で考える限り、彼らの「願い」「想い」を叶え、実らせることはできないと考えるしかありません。

法定相続制度と遺留分制度が存在している限り、いくら遺言をしていても、後継者以外の者に自社株式が相続されてしまう可能性はゼロにはできないのですし、先祖伝来の不動産も、やがては直系血族の配偶者側である姻族に共有財産権として、その一部が流れてしまうリスクを解消することはできないのです。

第４章

「何もしない」リスクとリスクマネジメント

1「何もしない」リスク

以上のように、日本人は相続や後見制度に対しての「思い込み」と「諦め」があるせいか、結局は「何もしない」ままの状態で行為能力を喪失し、そして相続を迎えてしまう傾向があります。

しかし、「何もしない」ということには大変大きなリスクがあることを忘れてはなりません。

まず、人が何の対策もしないままで認知症になった場合を考えてみましょう。

現在は成年後見制度があるので、親族なりの申立てによって、やがては法定後見人という人物が家庭裁判所から指定されることになるのですが、それまでの間には相当日数のタイムラグが生じると考えなければならず、例えば収益不動産の所有者であったり、会社経営者であった場合、その間の賃料の収受や会社の経営判断をどうするかという問題が生じてきて、もしその間に本人以外の誰かが代わって本人の権利を行使してしまうと、後で違法行為とされ、極めて複雑かつ深刻な状況に陥ってしまうのです。

さらに、もし早期に法定後見人が決まったとしても、法定後見人に許された職務権限は「財産の保全と管理」のみですから、例えば収益不動産の大修繕に多額の費用の支出が必要な場合などは、いちいち家庭裁判所の許可を仰ぐことになりますし、そもそも法定後見人には被後見人に代わって会社の経営判断をする権限も能力もないのですから、会社の経営は完全にデッドロックに乗り上げてしまうことになるでしょう。

このように、法定後見制度を利用したとしても、それは最小限の範囲における財産管理を代行してもらえるだけであり、決して本人の活動のすべてを代わってできるものではありません。

次に人が何の対策もしないままで死亡してしまった場合を考えてみましょう。

当然のことですが、死亡の瞬間からその人の財産は凍結され、推定相続人全員の印鑑を押した書類がなければ、銀行預金の解約や不動産や株式の名義移転はもちろん、死亡した人の権利に関する行為については、一切何もできなくなってしまいます。

そして仮に推定相続人全員の合意が形成できたとしても、それは必ずしも死亡した人の考えに沿ったものになるとは限らず、むしろ機械的に不動産や会社株式等が法定相続分に応じて、共有物として配分されてしまうことによって、財産がその本来の役割を担うことができなくなってしまう可能性の方が高くなるでしょう。

そしてその結末として、前記のように法定相続が繰り返されることによって一体誰が権利者なのかわからないような状態に陥り、例えば空き家問題の発生や被災地の復興を阻害する要因となるなど、大きな社会的損失につながっているのではないかと考えます。

2 中小企業特有の「何もしない」リスク

「何もしない」ことには、収益不動産所有者等の一般的な資産家にも大きなリスクがありますが、中小企業経営者にとっては、それ特有のさらに大きなリスクが存在しているので、別途分析してみましょう。

株式分散のリスク

株式が相続でもって分散している会社や、あるいは「節税対策」のために敢えて分散させてしまっている中小企業がよく見られますが、大変危険なことだと思います。

株式が分散していても、普段の経営には何も支障がないので気付かれないままに進んでしまうケースが多いようですが、いざ筆頭株主であるオーナーが認知症になったり死亡したりした場合には、一気にリスクが顕在化してくるのです。

認知症になった場合には、オーナーは株式の議決権を行使できなくなるので、他の株主が誰であり、何株を所有しているかによって、会社自体の支配権がオーナー一族以外の者の手に渡ってしまう危険性があるでしょうし、死亡して相続となった場合でも、後継者以外の者が多数の株式を所有してしまった場合には、さらに別のリスクが発生してくるのです。

そして、従業員や取引先関係者等に株式を所有させてしまった場合、その者たちの相続によって将来的にはさらに複雑に株式が分散し、その中から多数共有になって議決権が行使できない株式や、相続が複雑すぎて権利者が不明になってしまう株式が発生してしまうことも考えられます。

そして最も困るのは、例えばM&Aという経営判断をしようとした時、当然のことながら買い手側はすべての株式を譲渡するよう求めてきますが、1株でも権利者不明の株式があれば、譲渡自体が不可能になってしまうのです。

その意味から、株式の分散は可能な限り回避すべきですし、もしどうしても分散の必要があるなら、例えば「取得条項付種類株式」という会社法で認められた種類株式を活用するなど、事前予防の手段を講じておく必要があります。

株式集中のリスク

それでは、株式をオーナー株主一人に集中させておけばいいかと言えば、それはまた別の意味でのリスクを背負う結果となるのです。

まず、株主が一人だけの場合、その一人しかいない株主が認知症になった時、全く誰も株式の議決権を行使できる者がいないという状態に陥ってしまい、代表取締役の交替はもちろん、決算の承認すら不可能となり、会社の運営は何一つできなくなってしまいます。

また、一人しかいない株主の株式が法定相続になってしまった場合、スムーズに遺産分割協議が調えばいいですが、そうでない場合にはすべての株式が推定相続人全員の「準共有」となってしまい、これも全員の合意がなければ何一つ決めることができなくなり、会社がデッドロックに乗り上げた状態になります。

これらを回避するためにも、種類株式や属人的株式（会社法第１０９条第２項に定められた株式）を活用する方法があるのですが、まだあまり知られていないようです。

そういったことから、中小企業の株式は分散してもいけないし、集中してもいけないものであり、大変難しい判断が迫られることになるのです。

株式相続、事業承継失敗のリスク

中小企業のオーナー経営者によくある傾向として、会社の経営に心血を注ぐあまり、個人財産のほとんどすべてが自社株式となっていることがあり、そういった経営者が株式を相続させる際、どうしても後継者以外の相続人にも一定数の株式を与える結果となってしまいます。

また、早めに後継者を決定し、税金対策もあって生前贈与等で後継候補者に株式を移転してしまってから、結局は後継候補者が承継しなくなってしまうというケースも散見されます。

いずれのケースにおいても、会社の経営に関与しない株主が多数出てくるということになって、今後の会社経営に障害をもたらす可能性が高くなるでしょうし、かと言って一度手渡してしまった株式を買い戻すには相当な資金や税金を覚悟する必要があり、株式の移転は一方通行で戻れないと考えざるを得ないのが現実です。

そういった意味から、株式を所有させる者の選別は慎重に行うべきであり、かつ株式移転の時期に関しても十分に諸般の状況を考慮したうえで行う必要があります。

個人事業、要資格事業のリスク

個人事業の場合には、個人である事業主自身の相続がそのまま事業承継とリンクしてしまうという特殊な状況にありますし、さらに医師や税理士等の特定の資格を持っていない者では事業承継できないという事業の場合には、例えば親族がまだ試験に合格していない場合にどうするかといった別のリスクが発生します。

もちろん、個人事業なら会社にし、資格制度なら法人制度を利用する方法は考えられますが、会社や法人にはそれぞれの問題点があり、必ずしもそれがベストの選択であるとは言い切れない場合もあるので、非常に難しい選択を迫られることになります。

3 リスクマネジメントの考え方

さて、「何もしない」ことがいかに大きなリスクを生み出してしまっているか理解いただけたものと思いますが、それではそういったリスクに対応するための対策をどのように考えればいいのでしょうか。

一般的に「リスクマネジメント」と呼ばれている考え方があり、次ページの図表14のように説明されます。

人は「現在」に立っており、そこから過去を見るのが「分析」、現在を見るのが「対策」、そして未来を見るのが「計画」とされています。

そして、そのいずれでもなく、「想定された未来」に立って現在を見つめ直し、想定された未来において発生するであろうリスクを発見し、現在に帰ってこれへの対策を立てるという発想が「リスクマネジメント」です。

その想定すべきリスクとは、決して起きて欲しくない最悪のリスクです。

しかし、それは一般的に思われているような大災害であるとか戦争であるとかいった大層なものを想定するのではなく、むしろ時間の経過と共に普通に起こりそうなリスクを中心に検討しなければなりません。

【図表14】リスクマネジメントの考え方

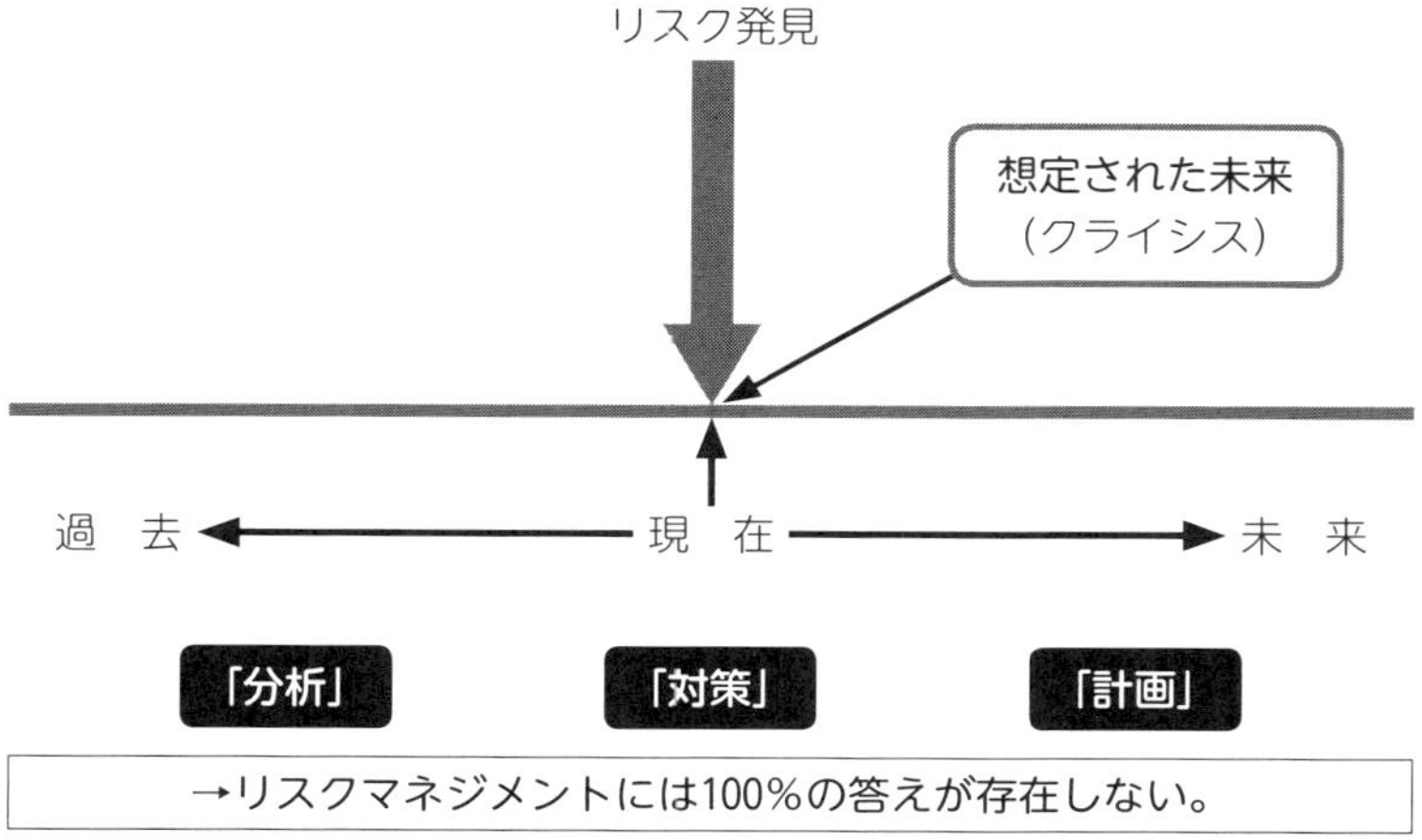

例えば、人であれば必ずいつかは死亡するのですから、「元気だった人が突然死亡するリスク」が最大でしょうし、会社であればいかに優良企業といえども永遠に継続する確率は低いのですから、「突然の経営破綻」が、それにあたるであろうと思われますが、実際に起きるか起きないかは神ならぬ身でわかるはずはありません。

従って、リスクマネジメントは想像力の世界であって、１００％の正解などは存在しないのです。

ですから、几帳面な性格で１００％の正解を求めてしまう傾向が強い日本人の間では、あまりこの考え方が普及していないのが現実であり、これが「何もしない」という悪しき風習につながっているのではないかと考えます。

そして、リスクへの対応法（＝リスクマネジメント）としては次の４種類があると言われています。

リスクマネジメントの種類

①リスクの回避

↓事前対策によってリスクの発生自体を極力避けること

②リスクの低減

↓事前対策によってリスク発生時の影響を最小限とすること

③リスクの移転

↓リスク発生時に他の給付を受けること（保険加入や担保徴求等）

④リスクの受容

↓被害の程度や発生確率を考慮し、止むを得ないと判断すること

いずれにしても、リスク発生時点で財産管理の基盤が揺らぐのですから、事前対策を講じておくことが重要であるという部分については論を待たないものなのですが、それでもなお日本人は「何もしない」のでしょうか。

第５章

各種財産管理制度を使ったリスクマネジメント

我が国の法制度や社会慣習の中には、各種の財産管理のための制度や方法が用意されており、実際にそれらを駆使して何とかリスクマネジメントを進めようとする動きもあります。

そこで、財産管理のための各種の制度や方法を9種類に分類して、順次解説してゆきます。

1　生前贈与の活用

我が国において「財産管理」といえば、財産の所有者の認知症対策や相続の問題と捉えられがちですが、根本的な面からよくよく考えてみますと、そもそも財産が必要以上に多くある状態で認知症になったり相続を迎えたりするために財産管理が難しくなるのではないでしょうか。

したがって、本来は加齢に伴いリスクが増大するということから、高齢に達した人は可能な限り財産を持たない状況にしておくのがベストなのであり、その意味からは生前贈与が最も有力な財産管理対策なのです。

現実に、旧民法の時代には「隠居制度」があり、人は自分で決めた時に財産を家督相続人に承継してしまうことができましたが、現行民法では隠居制度は廃止されているので、少なくとも民法の範囲においては、生前贈与でもってそれに代えるしかありません。

実際、贈与を済ませてしまえば、もうその人の財産ではないのですから、認知症になっても全く影響はありませんし、相続になった場合でも、一部の相続人だけに贈与した場合には民法上の「特別受益の持戻し」の対象になることに注意が必要とはいえ、贈与契約そのものは有効です。

ただ、我が国では贈与税が大きな障がいとなっており、現実には免税点を超える生前贈与がなされることは稀なようです。

2 会社・法人への所有権移転

我が国では税制上で高額の生前贈与が困難ということと、法定相続によって不動産が共有化されてしまうということから、不動産等の所有者が自分で会社や法人を設立して、そちらに所有権を移転しておくという財産管理方法が取られる場合があります。

しかしその場合、課税上ではあくまでも第三者への権利移転ですから、売主には利得があれば譲渡所得税が、買主には不動産取得税がそれぞれ課せられ、所有権移転にかかる登録免許税や各種手数料等も相当な高額になりますし、さらに株式会社に移転した場合には、その会社の株式の相続を考えなければなりませんから、あまり高額の資産の移転は現実的ではないと考えられています。

このように、財産所有者の生前に、その財産を他者に移転することについては、我が国では税制が邪魔をしているということなのです。

3 遺言と死因贈与の活用

生前贈与や会社・法人への所有権移転は、所有権そのものが他者に移ることから、財産管理自体が不要になる方法ですが、前記のように実際には活用が進んでおらず、現実には次のいわゆる「財産管理」のために用意された各種の制度や方法の中から選択して採用することになるものと考えられます。

まず、各種制度の中で最もポピュラーなのが遺言であり、その類似制度である死因贈与です。

民法上では、遺留分制度という障がいはあるものの、遺言があれば一応はその通りに財産が分配されるのですから、実際には遺言書1枚で遺言者の希望の相当な部分は叶うのです。

しかし、前述のように、何故か日本人は遺言に対して積極的に考えない習性があり、かつ専門家が遺留分制度を過剰に意識してしまっている関係からか、その普及率は遺言先進国である欧米諸国と比較して極めて低い状態にとどまっています。

我が国の旧民法時代は家督相続が基本だったために遺言の必要が生じるケースが少なく、意外に思われるかもしれませんが、遺言の歴史が浅いということも、遺言が普及し難い一つの理由ではないかと考えられます。

また、死因贈与は、遺言とは違って相手方との合意に基づく契約行為ですから、本来であれば単独行為にしかすぎない遺言よりも強力な効力を持っているはずなのですが、我が国では民法第５５４条の規定によって、遺言と死因贈与とは同列の扱いを受けており、契約としての効力を正しく認められていないことや、実際には遺言同様に相続税の課税対象となるにもかかわらず、「贈与」という言葉が高率の贈与税課税を連想させるためか、我が国においてはほとんど採用されていないようです。

そういった意味から、遺言と死因贈与を比較すれば、契約行為である死因贈与の方が優れている部分があることは間違いなく、状況に応じて正しく使い分けるべきであると思います。

4 エンディング・ノートの活用

近年は「終活」と呼ばれる、自分が元気なうちに死後のことを様々決めておこうという行動を起こす人が増えており、そこでよく使われる「エンディング・ノート」という文書を作成することが、一種のブームとなっているようです。

それ自体は大変喜ばしいことですが、残念なことに、そのエンディング・ノートの多くは、非常に多岐にわたる情報を、大変な分量のノートに、作成者自らが手書きで記入しなければならず、現実には最後まで書ききったという話を、あまり聞いたことがありません。

また、エンディング・ノートは、完璧に書かれていれば自筆証書遺言とみなされ、法的にも通用する場合があるのですが、一般的にはなかなかそこまで完璧に書ける一般人はおらず、最後の最後で法的には無効になってしまうケースも少なくないと言われています。

そして、これは自筆証書遺言でも同じことなのですが、エンディング・ノートは1冊しか存在しないので、書き上げたノートを誰が何処に保管し、それを確実に本人の死亡時に提示することができるかという大きな問題点を持っていますし、結局は紛失等で次世代に伝わることがないままに終わるリスクが避けられません。

もちろん、エンディング・ノートを作成しようとする意思は大変重要なことであり、特に法的な側面に偏重しがちな遺言書では書けないような精神的な内容や感謝の言葉なども自由に記載できる文書なので、これを活用しながら、必要に応じて他のツールを併用するのが正しい財産管理につながると考えます。

5　成年後見制度（特に任意後見）の活用

前述のように、現行の法定後見制度は、被後見人の権利をすべて剥奪することを是とする観点に立って構成されていることから、現実には被後見人となった人の願いや想いに配慮した財産管理を法定後見人に期待することは難しいのですが、任意後見制度を活用することによって、事前に最も信頼できる後見人候補者を決定しておくことが可能になるので、これを活用すべきであると考えています。

ただし、任意後見人候補者として最も信頼できる人物を契約で決めておいたとしても、最終的にそれを決するのは家庭裁判所という構造になっているため、本当に１００％の確率でその候補者が後見人に指名されるという保証はありませんし、必ず付けられる後見監督人による規制が厳しすぎて後見人が何もできないという可能性もあると言われているので、この制度自体も完璧なものではないと考えるべきかもしれません。

また、専門家の中には、民事信託を含む他の財産管理ツールを使うことによって、後見制度自体を使わないという選択を勧める向きもあると聞き及びますが、財産管理ツールの対象は「財産」に限定されています。つまり、財産管理ツールでは、39ページの図表10に示した三要素のうち、「財産」のみにその作用が限定されてしまい、人にとっては財産よりもっと重要なテーマとも言える「身体」と「精神」をケアすることはできないのです。例えば実際の身上監護であるとか、あるいは病院や介護施設との契約であるとかいった、心と感情を持った「人」でなければできない行為についてはは賄えないのですから、後見制度を抜きにして人の財産管理を考えるのは大変危険な発想であると思います。

6 任意代理契約

最近では、任意後見契約と合わせて「委任契約」という名称でもって、任意後見が発動する前の段階において任意後見人候補者に一定範囲の代理権を与える契約をする人が増加してきており、これを「移行型任意後見」と称しているようです。

確かに、任意後見が実際に発動するのは、後見対象者の判断能力が相当に減退した後であり、かつ家庭裁判所への申立てが受理され、任意後見監督人が選任された後ということになりますので、そのタイムラグを埋める必然性があります。

また、正式に公正証書でもって契約されたものであれば、委任者本人の意思確認などは公証人が行っているのですから信頼性が高く、委任者に代わって受任者が各種の手続きに出向いたとしても、あまり異議が出ることはないでしょう。

しかし、任意代理契約は、その発動時期の判断が非常に難しく、ともすれば委任者の自己決定権を奪うような結果にもなりかねませんし、かつその代理権の範囲についても「代理権目録」によって一定の制約が課せられており、無制限ということではありませんので、必ずしも使い勝手のいい制度であるとは言えないものです。

7 死後事務委任契約

近年では人口の都市部集中や核家族化が進んでいる関係もあり、昔のように親族が地元の寺院等で葬儀をあげて墓地に埋葬するといった慣習が衰退しているため、身寄りのない人が自分の死後の手続き等について心配しているといった内容の相談が多くなってきています。

それに対応するため、本人に意思能力がある間に、自分の死後における葬儀や永代供養等の方法について指示をし、金銭を預託する契約を誰かと締結しておくことを「死後事務委任契約」と呼ぶのですが、これには民法上の根拠がなく（民法第６５３条により、委任関係は委任者の死亡によって終了するため）、判例実務上で認められてきた制度にすぎないので、法的な不安定感が残っている状態です。

8（中小企業の場合）定款自治と種類株式

これは中小企業の場合に限定されることですが、会社法を活用した定款自治や種類株式が、非常に大きな効果を生み出す財産管理ツールとなり得る可能性があることは、意外と周知されていません。

会社法制定後、特に中小企業においては、ほとんどすべての企業活動が定款自治に委ねられており、その定款自治から導き出された規定である種類株式や属人的株式を自由自在に駆使することによって、多くの経営課題がクリアされ、各株主の財産管理にも役立つ設計ができるようになっているのです。

本書は会社法がテーマではないので、これ以上の説明は省略しますが、是非とも会社法の活用を検討いただきたいと思います。

9　民事信託

遺言から会社法の活用まで、各種の財産管理ツールを紹介してきましたが、民事信託を活用すれば、おそらくほとんどすべての課題に対応できる提案が可能になると考えています。

他の財産管理ツール（会社法活用を除く）と民事信託との最大の相違は、民事信託だけが始期も終期も決まっておらず、すべて委託者の意思のままにできるという点です。

図表15の通り、民事信託以外の財産管理ツールには、すべて始期と終期が存在しており、終了後のケアが何もなされていませんが、唯一民事信託だけは、委託者が最初に「受益者への条件付贈与」

【図表15】各種の財産管理ツールの比較

	健常時	能力喪失	死　亡	手続完了	その後
遺言・死因贈与	作成	・・・	発効→	終　了	
法定後見		発動→	終　了		
任意後見	契約	発動→	終　了		
任意代理	契約→	→→→	終　了		
死後事務委任	契約	・・・	発動→	終　了	
民事信託	契約→	→→→	→→→	→→→	→→→

唯一，民事信託のみが死亡後までを含め，終期を自由に設定できる契約である。

という確定的な意思を表明することによって、それを委託者死亡後においても、自ら定めた終期に至るまで続けられるように設定することができるという、極めて特殊な契約なのです。

そして、永続性があるからこそ、最初の契約を間違った内容で設定してしまうと、その間違った契約が長期間継続してしまうという逆のリスクが存在していることも決して忘れてはなりません。

前述しましたように、信託の本質は「贈与」であり、その贈与の方法や条件を定めたものが信託契約なのですから、最良の処分方法である贈与に準じた方法として、最初の契約内容を誤るという「逆のリスク」があるとしてもなお、民事信託が最も優れた財産管理ツールであるということは動かせない事実であると考えます。

第６章

信託法大改正の内容

1　信託の設定方法の分類

ここで再び信託の話に戻り、最初に改正された信託法に基づく信託の考え方と機能について振り返ってみましょう。

改正された信託法では、最初に信託の設定方法が3種類存在していることが明記されました。

信託法第2条第2項によると、

「第1号：信託契約」

「第2号：遺言信託」

「第3号：信託宣言」

に分類されており、このうち第3号が全く新しい信託の形態である自己信託を指しています。

本書においては、民事信託の戦略的活用という観点から、第1号の信託契約を中心に解説をし、第2号の遺言信託については制度的な部分や実効性の部分にやや問題があると考えますので省略し、第3号の信託宣言については自己信託の活用例の部分でのみ紹介するにとどめることとします。

信託法

（定義）

第2条

2　この法律において「信託行為」とは、次の各号に掲げる信託の区分に応じ、当該各号に定めるものをいう。

一　次条第一号に掲げる方法による信託　同号の信託契約

二　次条第二号に掲げる方法による信託　同号の遺言

三　次条第三号に掲げる方法による信託　同号の書面又は電磁的記録（同号に規定する電磁的記録をいう。）によってする意思表示

2　民事信託の７大機能

次に、これは必ずしも信託法の改正によって新設されたものではないのですが、重要事項として「民事信託の７大機能」について解説しておきます。

ここでは、従前から「信託の機能」として解説されていたことに、民事信託特有の機能を加えて「民事信託の７大機能」としてご紹介しており、いくつかの考え方が本書のオリジナルとなっておりますので、既存の書籍における解説とは若干異なる部分がありますが、ご了承願います。

また、信託法は民法に対する特別法ですから、必ずしも民法上における財産管理の考え方とは合致しない点があり、それが各種の機能の特徴として表れている部分がありますので、民事信託の戦略的活用を考えるにあたっての基礎知識として習得しておいていただきたいと思います。

【図表16】民事信託の７大機能（1，条件付贈与機能）

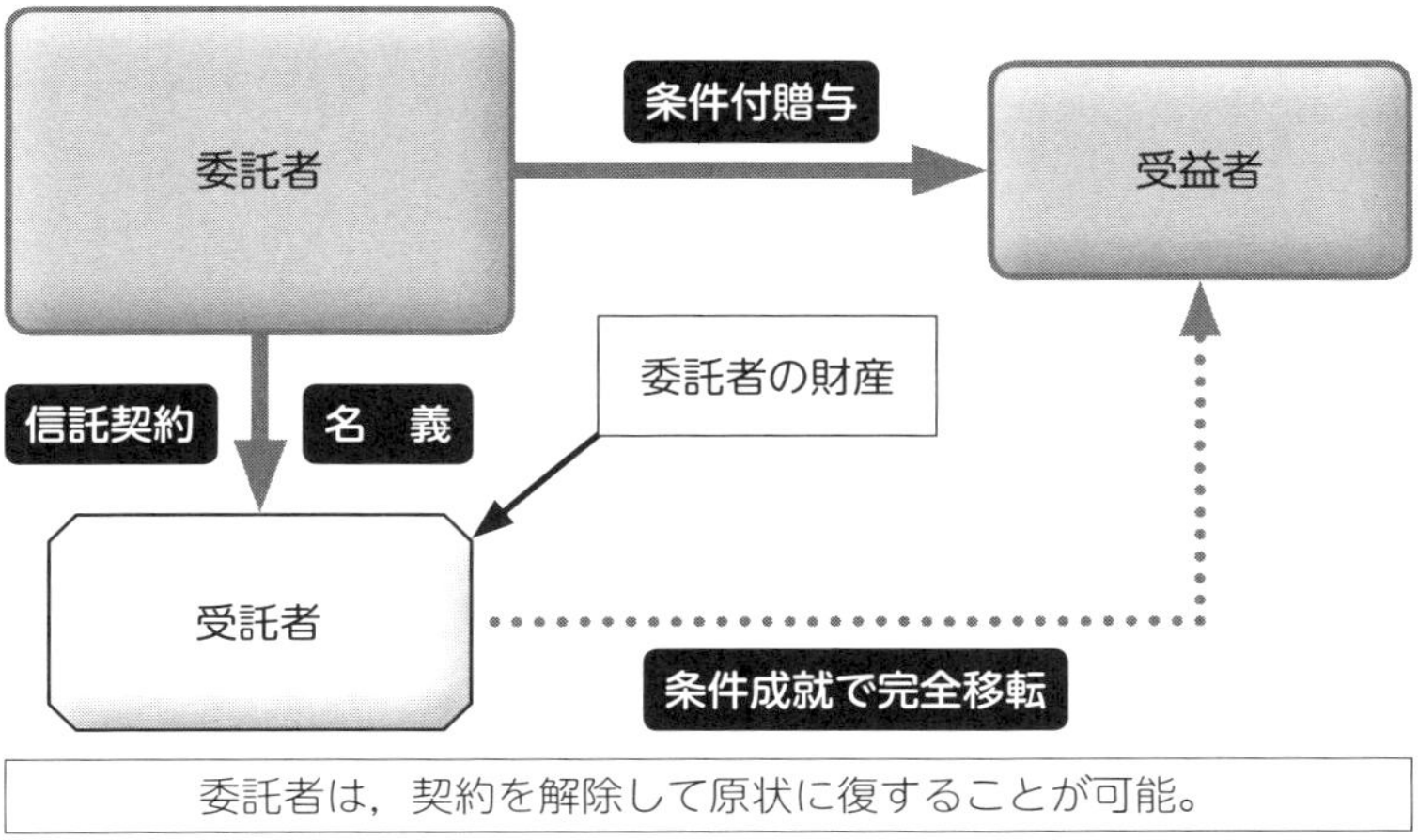

条件付贈与機能

従来の信託の考え方においては、どうしても商事信託を中心に検討する傾向がありましたので、信託を「資産運用」と捉えている面が大きかったように思えますが、前述のように民事信託の本質は委託者から受益者に対する「条件付贈与」に他なりません。

つまり、民事信託とは、委託者が受益者に対して、委託者の所有する財産のうち、受託者に移転される形式的な「名義」以外の全部の実質的権利を移転するのが本質ですから、その意味から「贈与」の一類型となるのです。

しかし、民事信託は単なる贈与ではなく、各種の「条件」が付加されているのが大きな特徴ということになります。

まず最初の条件は、この贈与は「場合によっては解除されることがある」ということです。

すなわち、民事信託契約において、一定の解除条項を付けておけば、いったんは受益者に移転された権利が、再び委託者に戻される可能性があるということです。

これは逆に言えば、民事信託契約開始後の委託者にとって、唯一残されている権利が「契約を解除して元に戻す権利」である、と解釈することもできます。

そして次の条件は、委託者の意思によって、当初受益者を自分自身、二次受益者を他者とすることによって、実質的に「死因贈与」とすることができることです。

これも前述のように、我が国では課税回避のために自益信託が原則となっているため、あまり感じることがない機能なのですが、実は極めて特殊な契約形態なのです。

意思凍結機能

信託においては、委託者の意思が、その後の状況変化に一切関係なく、少なくとも契約期間中については永続的に変わることなく生かされ続けることになり、これを意思凍結機能といいます。

民法における委任契約や代理契約については、基本的には委任者が死亡した段階で契約自体が終了するのが大原則となっていますので、委任者死亡後に引き続きその意思を生かし続けることは極めて困難です。

また遺言制度においても、遺言者の意思が生かされるのは遺言者が死亡して遺言執行が終了する時点ま

【図表17】民事信託の７大機能（２，意思凍結機能）

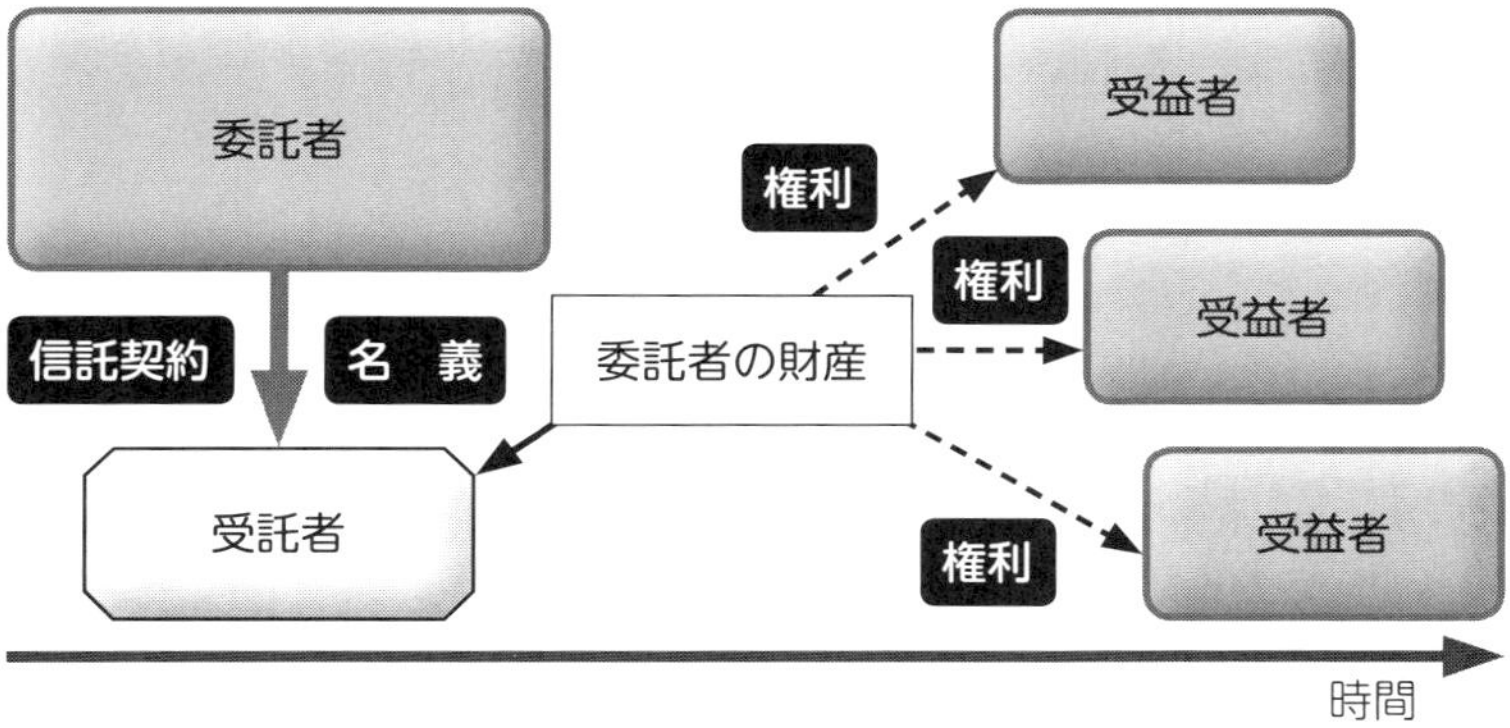

委託者の当初意思が，以後の状況変化に関係なく，受託者の働きによって半永久的に継続する。

での時限的なものであり、その後の財産の帰属、例えば「自分が死んだらAに、Aが死んだらBに」といった内容の遺言をしたとしても、Aまでは意思通りになりますが、Bに財産を与えるにはA自身が遺言をする必要があり、あとは単なる「希望」「要望」にすぎないということになり、そこに元々の遺言者の意思が反映されるという法律的な保証は何もないということになります。

しかし、信託においてはそうではなく、当初に信託契約の委託者となった者の意思が、「自分が死んだらAに、Aが死んだらBに」といった内容であるならば、途中に介在しているAの意思には関係なく、当初の意思通りに（所有権ではなく受益権に変わっているとはいえ）その財産は実質的に承継されることとなるのです。

【図表18】民事信託の７大機能（３，物権の債権化機能）

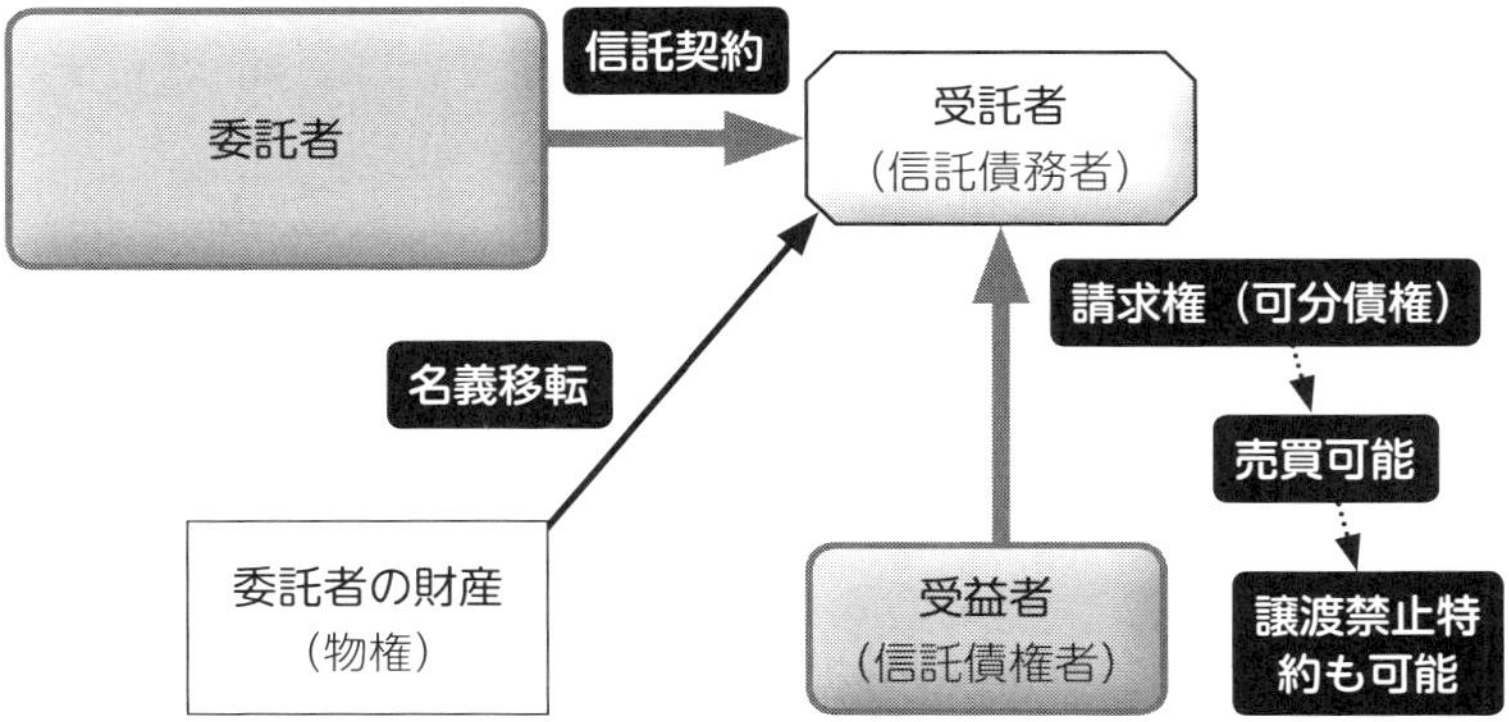

受益者が何人現れても，請求権が共有になることはなく，かつ自由に売買できる。

物権の債権化機能

30ページの図表7にあるように、信託契約をなすことによって、委託者の所有権は「名義所有権」と債権である「信託受益権」に分割されて、それぞれ別々に機能することとなり、これを物権の債権化機能といいます。

一度信託してしまうと、物権的権利である名義所有権は半永久的に受託者のものとなり、委託者に相続が発生した場合には、債権である受益権が次の受益者に移動するので、もし法定相続になったり、遺留分減殺請求を受けてしまった場合であっても、可分債権である信託受益権の一部を他の相続人に渡すだけで処理は完了し、所有権自体の名義が共有化するという不便は回避できるのです。

また、受益権は債権ですから、物権では設定不

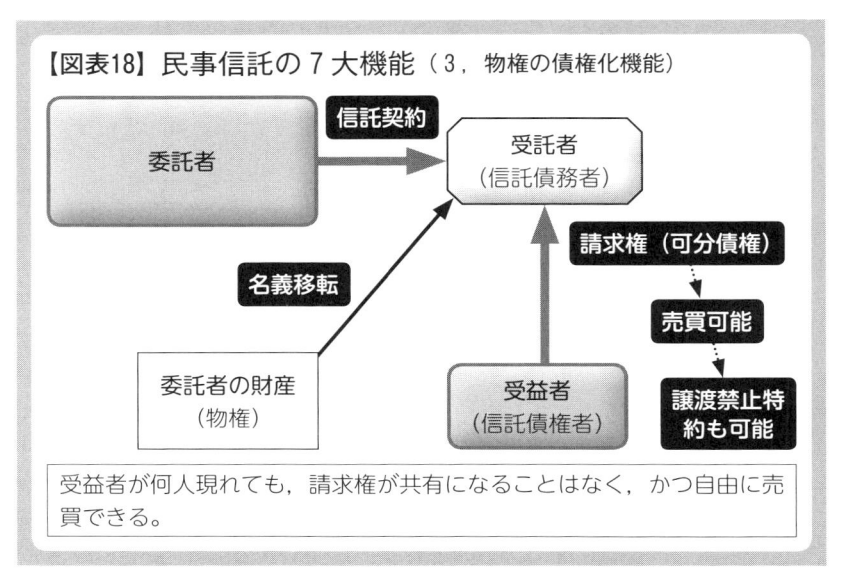

可能な「譲渡禁止特約」を付加することも可能です。

信託法

（受益権の取得）
第88条 信託行為の定めにより受益者となるべき者として指定された者（次条第一項に規定する受益者指定権等の行使により受益者又は変更後の受益者として指定された者を含む。）は、当然に受益権を取得する。ただし、信託行為に別段の定めがあるときは、その定めるところによる。

（受益権の譲渡性）
第93条 受益者は、その有する受益権を譲り渡すことができる。ただし、その性質がこれを許さないときは、この限りでない。
2 前項の規定は、信託行為に別段の定めがあるときは、適用しない。ただし、その定めは、善意の第三者に対抗することができない。

所有権名義集約機能

名義所有権を受託者が取得することから、例えば多数の当事者が一人の受託者に信託をすることによっ

【図表19】民事信託の７大機能（4，所有権名義集約機能）

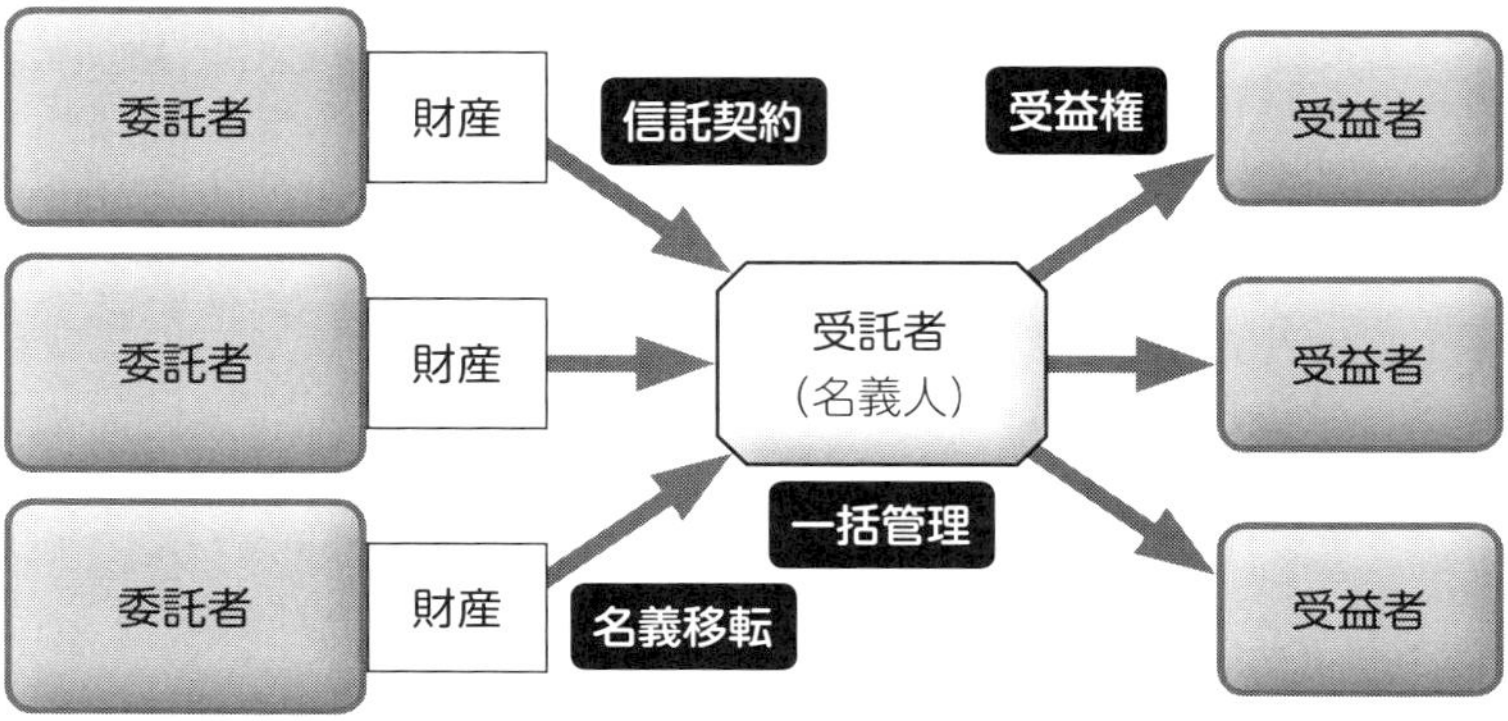

受託者は信託財産を自己の名義で一括管理し，受益者に配当することができる。

て、その名義所有権は一本化され、受託者による一括管理ができるようになることを、所有権名義集約機能といいます。

この機能によって、例えば不動産であれば合筆しての有効利用が可能になったり、株式であれば議決権を一括行使することによって経営判断の迅速化を図ることが可能となります。

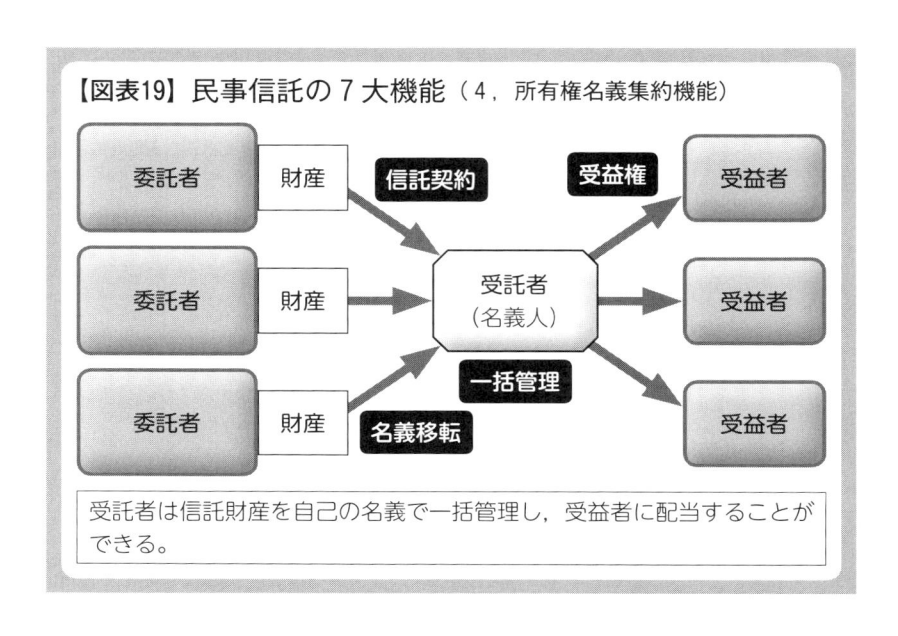

現行信託業法の規制があり、不特定多数の委託者から一人の受託者が信託を受けることにはやや問題があるのですが、例えば親族間で共有になってしまっている物権を一人の受託者に任せて管理させるなど、民事信託の分野においても活用可能な機能であると思います。

また、委託者の権利の価値と受益権の割合とを一致させることによって、実質的に自益信託として、贈与税の課税を回避することが可能であると考えられています。

【図表20】民事信託の７大機能（5，財産分離機能）

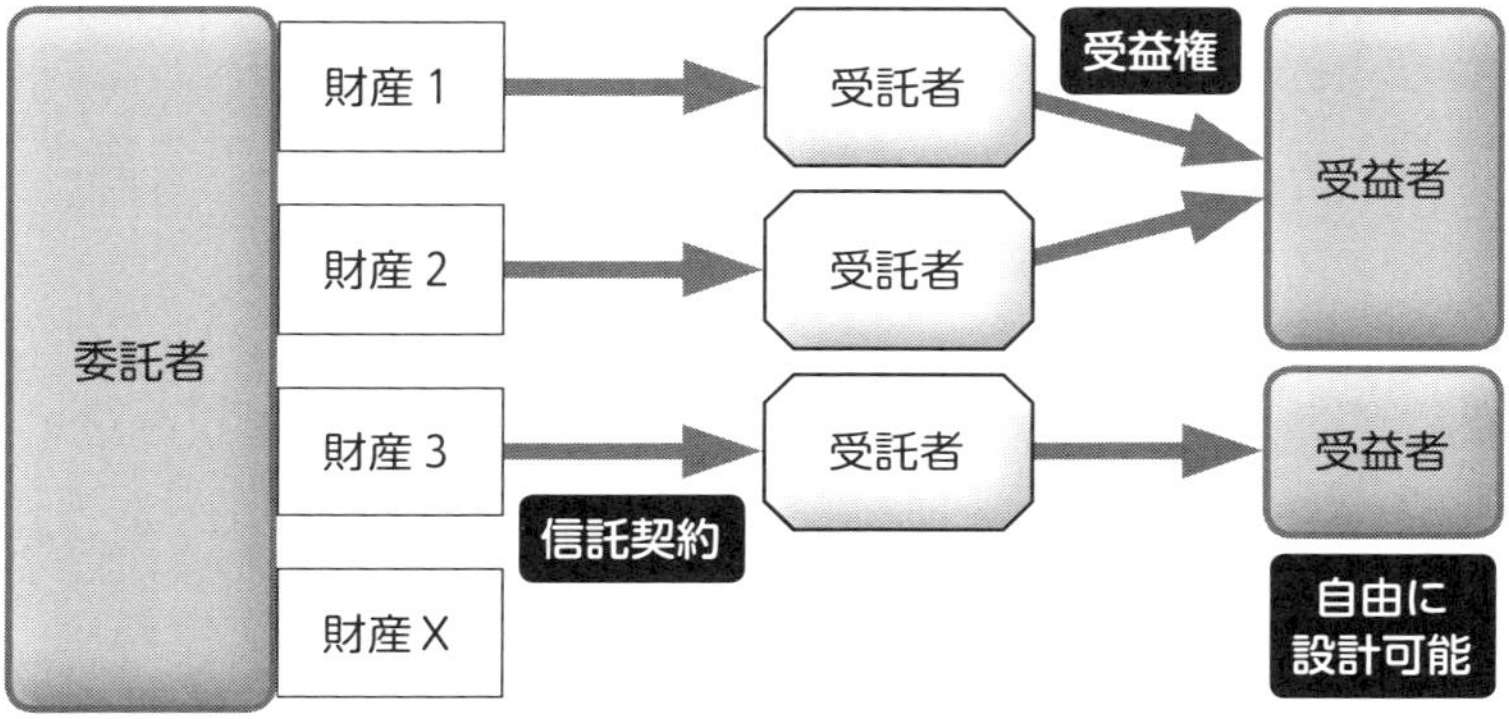

委託者は自己の判断で，信託財産を形成することも信託財産としないことも可能。

財産分離機能

これは33ページの図表9にあるように、一人の人の財産の全部又は一部を信託財産とすることによって、他の財産と完全に分別して管理することが可能となり、これを財産分離機能といいます。

すなわち、一人の人が所有している様々な財産を分別し、それぞれの将来の取得者を決めておくことによって、現行民法では対応困難又は不可能であったような、家督相続や隠居なども含めた、柔軟な財産管理手法を取り入れることができるようになったのです。

信託法

（分別管理義務）

第34条　受託者は、信託財産に属する財産と固有財産及び他の信託の信託財産に属する財産とを、次の各号に掲げる財産の区分に応じ、当該各号に定める方法により、分別して管理しなければならない。ただし、分別して管理する方法について、信託行為に別段の定めがあるときは、その定めるところによる。

パス・スルー機能

税制上、信託は「無いもの」とみなされることになっており、これをパス・スルー機能といいます。

信託の本質が「委託者から受益者への贈与」であることから、いわゆる他益信託を組成した際には直ちに贈与税が課せられるところ、自益信託であれば相続の段階に至るまで課税されないとか、不動産を信託しても譲渡所得税や不動産取得税が課されないというのは、そもそも信託が無かったとみる、このパス・スルー機能から導き出される結論なのです。

この機能は、結果として流通税の軽減には役立っていますが、相続税や譲渡所得税の節約には一切ならないということになっています。

【図表21】民事信託の７大機能（６，パス・スルー機能）

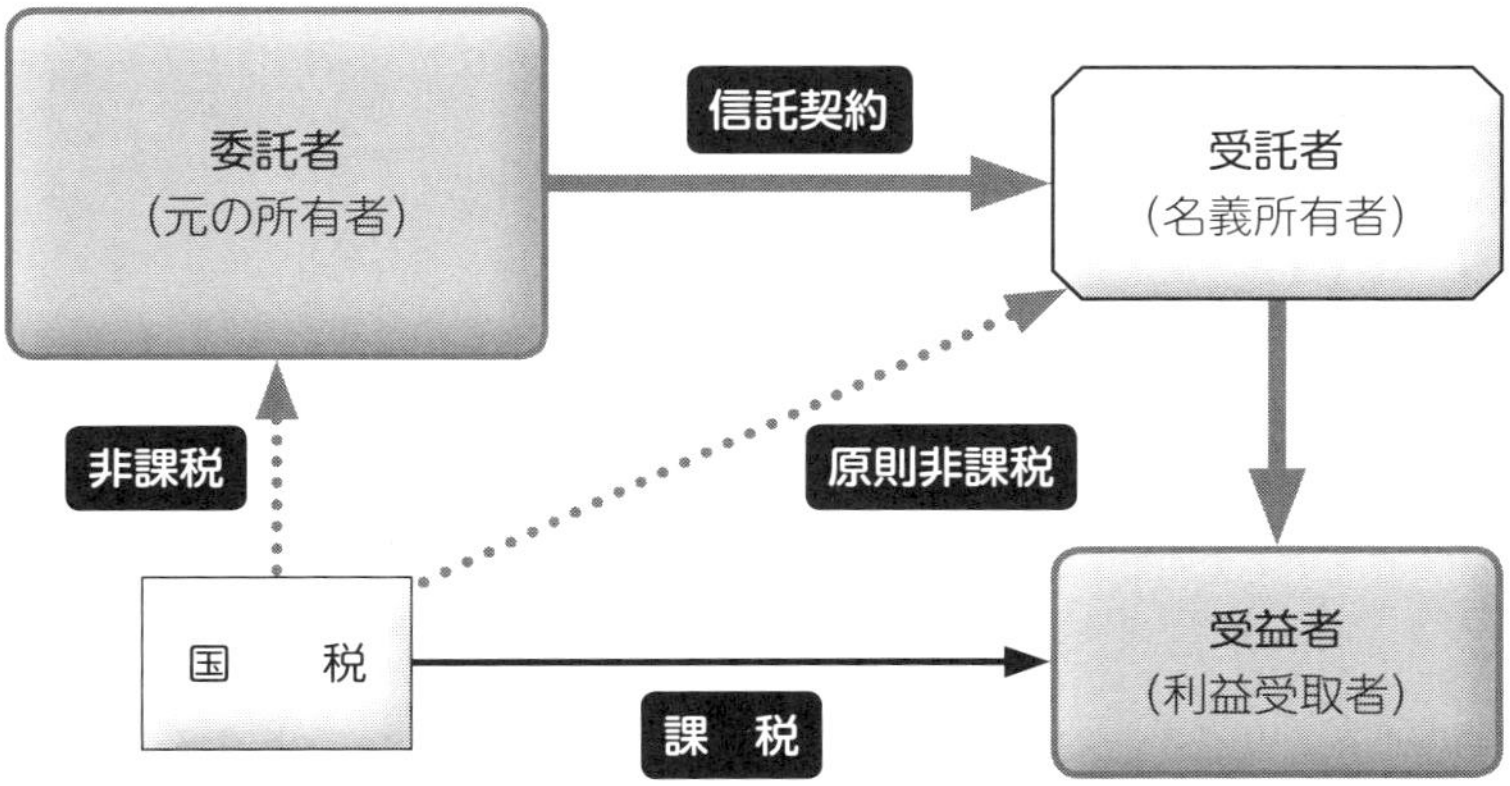

委託者から受託者への名義移転は「所有権移転」とはみなされない。

【図表22】民事信託の７大機能（７，倒産隔離機能）

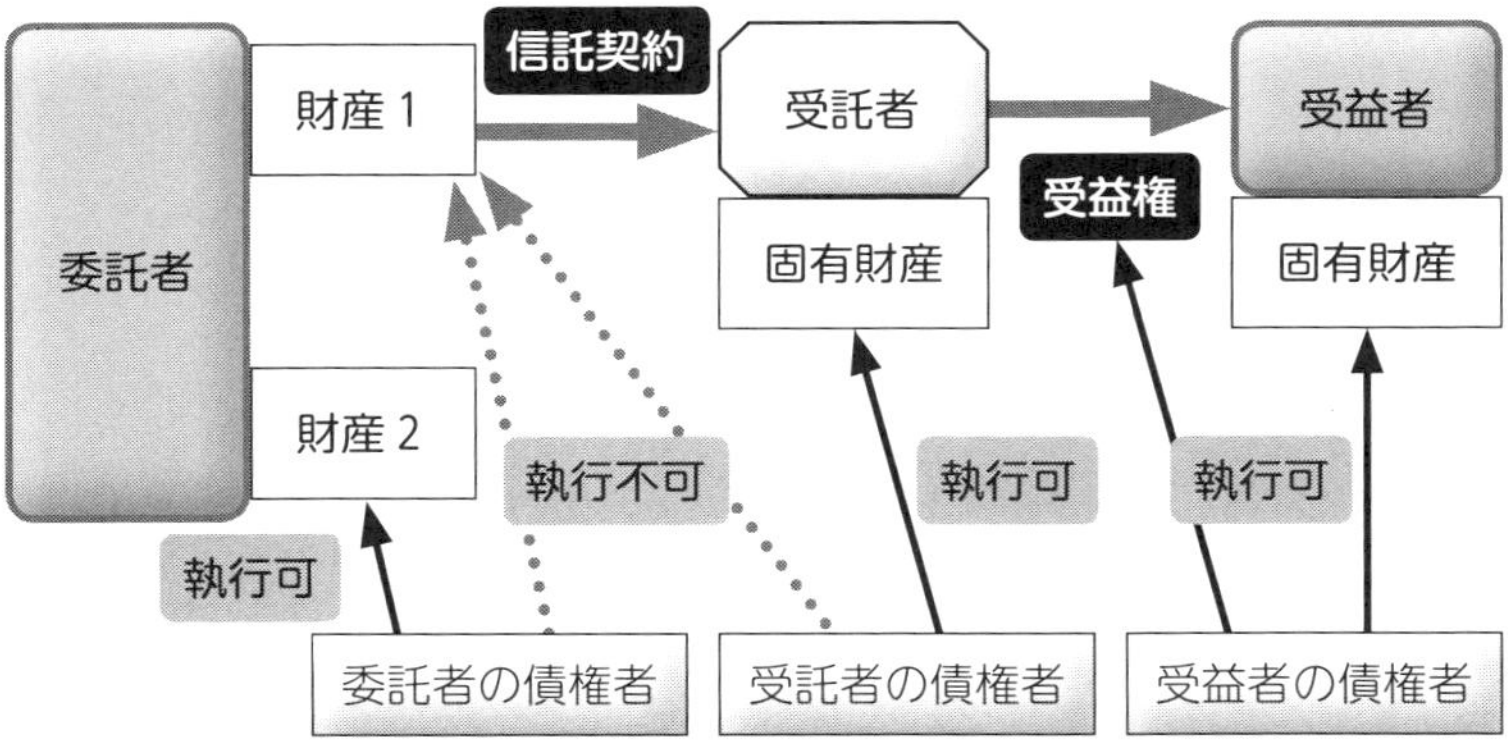

信託設定の段階で委託者に債権者を害する意思があれば「詐害信託」となる。

倒産隔離機能

信託が組成された後は、仮に委託者・受託者・受益者のいずれかが破産や倒産をしたとしても、信託そのものは全く影響を受けることなく継続されることになっており、これを倒産隔離機能といいます。

もちろん、委託者兼受益者である段階では、その人の債権者は受益権に対して執行することができますが、財産自体については受託者の名義のままで進められるということになります。

これは信託契約の安全性・安定性を担保するには必要な機能ですが、あまりにも強力な機能でもあるため、詐害信託と呼ばれる不正な目的をもった信託設定行為が行われてしまう要因ともなっています。

ただ、間違えられやすいこととして注意しておかなければならないのが、例えば信託された不動産に抵当権が付いている場合、その抵当権の実行は、信託と抵当権との設定時期の前後に関係なく、当然に可能であるということです。

この部分を勘違いして、抵当権付不動産の信託移転に抵抗を示したり、主債務とは何の関係もない受託者に連帯保証を求めたりする債権者もあるようですので、信託設定が抵当権者にとって悪影響のないものであるということを説明する必要があるでしょう。

信託法

（信託財産と受託者の破産手続等との関係等）

第25条　受託者が破産手続開始の決定を受けた場合であっても、信託財産に属する財産は、破産財団に属しない。

2　前項の場合には、受益債権は、破産債権とならない。信託債権であって受託者が信託財産に属する財産のみをもってその履行の責任を負うものも、同様とする。

3　新しい信託の種類や設定方法等

次に改正された信託法において新たに認められた信託の種類や制度について解説します。

従来の信託法との関係において、新たに認められたと考えられている信託の種類や設定方法等は、諸説ありますが一般的には次の8類型あると言われています。

新たに認められた信託の8類型

遺言代用信託	委託者兼当初受益者死亡後の受益者を決定しておく信託
受益者連続型信託	受益者を何代も先まで当初の信託設定の段階で決めておく信託
自己信託	委託者と受託者が同一である信託
目的信託	信託設定の段階で受益者が決まっていない信託
事業信託	債務を伴う「事業」を信託財産とする信託
限定責任信託	受託者の責任を信託財産の範囲内に限定する信託
担保権信託	受託者が複数受益者のために担保権を一括管理できる信託
受益証券発行信託	受益権を細分化して有価証券化する信託

これらに関する基礎知識を順次紹介しましょう。

遺言代用信託

これは自益信託の場合の委託者兼当初受益者が、信託設定の段階で自分が死亡した後の受益者を指定しておく、すなわち委託者の死亡を条件に自益信託から他益信託になるという信託設定方法（信託法第90条第1項第1号）、あるいは当初から他益信託とするが受益者が信託財産から給付を受けられる時期が委託者死亡時以降であるとする信託設定方法（信託法第90条第1項第2号）です。

従来は、商事信託における信託銀行に託した財産が単純に相続財産となっていたように、いわば「一代限り信託」的な使われ方が主流であったものが、民事信託を活用する場合には当初信託契約の中で次世代の受益者を確定しておきたいとのニーズがあるため、改正された信託法で特に認められたのではないかと思われます。

一般的には、わかりやすく「遺言代用」と呼ばれていますが、実質的には遺言というよりも、むしろ死因贈与契約に極めて近い内容です。

この仕組み（私文書による信託契約の場合）を、自筆証書遺言及び私文書による死因贈与契約と比較した場合には、次のような差異があると考えられます。

	遺言（自筆証書）	死因贈与	遺言代用信託
当事者	遺言者のみ	遺贈者と受贈者	委託者と受託者
手　間	容易	比較的容易	比較的複雑
費　用	無料	無料	専門家の関与が必要
効　力	検認後しか執行不可	一応即時執行可能	自動的に権利移転

旧信託法時代においても、自益信託の受益権を相続することは可能でしたから、遺言代用信託を「新制

度」として分類しない考え方もありますが、改正された信託法第90条に明確に受益権の取得についての規定が定められたので、本書では「新制度」として取り扱うものとします。

改正された信託法第90条によりますと、遺言代用信託には、2種類の設定方法があるとされています。

信託法

（委託者の死亡の時に受益権を取得する旨の定めのある信託等の特例）

第90条　次の各号に掲げる信託においては、当該各号の委託者は、受益者を変更する権利を有する。ただし、信託行為に別段の定めがあるときは、その定めるところによる。

一　委託者の死亡の時に受益者となるべき者として指定された者が受益権を取得する旨の定めのある信託

二　委託者の死亡の時以後に受益者が信託財産に係る給付を受ける旨の定めのある信託

第1号の場合は、当初は自益信託であり、当初受益者（兼委託者）の死亡によって、その受益権が第二受益者に相続されるような形となり、まさに遺言と同様の機能が発揮できるということになります。

それに対して、第2号の場合は、当初から委託者と受益者が別人、すなわち、委託者から受益者に対する生前贈与が行われていることになり、ただその受益権の行使に関して、委託者の死亡の時以後でなければ実行できないことになっているという設定方法ですから、受益者の権利が確定しているという点で、ある意味では遺言よりも強力な効果がある手法です。

【図表23】遺言代用信託（信託法第90条第１項第１号の形態）

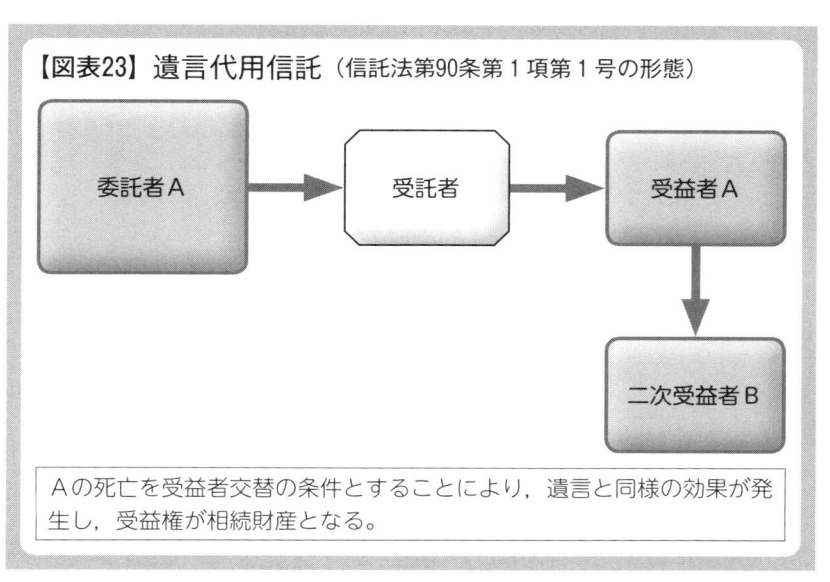

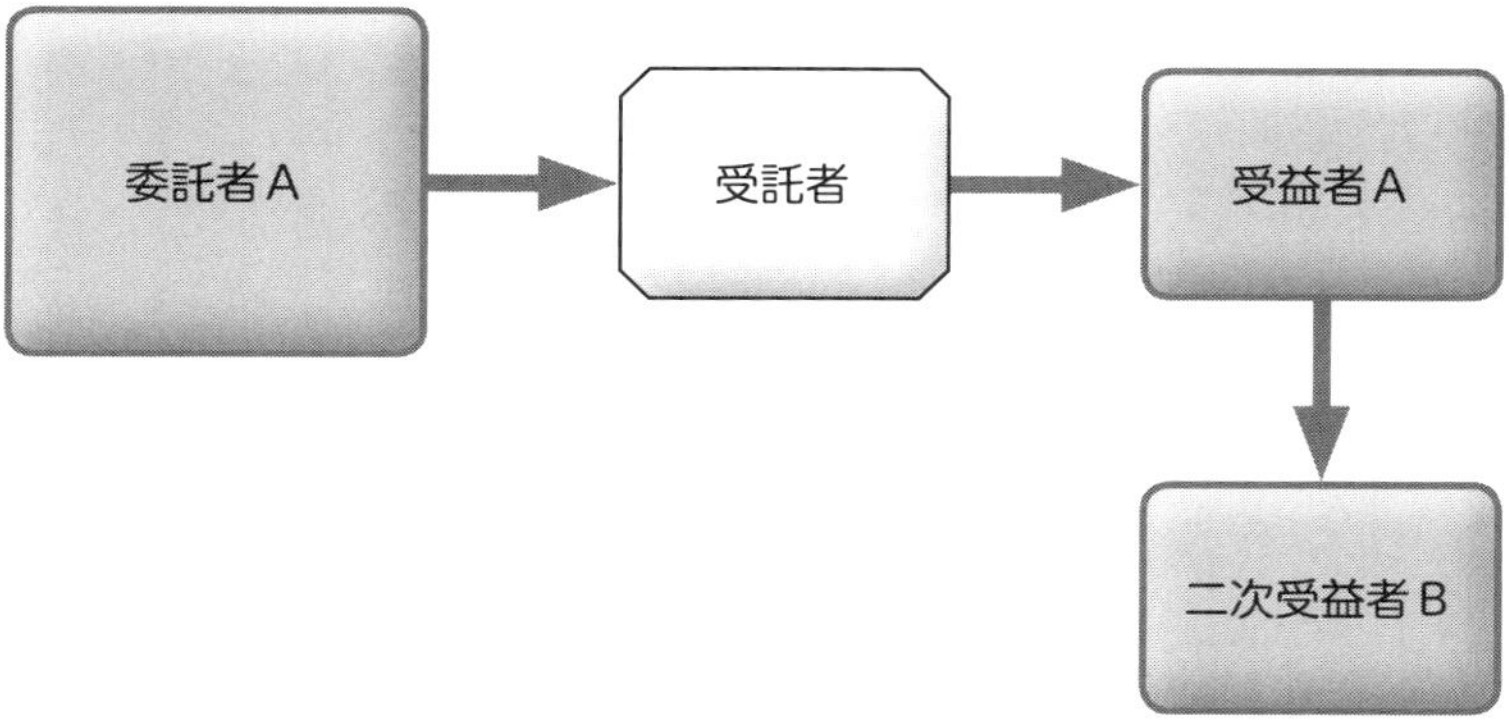

Ａの死亡を受益者交替の条件とすることにより，遺言と同様の効果が発生し，受益権が相続財産となる。

【図表24】遺言代用信託（信託法第90条第１項第２号の形態）

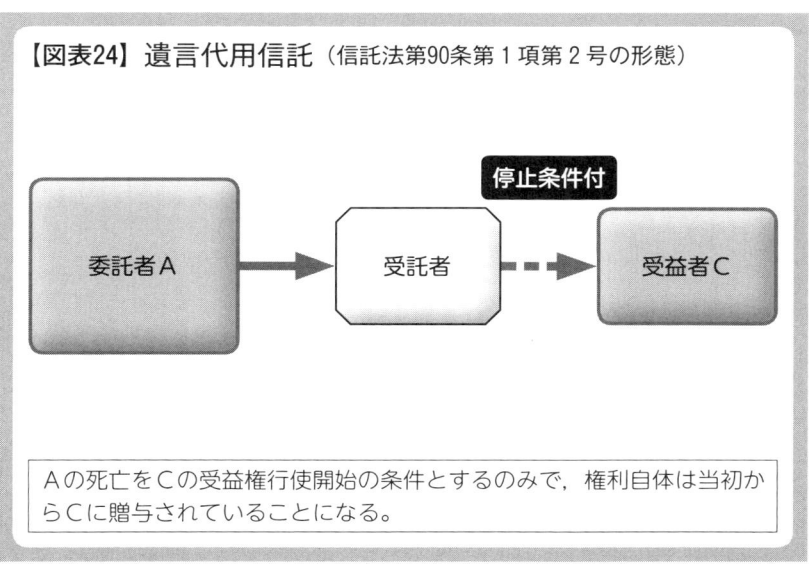

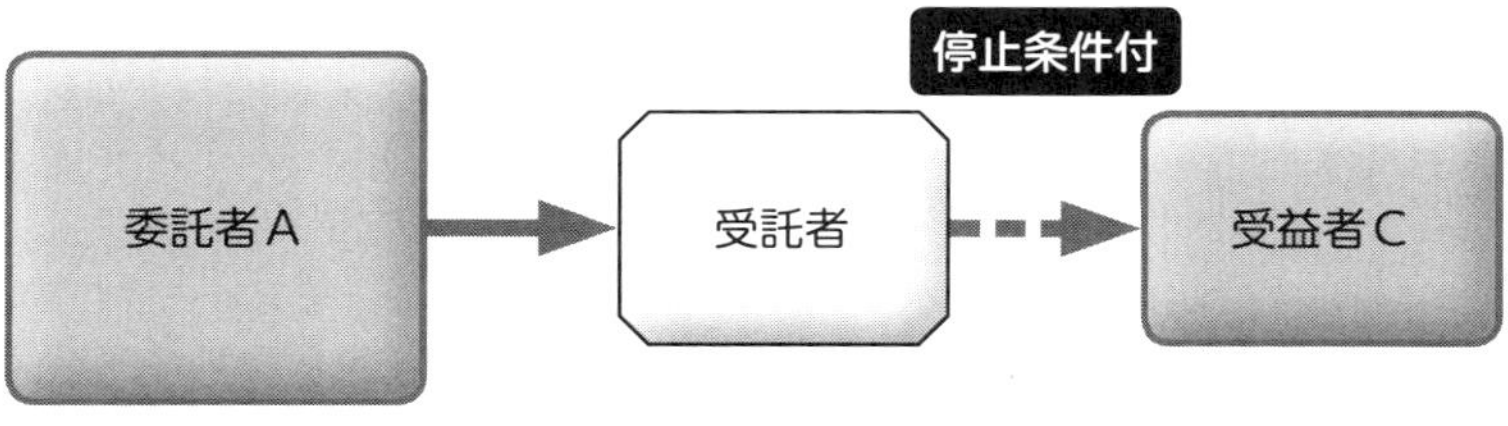

Ａの死亡をＣの受益権行使開始の条件とするのみで，権利自体は当初からＣに贈与されていることになる。

しかし、我が国の税制においては、第2号の場合には他益信託となり、信託設定段階で贈与税が発生するという問題がありますので、実務上では多くのケースが第1号の設定内容となると思われます。

ただし、第1号の設定を行う場合、例えば親から長男にという遺言代用信託の場合で、受託者を長男として設定してしまうと、信託法第１６３条の規定により、受託者と受益者が同一になってから1年で信託自体が終了することになりますので、注意が必要です。

信託法

（信託の終了事由）

第１６３条　信託は、次条の規定によるほか、次に掲げる場合に終了する。

一　信託の目的を達成したとき、又は信託の目的を達成することができなくなったとき。

二　受託者が受益権の全部を固有財産で有する状態が一年間継続したとき。

三　受託者が欠けた場合であって、新受託者が就任しない状態が一年間継続したとき。

受益者連続型信託

これはまさに改正された信託法最大の「目玉」ともいえる画期的な信託設定方法であり、現行民法上での遺言の範疇では絶対に実現不可能であったことを実現できる可能性を提供した内容であるといえます。

要するに遺言代用信託をさらに進めて、信託設定段階において何代も先の受益者候補者を、当初の委託者が決定しておけるということであり、民法の相続制度そのものを覆すものとなっています。

世間では、親から子に、そして子から孫に、さらにはまだこの世に生まれてもいない曾孫や玄孫に至るまで、自分の直系血族にのみ財産を相続させたい、裏返して言えば「姻族側に財産を流したくない」という、まさに戦前の我が国の常識であった「家督相続」を求めるニーズが根強く残っており、それは我が国古来の国民感情に沿った、極めて正当な考え方であると思います。

しかし、現行民法における遺言制度では、確かに「親から子への遺言」は可能ですが、それを孫に承継させるには、その「子」が改めて遺言を書く以外に方法がなく、また仮に子が遺言を書いたとしても、その遺言の対象財産に関しては「子」の推定相続人の遺留分減殺請求の対象となってしまうため、姻族側に財産が流れてしまうリスクを完全に回避することは不可能でした。

実際、過去にも受益者連続的な遺言を遺した人がおり、それが有効か無効かについて、各種の学説が存在しているのですが、実際の裁判例では民法の解釈上、連続の二回目以降の遺言の効力については無効と判断するしかなかったようです。

そのような論争が、改正された信託法で受益者連続型信託が認められ、一気に解決しました。

この受益者連続型信託を活用することによって、親が元気な段階で長いスパンで財産の帰属先を決めておけるのですから、「家督相続」が再現できるということになるのです。

信託法

（受益者の死亡により他の者が新たに受益権を取得する旨の定めのある信託の特例）

第91条　受益者の死亡により、当該受益者の有する受益権が消滅し、他の者が新たな受益権を取得する旨の定め（受益者の死亡により順次他の者が受益権を取得する旨の定めを含む。）のある信託は、当該信託がされた時から三十年を経過した時以後に現に存する受益者が当該定めにより受益権を取得した場合であって当該受益者が死亡するまで又は当該受益権が消滅するまでの間、その効力を有する。

信託法第91条を見ると、受益者連続型信託には、次の二つの定め方があることがわかります。

ⅰ　受益者が死亡した際には受益権が消滅し、次順位に定められた受益者が新たに受益権を取得する定め。

ⅱ　受益者の死亡によって受益権が、次順位に定められた受益者に引き継がれる定め。

これを仮に委託者兼当初受益者A、二次受益者B、三次受益者Cという設定で考えてみると、ⅱの定め方の場合には、信託の受益権がA→B→Cに相続財産として相続されて行くことになりますが、ⅰの定め方の場合は、A→Bの段階ではBにとってAからの相続財産としての受益権を受領したことになるものの、B→Cの段階では、B死亡時に受益権が消滅し、同時にCに対して新たな受益権が発生することになるの

【図表25】受益者連続型信託（受益権相続型）

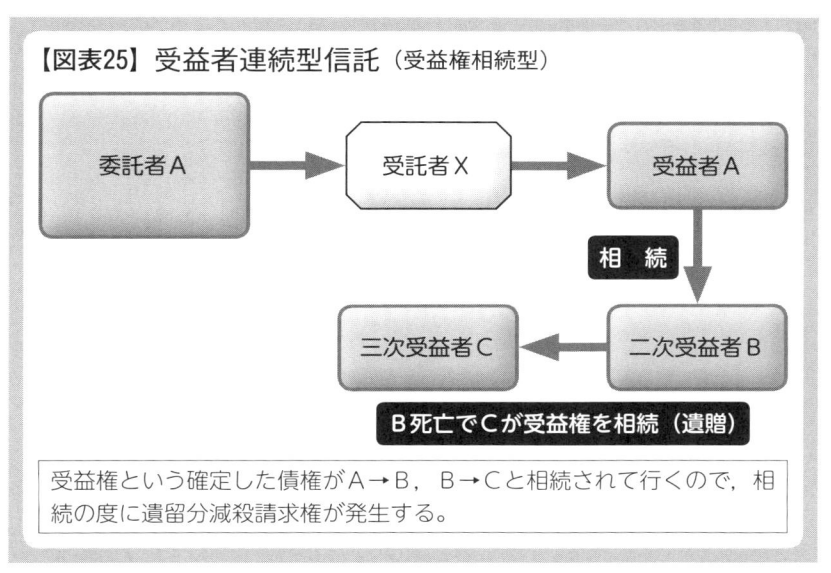

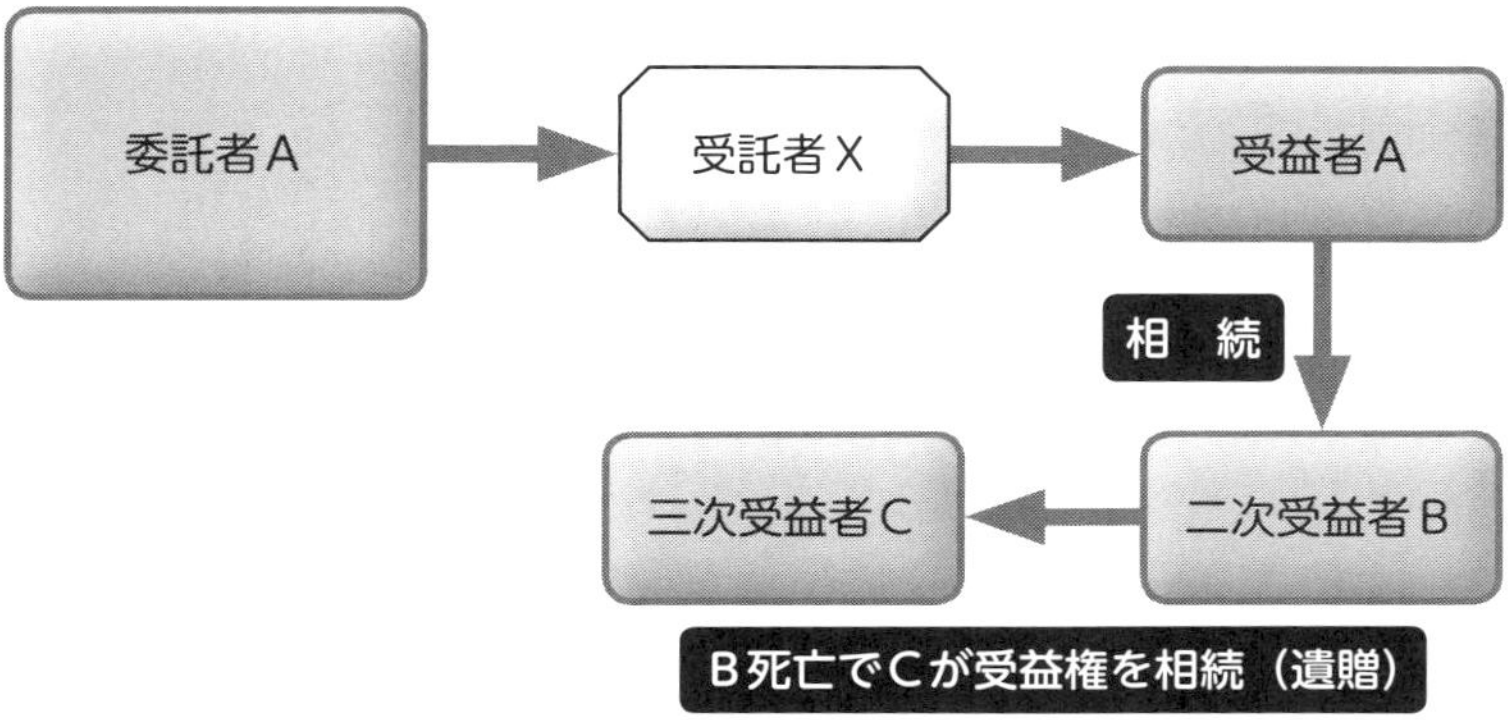

受益権という確定した債権がA→B，B→Cと相続されて行くので，相続の度に遺留分減殺請求権が発生する。

【図表26】受益者連続型信託（受益権消滅・発生型）

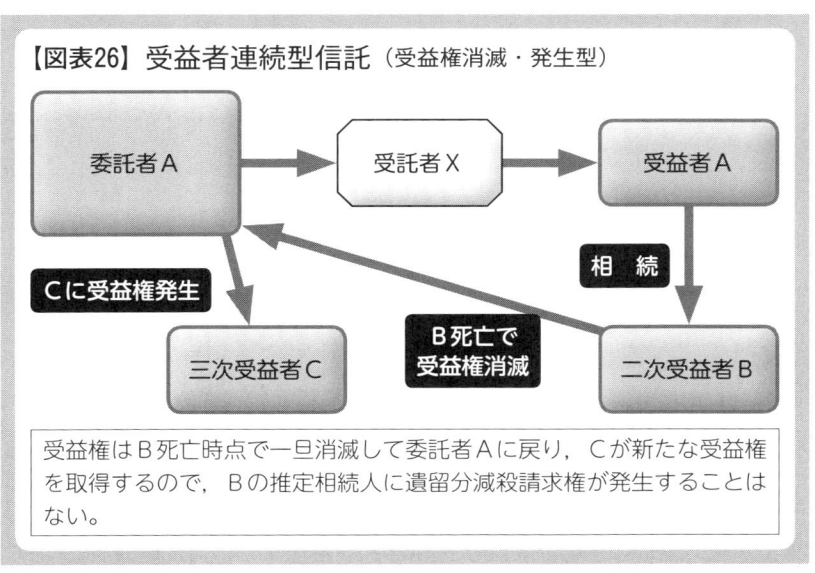

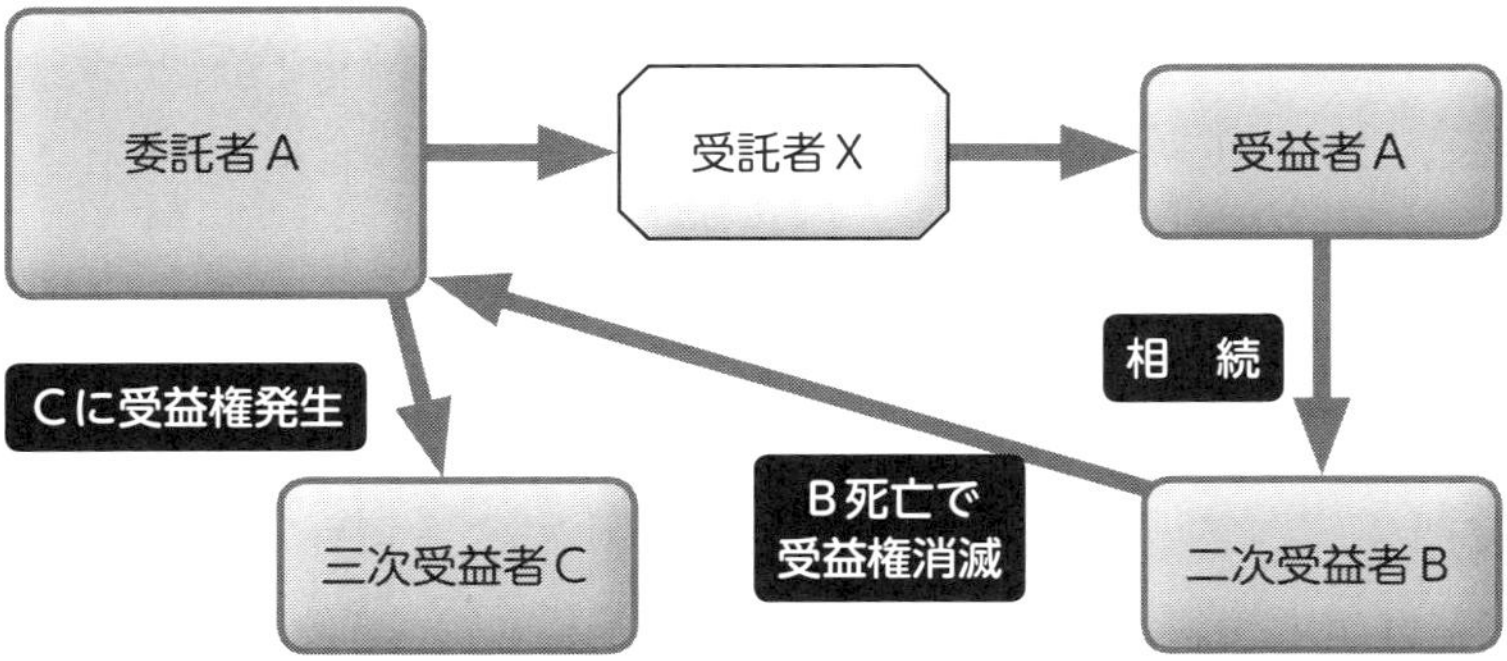

受益権はB死亡時点で一旦消滅して委託者Aに戻り，Cが新たな受益権を取得するので，Bの推定相続人に遺留分減殺請求権が発生することはない。

で、理論的には受益権が一旦は既に死亡しているAに戻って、そこから新たにCに受益権が与えられることになり、その結果、この受益権は誰の相続財産になることもないということになるのです。

これであればBの推定相続人からの遺留分請求ができないという結論となりますので、これは極めて画期的な考え方であり、民法の考え方を完全に超越した法律構成であるといえると思います。

事例紹介で詳述しますが、この受益者連続型信託の活用こそが、民事信託の無限の可能性を支える最大のツールであるといえるのです。

ただし、受益者連続型信託には信託法第91条後段にあるように、「30年ルール」が存在し、永久に財産の取得者を定め続けることはできないことになっています。

これは、信託設定以後30年経過時点における受益者が指定した次の受益者が最終受益者となり、それ以降の受益者連続は認められないということです。

しかし、世代が代わるごとに新たに受益者連続型信託契約を巻き直せば、事実上は永久に近い効力を持たせることは不可能ではないと思います。

自己信託

これも受益者連続型信託と並ぶ、改正された信託法の大きな目玉の一つです。

ただ、あまりにも従来の信託法の常識を覆しているため、学者の間には制度を認めたこと自体への批判

【図表27】自己信託（一部財産自己信託型）

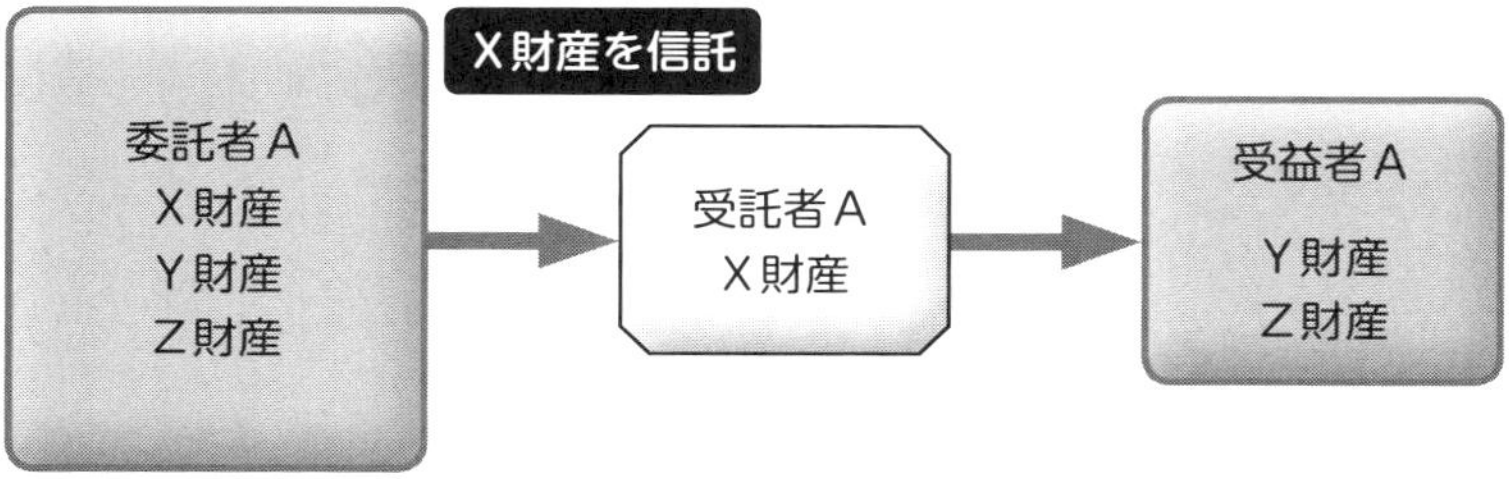

X財産はAの他の財産と完全に分別され，別個に管理されることになる。

がまだ残っている状態のようですし、我が国に従来なかった制度だけに、自己信託を活用した前例がまだあまり存在しないことから、専門家の間でもまだ理解が進んでいない感があります。

自己信託は財産の所有者自身が自己を受託者とする信託ですから、信託契約ではなく「信託宣言」と呼ばれており、民法上の遺言に極めて近い存在であるといえますが、遺言と異なるのは、信託宣言の対象物が他の財産から分離されて分別管理の対象となることと、必ずしも自分の死と権利の移転をリンクさせる必要がないこと、そして必ず公正証書等の確定日付のある書面にしなければ効力が生じないことでしょう。

自己信託の場合には、委託者＝受託者＝受益者という「三位一体型信託」も可能ですが、これは本書冒頭の遠藤公証人の文章にもありますように、そもそもの信託の原理にそぐわない面があります。

信託法

（信託の方法）

第３条　信託は、次に掲げる方法のいずれかによってする。

三　特定の者が一定の目的に従い自己の有する一定の財産の管理又は処分及びその他の当該目的の達成のために必要な行為を自らすべき旨の意思表示を公正証書その他の書面又は電磁的記録（電子的方式、磁気的方式その他人の知覚によっては認識することができない方式で作られる記録であって、電子計算機による情報処理の用に供されるものとして法務省令で定めるものをいう。以下同じ。）で当該目的、当該財産の特定に必要な事項その他の法務省令で定める事項を記載し又は記録したものによってする方法

信託法

（信託の終了事由）

第１６３条　信託は、次条の規定によるほか、次に掲げる場合に終了する。

一　信託の目的を達成したとき、又は信託の目的を達成することができなくなったとき。

二　受託者が受益権の全部を固有財産で有する状態が一年間継続したとき。

三　受託者が欠けた場合であって、新受託者が就任しない状態が一年間継続したとき。

信託法

（信託の効力の発生）

第４条

３　前条第三号に掲げる方法によってされる信託は、次の各号に掲げる場合の区分に応じ、当該各号に定める者によってその効力を生じる。

一　公正証書又は公証人の認証を受けた書面若しくは電磁的記録（以下この号及び次号において「公正証書等」と総称する。）によってされる場合　当該公正証書等の作成

二　公正証書等以外の書面又は電磁的記録によってされる場合　受益者となるべき者として指定された第三者（当該第三者が二人以上ある場合にあっては、その一人）に対する確定日付のある証書による当該信託がされた旨及びその内容の通知

４　前三項の規定にかかわらず、信託は、信託行為に停止条件又は始期が付されているときは、当該停止条件の成就又は当該始期の到来によってその効力を生ずる。

また信託法第１６３条に「1年ルール」というものが定められており、受託者と受益者が同一となった日から1年を経過した段階で信託が終了してしまうこともあり、あまり奨励できることではありません。ただし、信託法第１６３条には「受託者が受益権の全部を」となっているので、受益者が複数いる場合

には、必ずしも信託自体の終了事由とはならないと解釈できますし、それであれば必ずしも信託の原理に背くものではないと考えます。

また、受益者が第三者である自己信託の場合には、受益者に対する内容証明郵便の送付でも信託の設定が可能ということになっていますが、三位一体型信託の場合には、公正証書以外の設定方法がありません。

なお、自己信託の対象財産が不動産の場合、これを登記することによって第三者に対しても公示することが可能となっていますし、逆に登記しないことも可能です。

遺言が登記できないのに対し、これも自己信託の優位性であると考えられています。

目的信託

従来は信託設定当初から受益者が確定していることが信託成立の要件でしたが、改正された信託法ではこの要件を緩和しました。

信託法

（受益者の定めのない信託の要件）

第258条　受益者の定め（受益者を定める方法の定めを含む。以下同じ。）のない信託は、第三条第一号又は第二号に掲げる方法によってすることができる。

【図表28】目的信託（受益者未確定型）

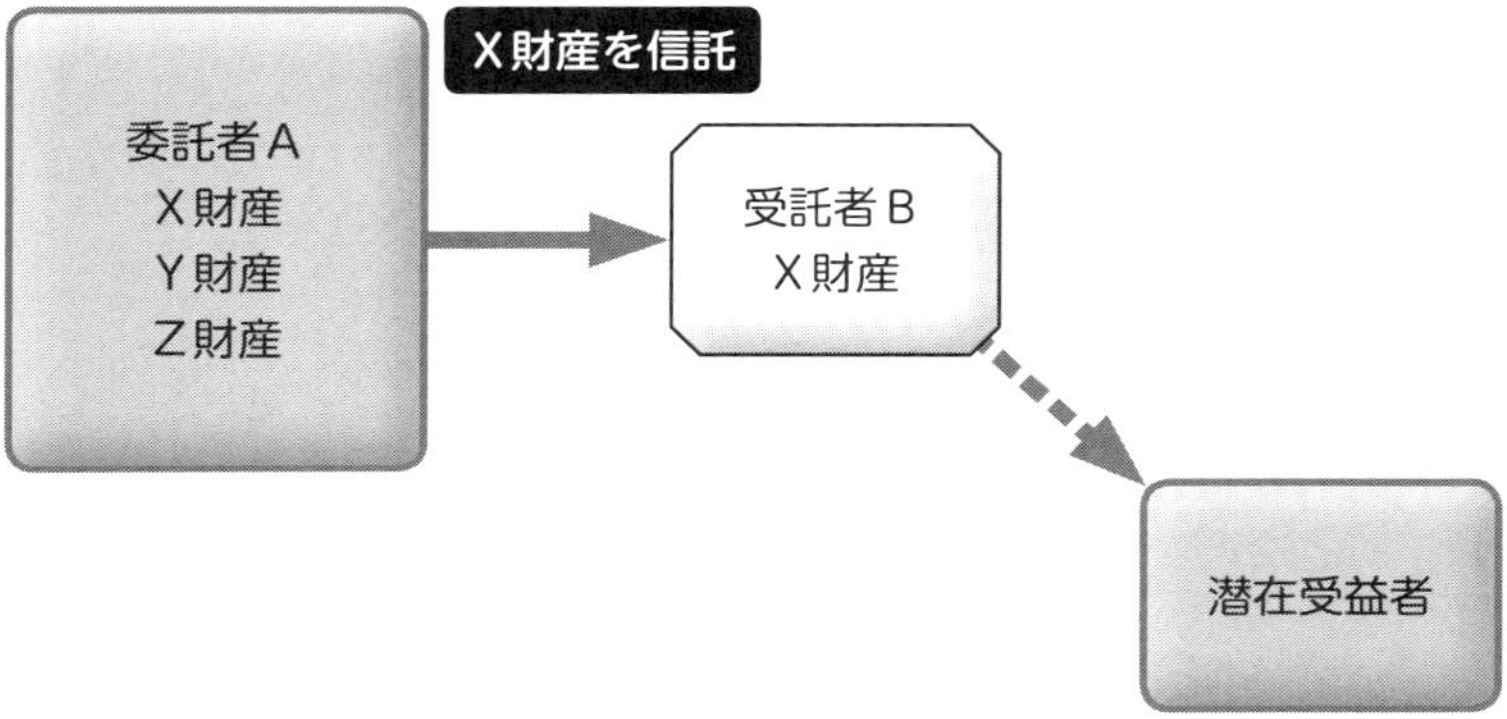

当初契約によって，受益者となる要件及び残余財産の帰属先を定めておく。

例えば、「交通事故被害者の遺児の生活資金に充てて欲しい」とか「将来起こるであろう大震災の被災者に寄付したい」とかいった意思で、自分の財産の一部を取り分けておきたいと考える人は少なくないと思われますが、従来の法制度では、この目的信託が禁止されていたため、例えば交通遺児育英基金や日本赤十字社に寄付をするしかなく、必ずしも財産所有者の意思に適う分配がなされているかが保証できない状態でした。

そこで改正された信託法では一定の要件のもとに、これを解禁することになったのです。

しかし、実はここでも税制上での問題があります。

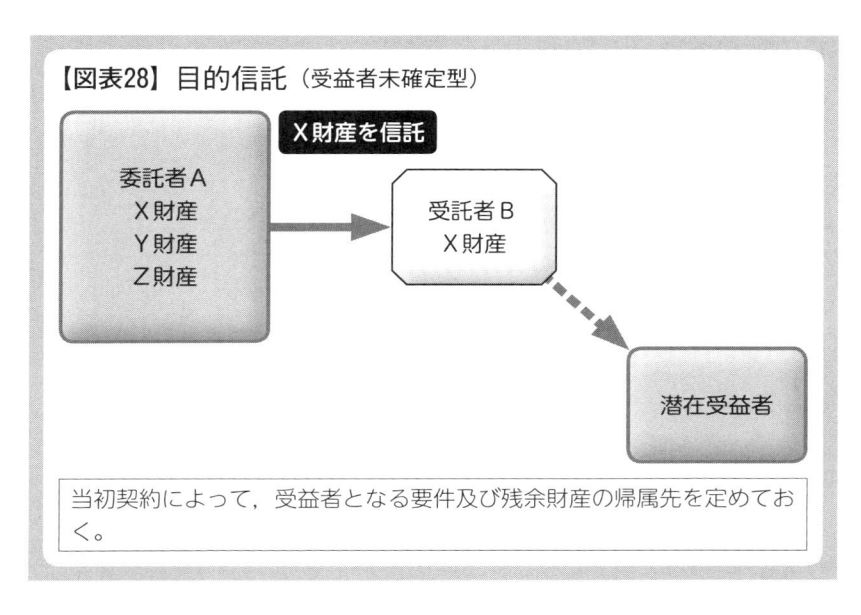

税務の考え方では、信託は「贈与」の一類型であり、他益信託の場合には設定時に受益者に対して贈与税が課されるのが原則ですが、目的信託の場合には信託設定時に受益者が決まっていないこ

とから、例外的に受託者に対して「みなし法人税」が課せられるという処理となっているのです。

すなわち、目的信託を設定した瞬間に、受託者に対して課税されるので、現実にこれを行うことは困難となっており、制度はできたものの、税制が邪魔をしていて実際には使えないというのが実情なのですが、前記の福祉的目的での信託設定に対しての課税というのは社会的に矛盾があるので、早急に税制改正を求める必要があると考えます。

また、目的信託には20年という期間の制限があることにも注意しなければならず、さらに現行法上においては、目的信託は信託業法の規制にかかるため、現実には民事信託としての設定は不可能と考えられています。

事業信託

これは現時点では我が国においての実例は殆どないと言われていますが、実は改正された信託法の大きな目玉の一つであり、将来的には大いに活用される時代が来る可能性を秘めた制度なのです。

旧信託法では、信託財産として信託の対象とできるものには制限があり、「事業」のように財産としての形が明確ではなく、かつ必ずと言っていいくらいに「付随債務」があるものについては、一切信託の対象とすることはできませんでした。

ところが、改正された信託法においては、とにかく「財産」と思われるものについてはすべて信託の対

【図表29】事業信託

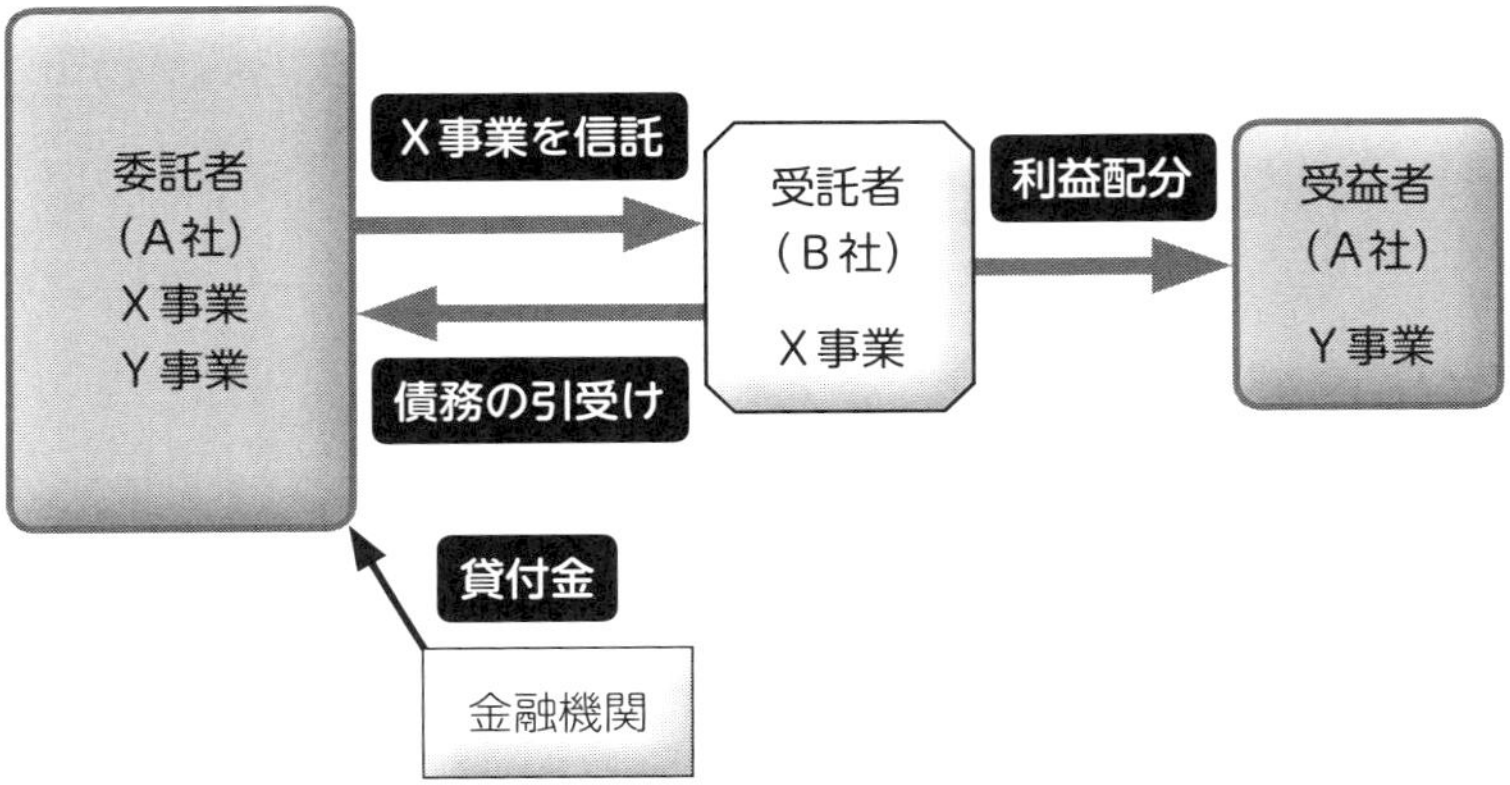

信託対象事業と関連債務の特定及び当事者間の明確な合意が重要。

象となり、かつそれら信託財産に付随している債務についても、受託者が当該債務を引き受ける契約を併用することによって、実質的に信託可能ということになりました。

従って「事業」についても、それを構成する財産と債務を一緒に特定することによって、実質的に信託の対象とすることが可能となり、事業信託が解禁されたのと同じ状態になったと言われています。

この例では、A会社が営んでいる二つの事業のうちのX事業のみを、関連債務の引受けと共にB会社に事業信託していますが、例えば「すべての事業」を信託することも可能ですし、このスキームを応用すれば、本当に様々な事象に対応可能な信託を組成することができるようになるのではないかと考えています。

限定責任信託

これは改正された信託法第2条第12項により「受託者が当該信託のすべての信託財産責任負担債務について信託財産に属する財産のみをもってその履行の責任を負う信託」をいいます。

信託法

（定義）

第2条

12　この法律において「限定責任信託」とは、受託者が当該信託のすべての信託財産責任負担債務について信託財産に属する財産のみをもってその履行の責任を負う信託をいう。

これは、詐害信託の際に登場する委託者と債権者との関係ではなく、受託者が信託財産を運用したりする際に生じた債務（信託財産責任負担債務）について、その債務にかかる債権者との関係において、信託財産を超える部分の責任を負わない（受託者固有の財産までを執行の対象としない）特約、すなわち「有限責任」を定めることができるという規定です。

例えば、受託者が自らの裁量で債権者から資金を借入して、収益不動産や上場株式等の投機的資産を購

【図表30】限定責任信託

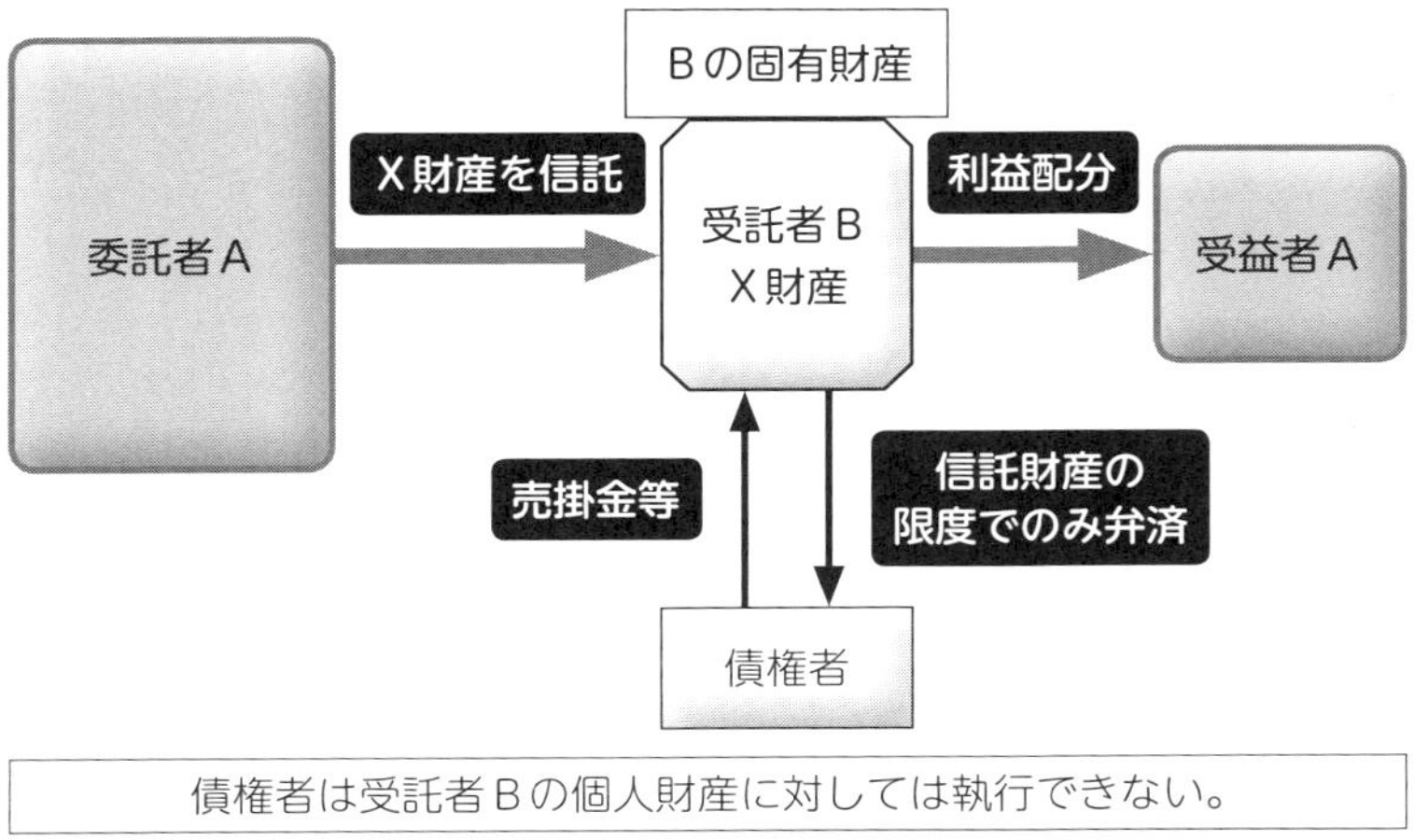

入したものの、運用の失敗によって信託財産が債務超過の状態に陥ってしまった場合であっても、受託者は債権者に対して自らの固有財産を提供する責任を負わないということですから、そもそも信託財産の投機的運用を行うことが想定されていない民事信託とは、あまり関係のない制度だと思います。

また、信託法第２１６条により、限定責任信託である旨の登記が必要なこともあり、商事信託の世界でも、現状ではあまり活用されていないようです。

担保権信託

旧信託法においては、債権を信託財産とした場合、債権に付随する抵当権等の担保権に関しても信託できるとする規定がなかったので、改正された信託法においては、これを認めることとなりました。

ただし、これも商事信託の世界の話であり、民事信託とは直接の関連性は薄いと思われますが、信託財産の対象が拡大したことは評価に値すると思います。

受益証券発行信託

これも商事信託の世界の話ですが、旧信託法は貸付信託や投資信託のような特別法に服する信託商品についてのみ受益証券の発行を認めていたところ、改正された信託法においては、一般の信託でも受益証券の発行が認められるようになりました。

そのことから、逆に民事信託の場合「受益証券を発行しない」という定めをしておく必要が生じたと言われています。

4　新しい信託の機関

次に、改正された信託法で新たに認められた「信託に関連する機関」について説明します。

改正された信託法で新たに認められた「信託の機関」として、特に民事信託において重要な役割を占めるものとして、次の3種類があります。

新たに認められた信託の3機関

信託監督人	信託行為が確実に行われているかチェックする権限を持つ機関
受益者代理人	受益者に代わって各種の意思表示ができる権限を持つ機関
受益者指定権者	受益者の交替が必要となった際に、次の受益者を指定できる権限を持つ機関

信託監督人

金融庁の強力な監督下にある商事信託と比較して、民事信託は誰の監督も受けずに設定・運営できることが、良い意味でも悪い意味でも特徴の一つです。

また、民事信託と成年後見との制度的差異として、後者は家庭裁判所という強力な監督機関が存在しているのに対し、前者には何の監督機能もないという問題点が指摘されています。

実際、福祉型信託の場合などは、親族である受託者が、既に行為能力を喪失している委託者兼受益者の財産を預かって管理することになるため、万が一、不正行為が行われた際にも発見が遅れる可能性が高いので、専門資格者などの社会的責任のある第三者が受託者を監督するシステムがあれば、委託者も安心して民事信託を組成できます。

そういったニーズに応えるため、改正された信託法は第１３１条以下において、信託監督人という制度を創設しました。

信託法

（信託監督人の権限）

第１３２条 信託監督人は、受益者のために自己の名をもって第92条各号（第十七号、第十八号、第二十一号及び第二十三号を除く。）に掲げる権利に関する一切の裁判上又は裁判外の行為をする権限を有する。ただし、信託行為に別段の定めがあるときは、その定めるところによる。

２ 二人以上の信託監督人があるときは、これらの者が共同してその権限に属する行為をしなければならない。ただし、信託行為に別段の定めがあるときは、その定めるところによる。

（信託監督人の義務）

第１３３条 信託監督人は、善良な管理者の注意をもって、前条第一項の権限を行使しなければならない。

２ 信託監督人は、受益者のために、誠実かつ公平に前条第一項の権限を行使しなければならない。

信託監督人は、受益者のために自己の名をもって、受託者の行う行為に関する報告を求めたり、不正行為があればそれを差し止めたりする権限を持ちますし、信託契約の中で、契約内容の変更や解除等の重要事項に関して信託監督人を同意権者にしておくことによって、受益者の権利濫用を抑止できる効果もあり、これらによって民事信託の運営がスムーズになると言われています。

ただ、本当の意味での民事信託を「十字軍の信託」と考えた場合には、受託者や受益者を監視するための信託監督人という発想は好ましいものではなく、あくまでも当事者の固い信頼関係が民事信託そのものの基礎となるということを忘れてはならないと思います。

受益者代理人

受益者代理人とは、文字通り受益者を代理して受益者の権利を行使することができる者を定める制度であり、これも改正された信託法第１３８条以下によって新設されました。

民事信託に限らず、個人が信託を利用する場合、どうしても委託者が高齢になったり、病気や認知症などによって自ら意思表示ができなくなる事態が想定されますし、最初から精神障がい者の方を受益者とするケースも考えられますが、旧信託法ではそれに対するケア方法がなかったところを改善したものです。

（受益者代理人の選任）

第１３８条　信託行為においては、その代理する受益者を定めて、受益者代理人となるべき者を指定する定めを設けることができる。

２　信託行為に受益者代理人となるべき者を指定する定めがあるときは、利害関係人は、受益者代理人となるべき者として指定された者に対し、相当の期間を定めて、その期間内に就任の承諾をするかどうかを確答すべき旨を催告することができる。ただし、当該定めに停止条件又は始期が付されているときは、当該停止条件が成就し、又は当該始期が到来した後に限る。

（受益者代理人の権限等）

第１３９条　受益者代理人は、その代理する受益者のために当該受益者の権利（第42条の規定による責任の免除に係るものを除く。）に関する一切の裁判上又は裁判外の行為をする権限を有する。ただし、信託行為に別段の定めがあるときは、その定めるところによる。

２　受益者代理人がその代理する受益者のために裁判上又は裁判外の行為をするときは、その代理する受益者の範囲を示せば足りる。

３　一人の受益者につき二人以上の受益者代理人があるときは、これらの者が共同してその権限に属する行為をしなければならない。ただし、信託行為に別段の定めがあるときは、その定めるところによる。

4　受益者代理人があるときは、当該受益者代理人に代理される受益者は、第92条各号に掲げる権利及び信託行為において定めた権利を除き、その権利を行使することができない。

（受益者代理人の義務）

第140条　受益者代理人は、善良な管理者の注意をもって、前条第一項の権限を行使しなければならない。

2　受益者代理人は、その代理する受益者のために、誠実かつ公平に前条第一項の権限を行使しなければならない。

これにより、受益者の行為能力喪失に対応するため、信託契約によって事前に受益者代理人を定めておけば、信託の運営がストップすることなくスムーズに実行されることになります。

ただし、受益者代理人の権限は相当強く設定されているため、その人選には一定の配慮が必要ですし、受益者代理人に選任された場合には、相当な責任を負うものと考えなければならないと思います。

その意味から、受益者代理人には、受益者にとって最も信頼できる身内の人物若しくは中立公正な立場を持つ第三者が相応しいのではないでしょうか。

受益者指定権者

これも改正された信託法において初めて認められた制度であり、受益者が決まらないままに前の受益者が死亡してしまった際などに、事前に信託行為で定めておいた受益者指定権者が、自らの権限で次の受益者となる者を指定できるという、全く新しい、極めて画期的な仕組みです。

何故なら、従来の我が国の常識においては、相続人や受贈者というものは、相続開始時点あるいは贈与契約発効の時点で誰なのかが特定されているのが当然で、それを第三者が事後に決するという考え方は、民法第９０２条に第三者に指定させても構わないとの規定はあるものの、ほぼ使われてはいませんでした。

一方、ヨーロッパの貴族社会などでは、元の地位や財産の所有者から全面的に信頼されて任されている第三者が、所有者の後継者や相続人を指名するという制度は珍しいものではなく、これを我が国にも取り入れた制度であると考えられています。

この制度では、例えば株式信託が既になされている事業承継の局面において、後継者がまだ確定していないままに経営者が死亡してしまった場合、その株式の信託受益権を得る者（例えば経営者の親族のうちの一名）を、第三者である受益者指定権者が決定するというシーンが想定されます。

ただ、この受益者指定権者が実際に活用された事例が、現時点では我が国にないようなので、前記の事例であれば、経営者の死亡後何日以内に受益者を指定すればいいのか、指定が遅れた場合の受益権の取扱いはどうなるのか、あるいは課税はどのようにされるのか等々、不明な点が数多くありますので、その点には注意が必要であると思います。

信託法

（受益者指定権等）

第89条　受益者を指定し、又はこれを変更する権利（以下この条において「受益者指定権等」という。）を有する者の定めのある信託においては、受益者指定権等は、受託者に対する意思表示によって行使する。

2　前項の規定にかかわらず、受益者指定権等は、遺言によって行使することができる。

3　前項の規定により遺言によって受益者指定権等が行使された場合において、受託者がこれを知らないときは、これにより受益者となったことをもって当該受託者に対抗することができない。

4　受託者は、受益者を変更する権利が行使されたことにより受益者であった者がその受益権を失ったときは、その者に対し、遅滞なく、その旨を通知しなければならない。ただし、信託行為に別段の定めがあるときは、その定めるところによる。

5　受益者指定権等は、相続によって承継されない。ただし、信託行為に別段の定めがあるときは、その定めるところによる。

6　受益者指定権等を有する者が受託者である場合における第一項の規定の適用については、同項中「受託者」とあるのは、「受益者となるべき者」とする。

第７章

民事信託の税務

1　税務の基本

最初に、現行の税制においては、商事信託と民事信託との間に特に差が設けられていないため、ここでは「民事信託」という表現をとらず、一般的に「信託」としておりますので、ご了承願います。

まず、我が国の税務においては「実体主義」「受益者負担」が原則であると考えられています。

すなわち、誰の名義であろうと、契約形態がどうなっていようと関係なく、とにかく「実際に利益を受けている者」に対して課税されるということです。

従って、前述のように、信託の場合の委託者・受託者・受益者の関係は、前提が「委託者から受益者への贈与」であり、受託者は何の権利も取得してはいないので、「パス・スルー」という考え方になるのです。

そのことから、信託の存在に関係なく、委託者の生前に受益者に権利が移れば「贈与税」、委託者の死亡を条件として移れば「相続税」、また受益権が売買された場合には信託財産自体が売買されたのと同じく「所得税」「法人税」が普通に課せられ、その他の各種税金も信託の存在とは無関係に課税されます。

例外として、固定資産税だけは名義所有者である受託者が納税義務者になりますが、これも実際の所有者は受益者ですから、信託財産の管理費用として、結局は受益者が負担することになり、実質的にはパス・スルーです。

2 みなし課税

信託の中には、従前の税制が想定していなかった形態が含まれており、それらに関しては課税の公平を図る観点からか、「みなし課税」とされているものがいくつかありますので、注意が必要です。

受益者連続型信託（受益権消滅・発生型）の二次受益者以降の受益権の移転

これは92ページ以下で説明しましたように、法律的には「相続」ではなく、「債権の消滅と発生」ということになりますので、このままだと相続税の対象とはならないため、税制はこれを「みなし相続」と考えて、生命保険金や死亡退職金の扱いに習って、通常の相続と同様の相続税を課すことにしています。

ただ、これはあくまでも税務上での「みなし」であり、法律上で相続と扱われるのではありませんから、決して混同されないようお願いします。

目的信託

目的信託の場合には、信託設定時点で受益者が決まっていないのですから、これも課税が難しくなることからか、ここでは特別な取扱いとして、受託者に「みなし法人税」を課税するになっています。

これは受託者が法人ではなく個人であった場合でも同様で、要するに「行き先が未定の財産が委託者の手を離れて法人化し、その法人が無償で利益を受けた」とみなしているのでしょう。

このため、我が国では例えば公益目的で非課税になる特殊なケースを除いて、一般的には目的信託を設定することは困難な状態になっています。

元本受益権と収益受益権

時々、受益権を「元本受益権」と「収益受益権」に分離すること（受益権の複層化と呼ぶようです）によって節税になると述べている書籍やセミナーがあります。

これは、収益マンション等の収益を生み出す物権の場合、その価値が変形して債権となった受益権について、その権利の内訳を見れば、大部分が「収益」の部分であるという考え方から、受益権全体の価値の大半が「収益受益権」となり、元本受益権は残り僅かな部分にすぎないと計算するのです。

確かに収益マンション等の価値は「利回り」で測られることが多く、その理論は間違っていないと思いますし、税務上もそういった評価の区分を認めているようですが、少し疑問があります。

例えば、収益マンションの受益権を収益受益権と元本受益権に分離して、それぞれ別人が保有していた場合に、その建物が何らかの理由で滅失して、収益がゼロになってしまったケースで、もし収益受益権が消滅又は価値低下すると考えれば、その低下分について元本受益者に「みなし贈与」が発生する可能性があるのではないかと思います。

信託は何十年もの長期にわたって存続するものですから、今現在の状況だけで判断するのではなく、将来におけるあらゆるリスクを事前に検討しておく必要があることから、受益権の分離に関しては慎重に考えるべきなのではないでしょうか。

3 流通税

一般的に「民事信託は節税にならない」と考えられてきていますが、実は流通税に関しては大幅に変わってくるのです。

63ページで紹介しました「会社・法人への所有権移転」を阻害する要因として、多額の不動産取得税や登録免許税の発生がありましたが、信託であればパス・スルー機能から、委託者に対する譲渡所得税や受託者に対する不動産取得税の課税はありませんし、登録免許税も通常の所有権移転の５分の１で済むということになっています。

現実に、所有者が相続で得た数十億円の価値がある不動産を、その人が作った管理会社に所有権移転しようとして、流通税だけで数億円かかったという話がありますが、信託をすれば軽減された登録免許税のみの数百万円で済みます。

もちろん、信託は本当の所有権移転ではありませんから、いつかは最終的な受益者が信託契約を終了させて通常の「物権」に戻す日が来るので、その時に流通税を支払うことになりますが、少なくとも信託期間中についての流通税は節税可能と言えます。

第8章

民事信託21の活用事例

さて、それではここからは、民事信託をフル活用した21の事例の紹介に入りたいと思います。

民事信託には実に様々な活用方法があり、それぞれの案件に応じて様々な手法を複合的に駆使し、まさにオーダーメイドで信託契約を設計、組成しますので、なかなかそれらを分類して紹介するのは難しいことなのです。

そこで本書では、21の事例をいくつかのカテゴリーに大別してはいますが、それぞれの事例の中で重複した手法を使用している場合もありますので、その点はご了承願います。

1　福祉型信託

福祉型信託とは、現在又は将来において「被後見状態」となる人を対象として、その人の財産管理を適切に行うことによって生活基盤を安定させ、かつ相続やその後の諸手続き等を円滑にするための手法として民事信託、特に遺言代用信託を使っているケースを指します。

もちろん、これは成年後見制度や遺言制度を否定するものではなく、あくまでも「財産」の部分に関してのみ、元々の所有者の意思を生かす仕組みを事前に構築しておき、身上監護や契約代理の面では成年後見制度と、契約書では伝えきれない心情的な部分では遺言と併用するためのものであることをご承知ください。

ここでは代表的な事例として「遺言／後見併用福祉型信託」「障がい者福祉信託」「死後事務委任信託」の3例を紹介します。

事例1　遺言／後見併用福祉型信託

松山善治さん（75歳）は、自宅不動産と若干の金銭を所有しており、推定相続人には長男修一さん（45歳）と次男圭二さん（42歳）がいます。

善治さんは、1年前に最愛の妻・美子さんを亡くし、それ以来体調を崩すことが多くなり、そろそろ相続対策をしておかなければならないと考えるようになりました。

ところが、長男修一さんは、幼少時から善治さんとは親子関係が悪く、今ではすっかり音信不通となっており、善治さんはずっと以前から、次男の圭二さんと、圭二さんの妻である沙織さんと同居し、身の回りの世話はもちろん、松山家先祖代々の墓地の管理や永代供養等もすべてしてもらっています。

そこで、善治さんは、自分の遺産を長男ではなく次男に全部遺し、自分が認知症になった時や死後のことを含めて一切お願いしておきたいと考えるようになってきました。

そして善治さんは、市販の書籍を読んで遺言書を書いておこうと考えたのですが、その書籍で、自分の死後に修一さんが「遺留分減殺請求」をする権利を持っていることを知り、そうなれば自宅不動産が共有になってしまいますし、それ以上に兄弟関係が破壊されてしまうことを恐れています。

さらに、修一さんには前妻との間に長男和男さん（16歳）がおり、和男さんの親権を前妻が持っているので、善治さんの相続の際に前妻が口を出してくるのも心配です。
また、善治さんは、最近とみに判断能力の衰えを感じてきており、圭二さんを少しでも早い段階で正式な自分の後見人にしたいと考えています。

【松山家家族関係図】

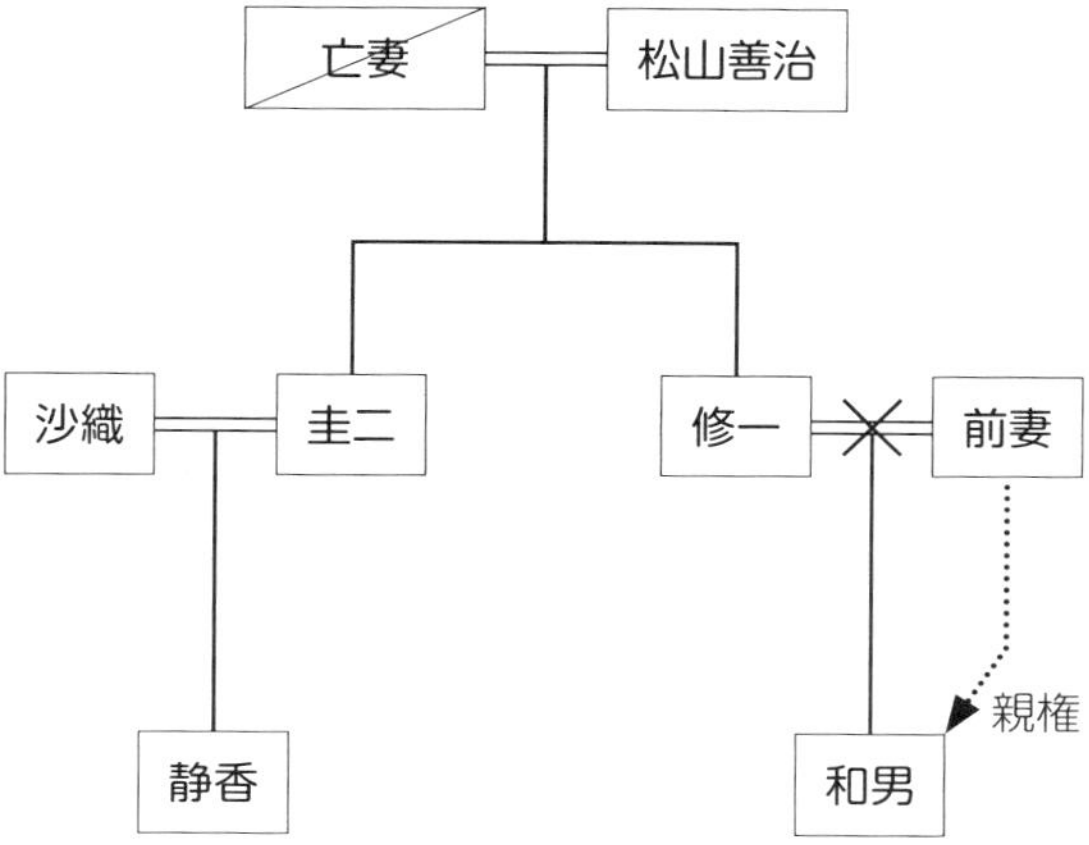

【松山家財産目録】

所有名義	種　類	時　価	収　益
松山善治	自宅不動産	4000万円	なし
	現金預金	2000万円	

民事信託の設計

① 委託者兼当初受益者を善治さん、受託者を次男の妻である沙織さん、二次受益者を次男の圭二さん、信託財産を自宅不動産及び金銭１５００万円とする民事信託契約を行います。

なお、受託者を圭二さんではなく沙織さんとするのは、善治さんの相続発生後に圭二さんが受託者と受益者を兼務することになり、「1年ルール」に抵触することと、沙織さんが信頼できる人物であることが理由です。

② 委任者を善治さん、受任者を圭二さんとする「委任契約及び任意後見契約（移行型任意後見）」を公証役場で締結します。

この「委任契約」により、圭二さんは契約当日から善治さんを代理しての各種契約行為や預貯金の入出金等が可能になりますが、実際には善治さんの能力がしっかりしている限り、圭二さんが代理権を行使することは想定されておらず、実際には任意後見監督人が決まって任意後見がスタートするまでのタイムラグに対するケアというイメージとなります。

③ 善治さんは別途に遺言書を書き、その付言事項において、その心情を十分に語った上で、圭二さんに

【図表31】遺言／後見併用福祉型信託（設定時点）

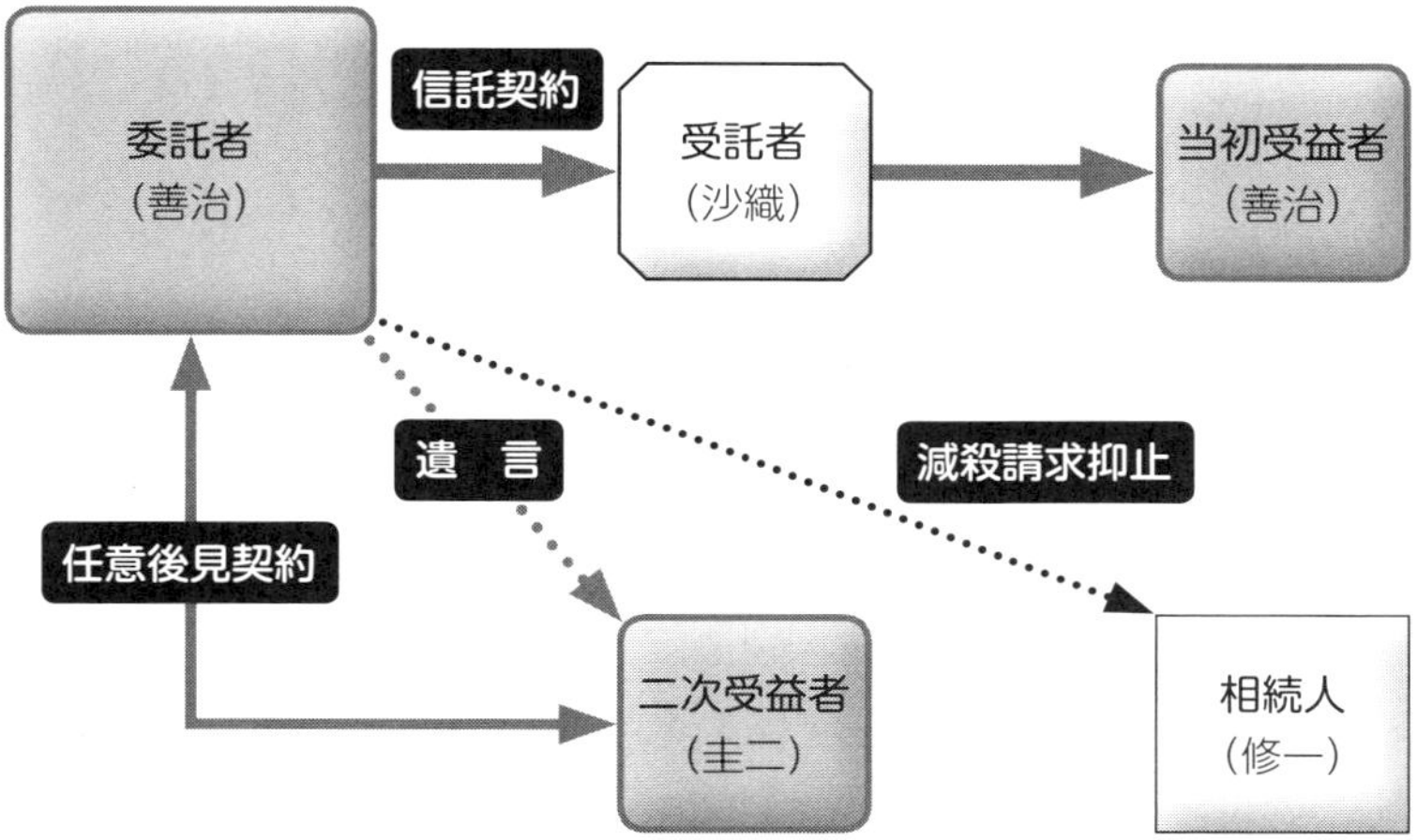

【図表32】遺言／後見併用福祉型信託（相続開始後）

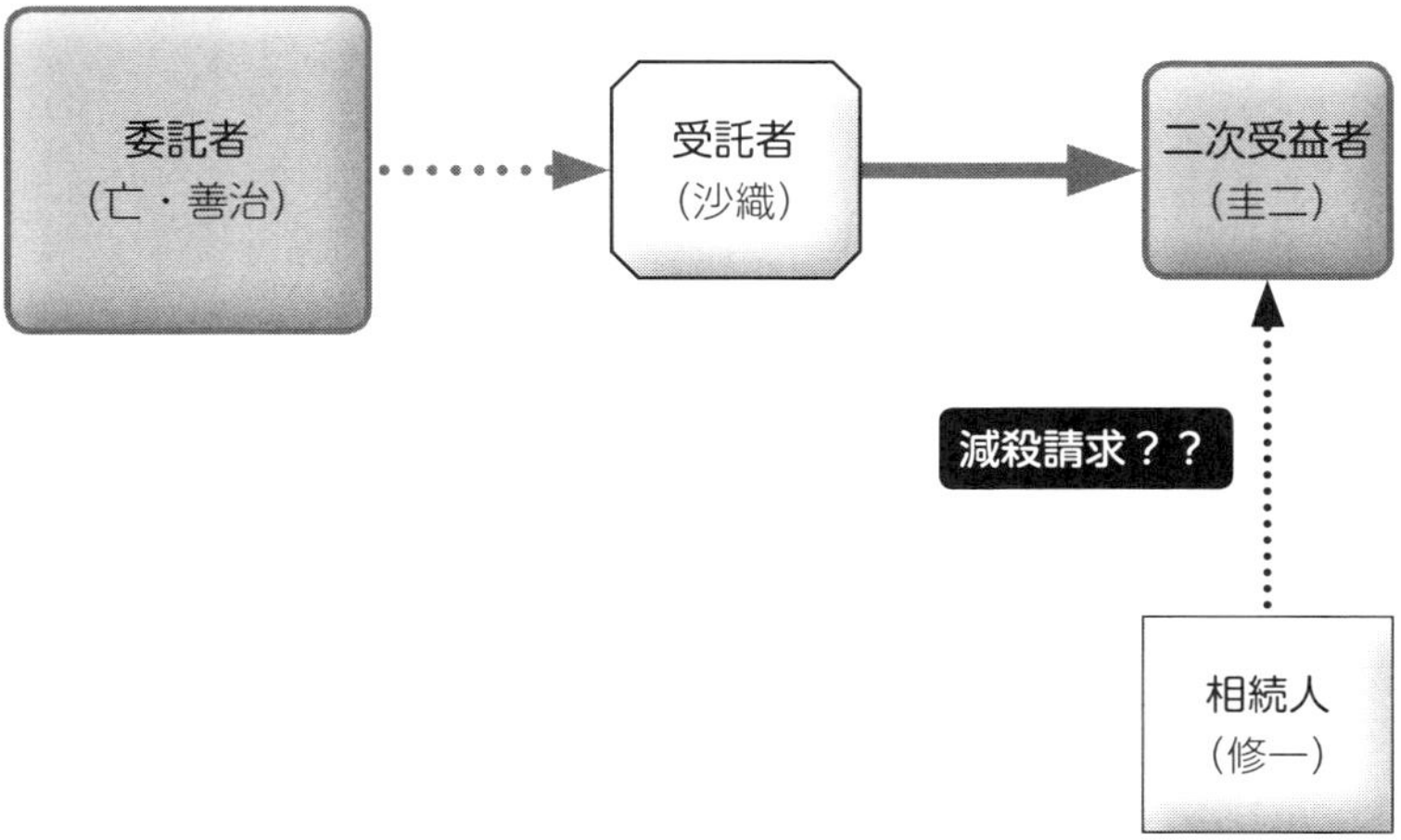

多くの財産を相続させる理由を明確にして、修一さんの遺留分減殺請求の意思を抑止する対策を行うと共に、万一に備えて民法第１０３４条に基づく遺留分減殺請求の順序指定を行い、第一順位を現金預金、第二順位を信託金銭、第三順位を信託不動産の受益権と指定します。

民法

（遺贈の減殺の割合）

第１０３４条　遺贈は、その目的の価額の割合に応じて減殺する。ただし、遺言者がその遺言に別段の意思を表示したときは、その意思に従う。

民事信託の成果

① 民事信託契約により、善治さんの所有する自宅不動産は、信頼できる受託者である沙織さんの名義となって、善治さんが認知症になった後も適切に管理されることとなります。

② 善治さんが死亡した際には、民事信託契約があるので、家庭裁判所等における手続きを経ることなく、直ちに二次受益者となる圭二さんに受益権が移転されることとなります。

③　信頼できる次男圭二さんとの移行型任意後見契約の締結により、善治さんが重度の認知症となって後見監督人が付けられる前の段階から、圭二さんが日常的な部分で善治さんの正当な代理人として活動できることとなり、財産管理がストップする状態を回避することができます。

④　圭二さんと、その妻の沙織さんは、善治さんが認知症になった後も責任を持って身上監護を行い、善治さんの死後はその遺志を受け継いで墓地の管理や永代供養を行うことができます。

⑤　万一、修一さんが遺留分減殺請求をしてきたとしても、遺言で定められた順序によって、最初は金銭による支出で終わり、最悪の場合でも自宅不動産は受益権の一部を取得されるにとどまり、不動産が共有化するリスクが完全に除去できます。

なお、本事例では、修一さんの遺留分相当額は１５００万円となりますので、善治さんの現金預金のみで減殺請求に対応できることとなり、圭二さんが取得する自宅不動産の受益権が侵害される可能性は極めて低いということになります。

ただし、善治さんの死亡時期は未確定なのですから、今後に財産の変動がないとは限らないため、遺言による遺留分減殺順序の指定は必要であると考えます。

また、財産時価が６０００万円ですから、平成26年12月末日までに相続が発生した場合には相続税は非課税となりますが、平成27年1月以降の相続になれば、非課税枠を超過することになりますので、一応の相続税対策や納税資金の準備をしておく必要はあるでしょう。

本事例で活用している民事信託の機能や特性

・意思凍結機能（特定の推定相続人に財産を与えたい）
・物権の債権化機能（特定の推定相続人からの遺留分請求を抑止したい）

信託契約書の記載例

（信託の目的）

委託者兼当初受益者は、自分の死後に息子たちが相続で不毛の争いをせず、円満に自分の財産を相続して欲しいとの想い、そして自分が行為能力を喪失した際にも円滑な財産管理を行って欲しいとの願いから、自分の財産を信頼する受託者に信託し、受託者はこれを引き受けた。

（信託財産の管理・処分の方法）

受託者は、本信託条項の定めに従い本件信託財産の管理・処分を行うものとする。　以下省略

事例2　障がい者福祉型信託

今田信明さん（67歳）、和子さん（65歳）夫婦は、東京都内に収益マンション1棟を所有し、家賃収入と年金で生活しています。

今田夫妻には、長男伸一さん（40歳）と次男俊彦さん（37歳）がいますが、伸一さんは生まれながらの精神障がい者であり、今田夫妻がずっと面倒を見てきました。

次男の俊彦さんはソフトウェア開発技術者で、昨年、自らでベンチャー企業を設立した際には、両親が所有する不動産を担保として資金調達をしています。

今田夫妻は、自分たちの死後の伸一さんの世話を福祉施設に委ねるための金銭を確保しておいてやりたいと考えており、現時点では俊彦さんが兄伸一さんの世話をしてくれると信じていますが、俊彦さんには子が3人おり、かつ会社経営者であるため、将来にわたって必ず世話ができるかどうか不安に感じている部分があります。

【今田家家族関係図】

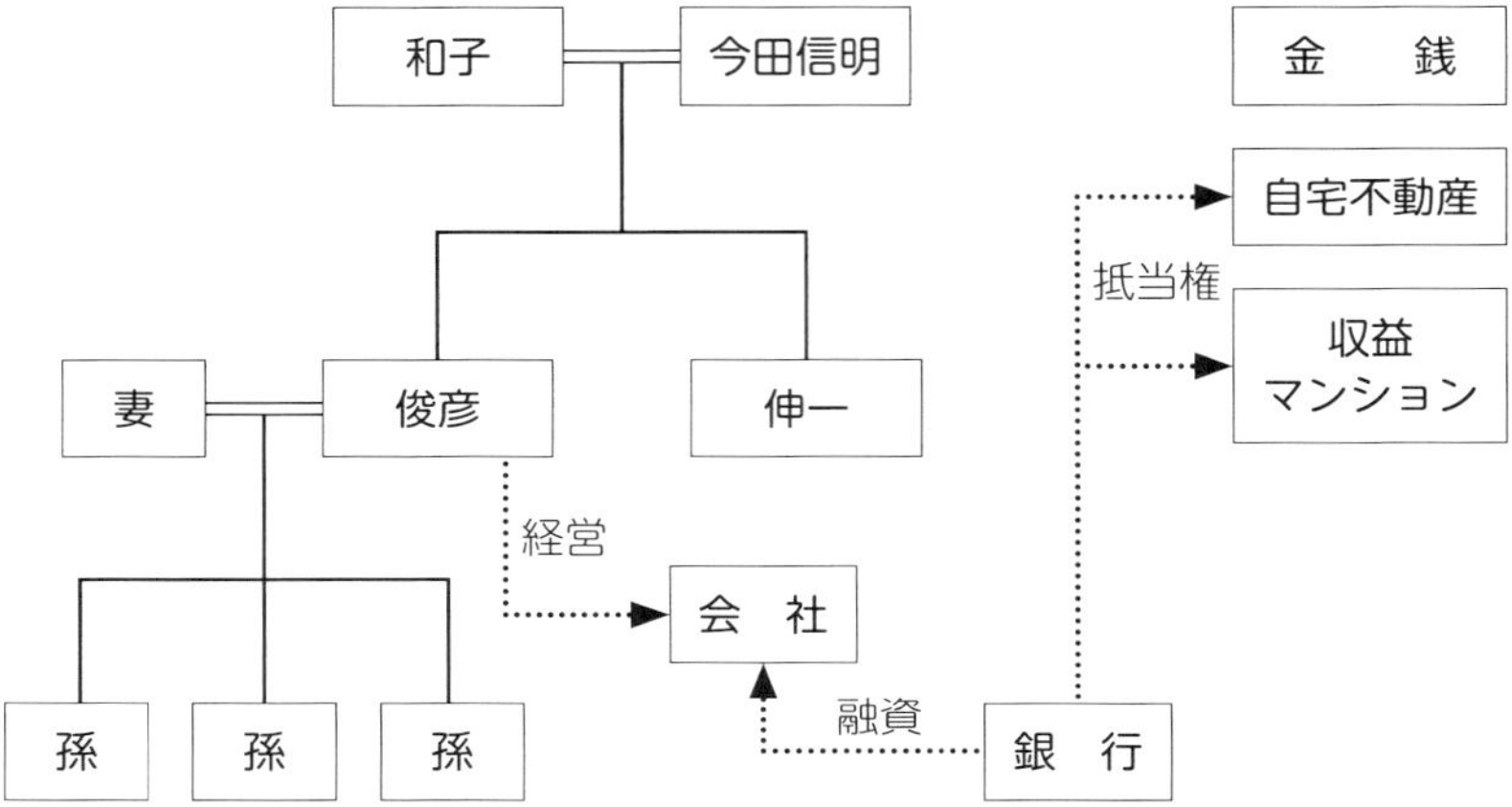

【今田家財産目録】

所有名義	種　類	時　価	収　益
今田信明	収益マンション	1億5000万円	年間1200万円
	現金預金	3000万円	
	自宅不動産	2000万円	
今田和子	現金預金	1000万円	
今田俊彦	現金預金	500万円	
	自社株式	1000万円	

民事信託の設計

① 委託者を信明さん、受託者を次男俊彦さん、受益者を信明さん若しくは長男伸一さん、受益者代理人を司法書士等の専門家、信託対象財産を収益マンション及び現金2000万円とする民事信託契約を行います。

② 収益マンションの賃料を含む信託財産は受託者が管理し、障がい者である伸一さんに対する支出が必要になったと判断した際には、受益者代理人である専門家が受託者に執行を求めることによって、柔軟に使用することができるようにします。

③ 信明さんは、遺言公正証書を作成し、自宅不動産及びその他の全財産を俊彦さん又は三人の孫たちに相続されるとし、その付言事項において、その心情を十分に語っておきます。

④ 信託の受益者については、当初から伸一さんとする「他益信託型」にするか、当初受益者を信明さん、二次受益者を伸一さんとする「遺言代用信託型」にするかは、税理士と相談して決めることにします。

【図表33】障がい者福祉型信託（他益信託型・設定時点）

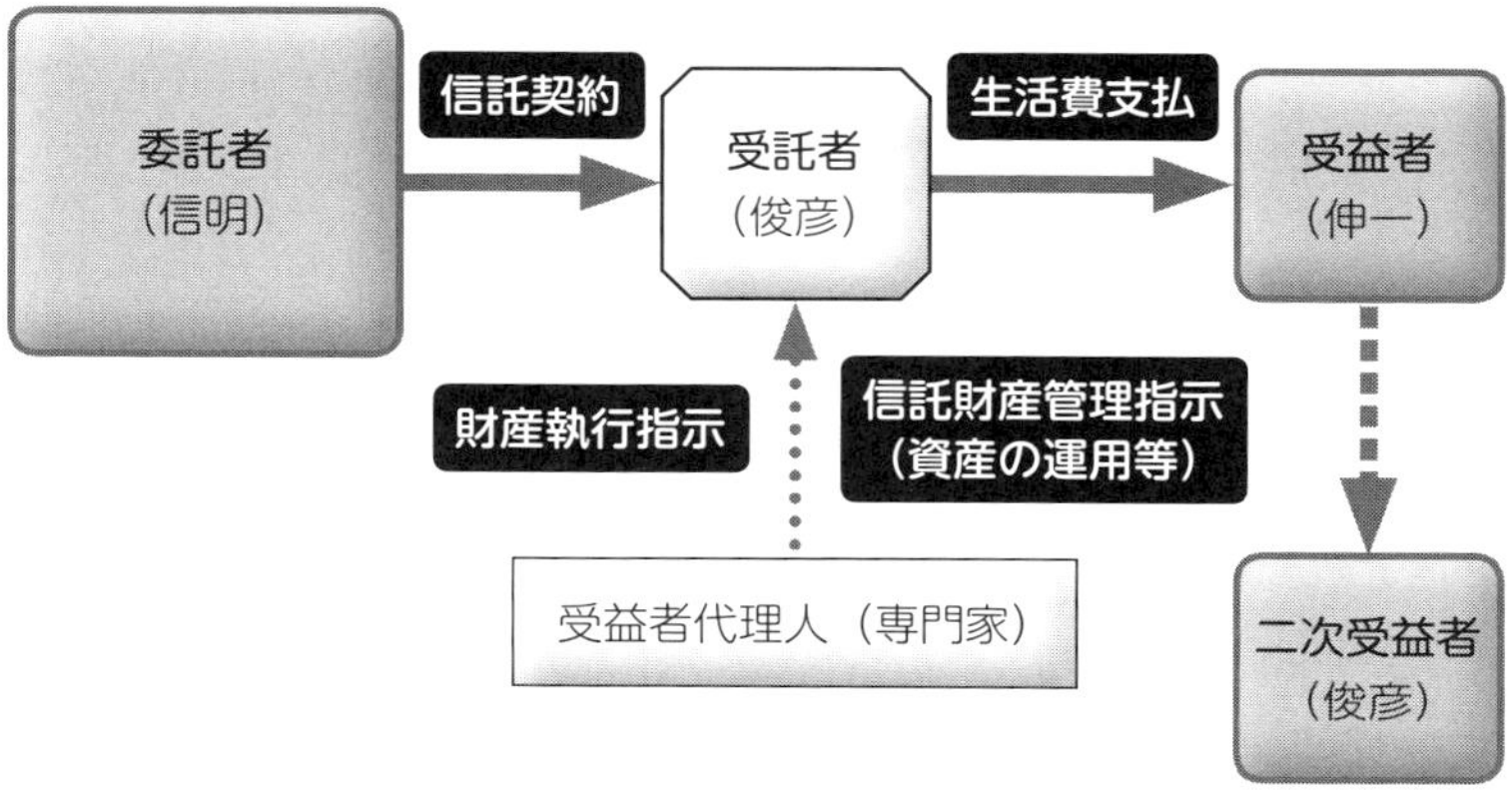

他益信託とする場合には，課税関係に十分な注意が必要。

【図表34】障がい者福祉型信託（遺言代用信託型・設定時点）

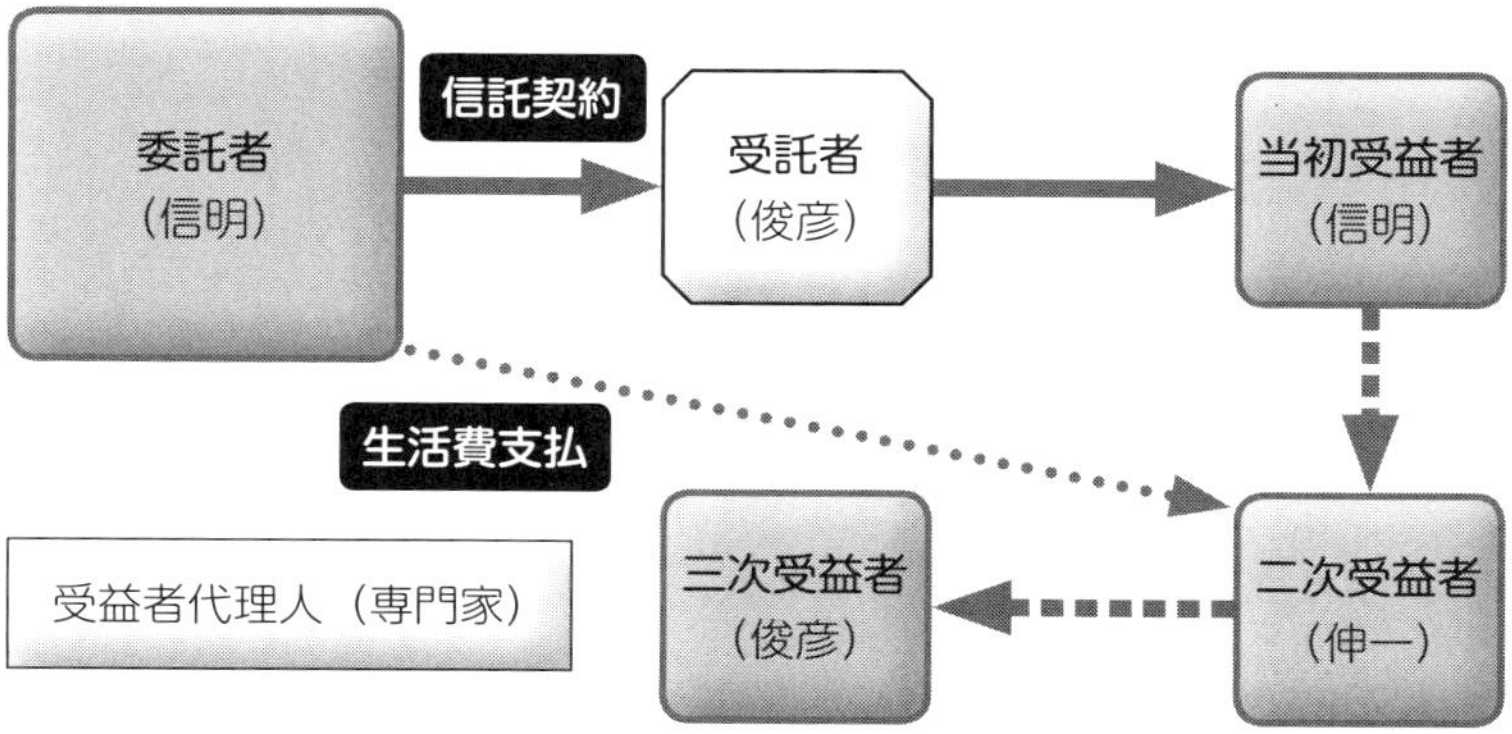

遺言代用信託とする場合，受益者代理人の権限は，信明が死亡するか，又は認知症になった以後発動することとする。

【図表35】障がい者福祉型信託（遺言代用信託型・相続開始後）

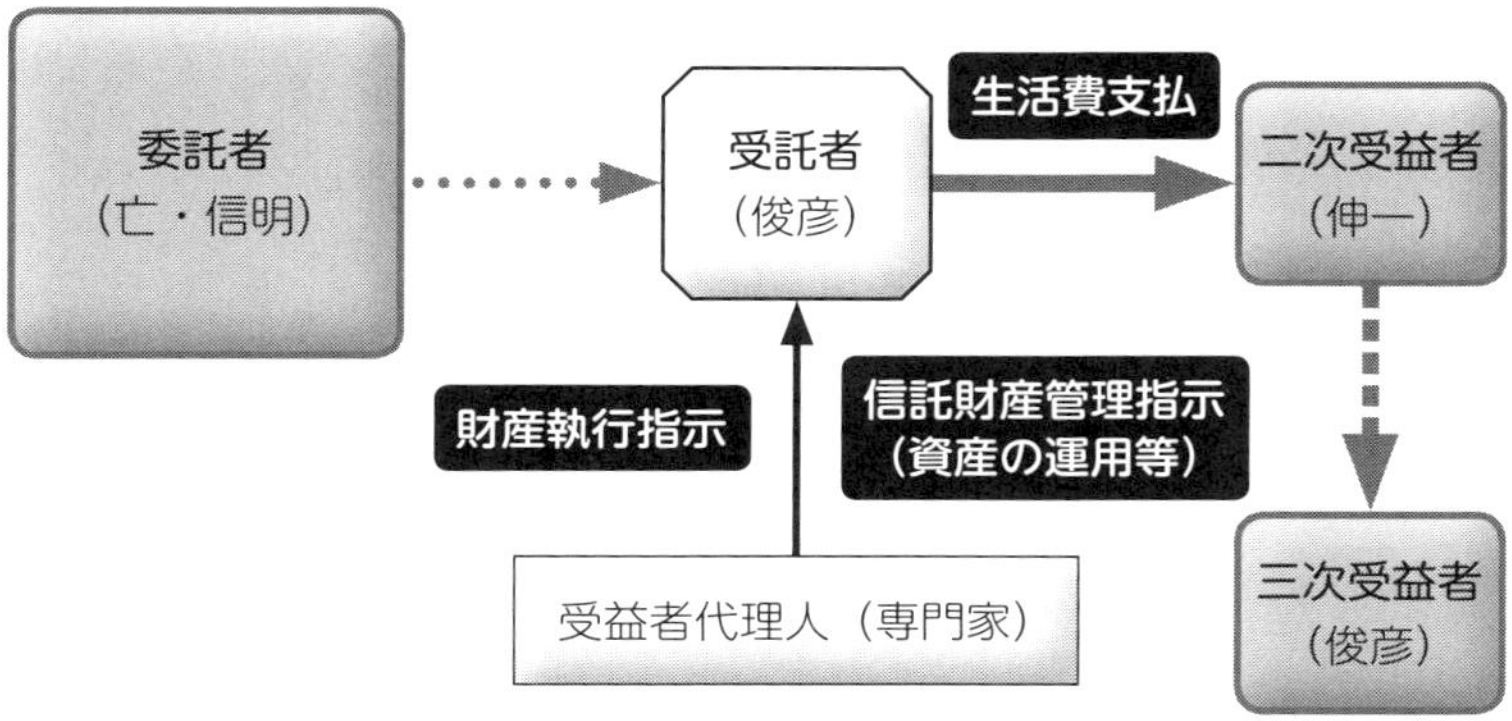

二次受益者伸一の死亡によって，三次受益者となる俊彦の判断で信託を終了させ，残余財産を俊彦が取得する。

⑤　さらに伸一さん死亡後の受益者として俊彦さんを指定し、その段階で信託が終了するように契約しておくことによって、最終的に俊彦さんが信明さんの財産を取得することとなります。

民事信託の成果

①　収益マンション賃料プラス現金２０００万円が必ず伸一さんの生活費に充てられるので、委託者かつ遺言者である信明さんの、長男伸一さんを最期まで扶養したいとの意思が、信明さんが認知症になった後はもちろん、死後においても変わることなく生かされることとなります。

②　司法書士等の専門家が受益者代理人となることによって、伸一さんの権利が、信託財産が尽きぬ限りは永続的に守られることとなります。

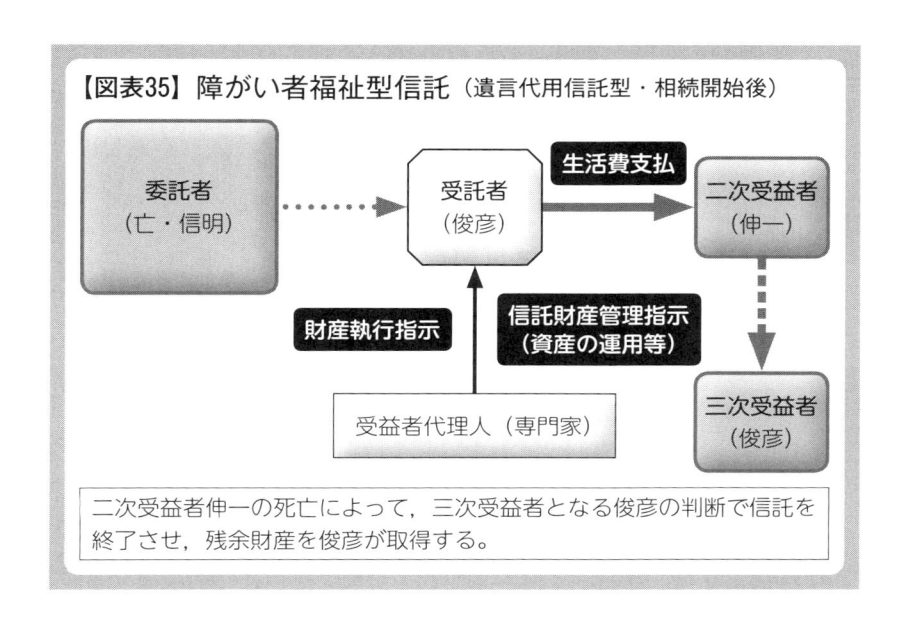

③　信明さんの相続開始後は、遺言によって俊彦さんが自宅不動産及び現金１０００万円を相続することとなり、最終的に信明さんのすべての財産を俊彦さんが取得することができます。

本事例で活用している民事信託の機能や特性

・意思凍結機能（障がい者である長男を最後まで世話してやりたい）
・受益者代理人の設置（委託者の死後も民事信託を円滑に機能させ、受益者の権利を守るため）

信託契約書の記載例

（信託の目的）

委託者兼当初受益者は、障がいを持つ長男の生活を最後まで安心できるものにしたいとの願いから、将来における長男の生活費等に充当するため、信託不動産及び信託金銭を受益者のために管理・運用・処分することを目的として受託者に信託し、受託者はこれを引き受けた。

（信託財産の管理・運用・処分の方法）

受託者は、本信託条項の定め及び受益者又は受益者代理人の指図に従い本件信託財産の管理・運用・処分を行うものとする。

以下省略

事例3　死後事務委任信託

独居老人である松永洋一さん（84歳）は、既に妻とは死別し、唯一の推定相続人である長男譲治さん（47歳）とは昔から不仲で、長年にわたって音信不通になっています。

洋一さんの所有財産は現金預金と、賃貸アパートに居住しているのでその保証金、そして松永家先祖代々の墓地のみですが、厚生年金を十分に得ているので、当面の生活に困ることはありません。

ただ、洋一さんは音信不通である譲治さん以外に身内がいないので、自分の死後においての各種手続きはもとより、葬儀、埋葬、先祖代々の墓地の管理や先祖供養等（いわゆる死後事務）が確実に行われるかどうかを心配しています。

洋一さんは、相続人ではない遠縁の親戚である桜井美晴さん（42歳）を信頼しているので、彼女に財産を託して、その金銭で死後事務を遂行して欲しいと希望しています。

さらに洋一さんは、美晴さんを信用してはいますが、念のために信頼する司法書士法人Aに、死後事務の執行状況を監督して貰いたいと考えています。

【松永家家族関係図】

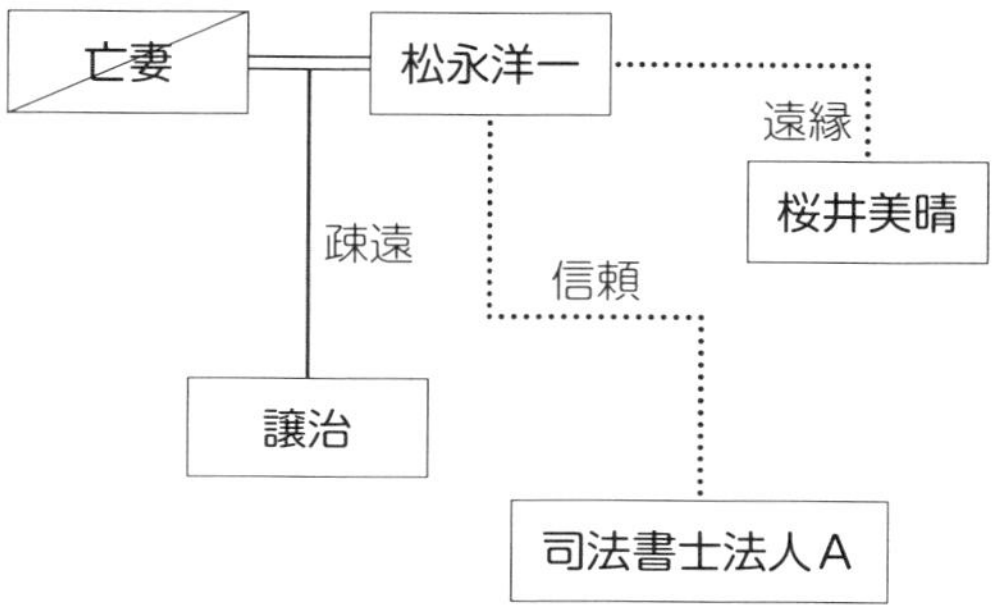

【松永家財産目録】

所有名義	種　類	時　価
松永洋一	現金預金	1800万円
	マンション保証金	200万円
	松永家墓地	不明

民事信託の設計

① 委託者兼当初受益者を洋一さん、受託者を遠縁の美晴さん、残余財産受益者を長男譲治さん、信託監督人を司法書士法人A、信託対象財産を洋一さんが現時点で保有している現金預金全額、マンション保証金の返還請求債権及び墓地とする民事信託契約を行います。

② 洋一さんが元気な間は、洋一さんが受益者として受託者である美晴さんに対して寺院等への費用支払いの指示を行い、洋一さんが認知症になった段階以降、洋一さんの死後にすべての死後事務が終了するまで、美晴さんが受託者として、信託監督人である司法書士法人Ａの監督のもとに費用の支払いを行えるようにします。

③ 洋一さんは、信託契約書上に、将来起こるべき死後事務の内容と必要な支出額を明記し、美晴さんは死後事務発生の都度、信託監督人の監督下で信託財産の執行を行い、最終的に残余財産が発生した場合には、それは譲治さんに帰属するものとしておきます。

民事信託の成果

① 洋一さんが最も心配している自分の死後事務に関する費用の支払を、信頼できる受託者である美晴さんに託し、司法書士法人Ａに監督させることにより、間違いなく実行することができます。

② 洋一さんの死後事務を実行する寺院等も、確実に費用の支払を受けることができます。

③ 仮に音信不通となっている長男譲治さんが現れたとしても、譲治さんは最終的な受益者となっている

【図表36】死後事務委任信託（設定時点）

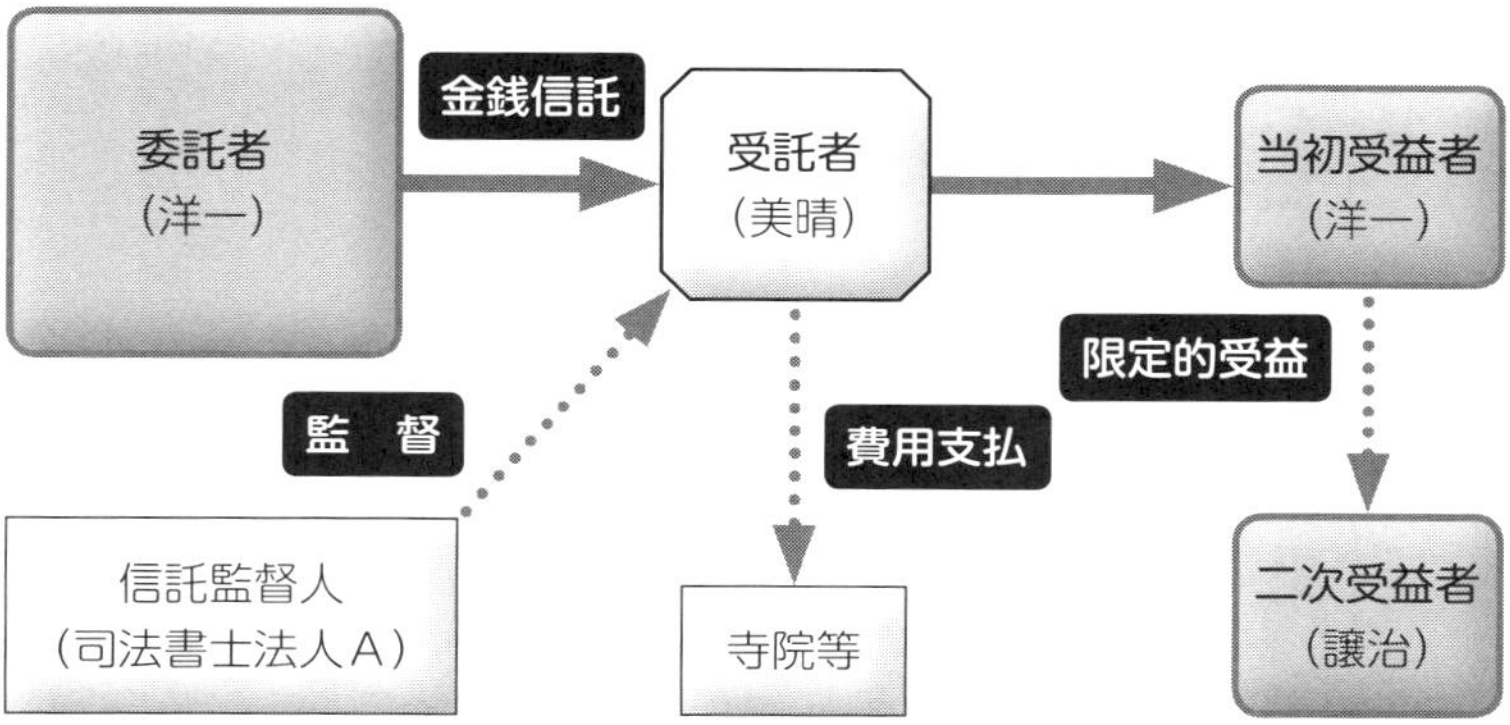

洋一が認知症になった時点から，受託者である美晴が寺院等への費用の支払を行う。

【図表37】死後事務委任信託（相続開始後）

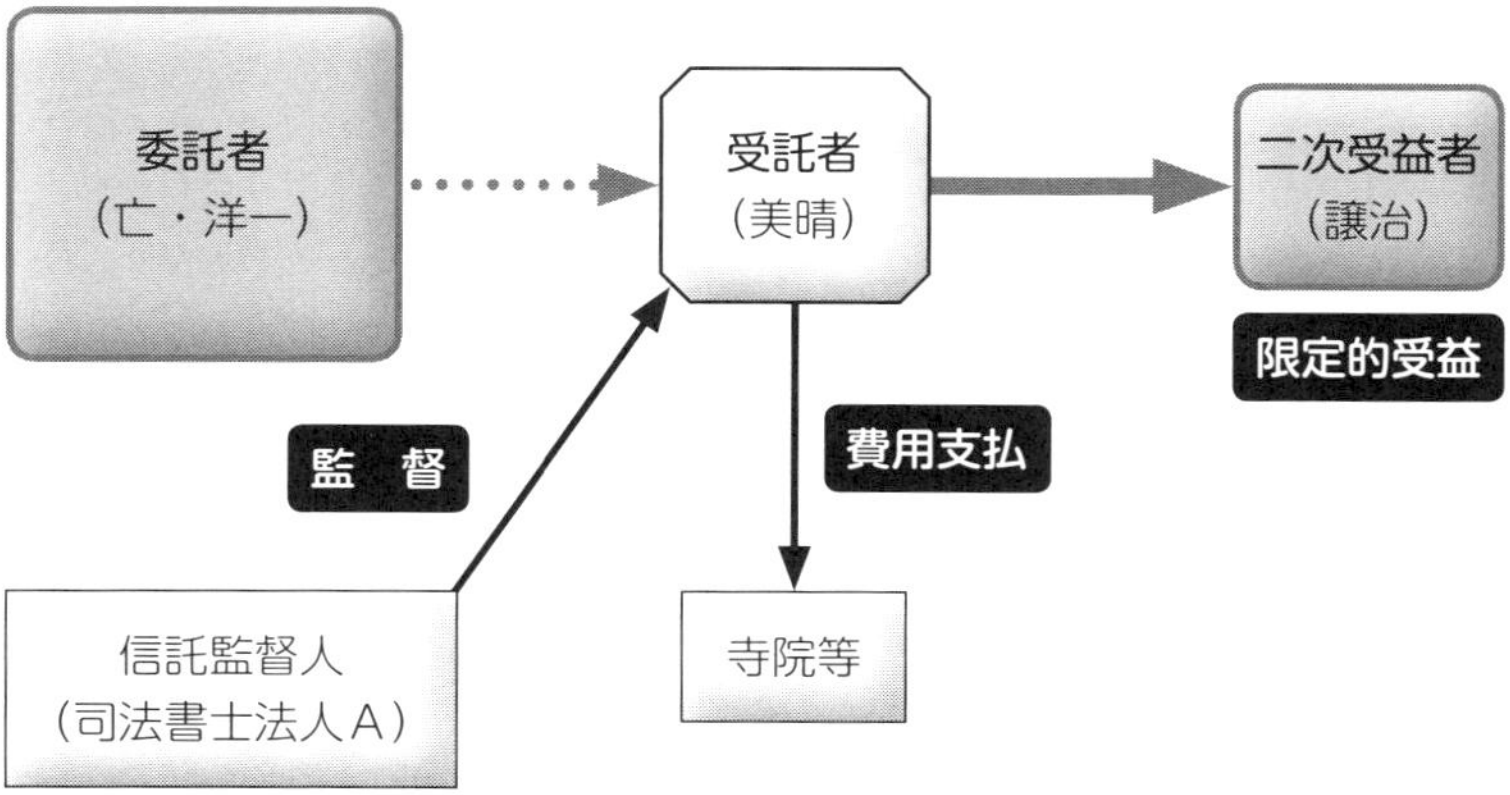

二次受益者の権利は，実質的には死後事務が終了するまで発生しない。

ので、信託契約自体は影響を受けません。

本事例で活用している民事信託の機能や特性

・意思凍結機能（自分の死後の諸手続きの実行に関して安心な仕組みを構築しておきたい）
・信託監督人の設置（委託者の死後も民事信託を円滑に機能させるため）

信託契約書の記載例

（信託の目的）

委託者兼当初受益者は、自分の死後において必要となる葬儀や先祖供養等を確実に実行したいとの想いから、将来においての各種関連費用に充当するため、信託金銭等を受益者のために管理・処分することを目的として受託者に信託し、受託者はこれを引き受けた。

（信託財産の管理・処分の方法）

受託者は、本信託条項の定め及び当初受益者の指図又は信託監督人の同意に基づき、本件信託財産の管理・処分を行うものとする。　以下省略

2 資産管理型信託

福祉型信託が、高齢者や障がい者の方々の権利を擁護したり、成年後見制度や相続制度の不備な部分を補完する役割を担うなど、いわば「消極的」な財産管理手法であるのに対し、特に資産家や中小企業経営者等が、民事信託をもっと積極的に活用し、次世代に確実に承継させるなどの所有者の「願い」「想い」を叶えようとする考え方を「資産管理型信託」とします。

これらは、一定以上の資産を所有する人が利用するスキームですので、債権者や推定相続人などの関係人への配慮や課税対策等も含めた、相続全般に対する取り組みの一環として考える必要があります。その意味から、この種の問題を民事信託でもって解決しようと考える場合、詐害行為や脱税行為にならないように注意すると共に、かなり長い将来までの諸事情を想定した、包括的なリスクマネジメントの発想が必要となることに注意しなければいけません。

資産管理型信託では、遺言代用信託の他、受益者連続型信託や受益者代理人を活用するケースが多くなっています。ここでは代表的な事例として「疑似隠居信託」「会社使用不動産保全信託」「疑似家督相続信託」「金銭贈与信託」の4例について紹介します。

事例4　疑似隠居信託

Ａ株式会社（以下Ａ社といいます）の経営者野田雅彦さんは、65歳に達した機会に「隠居」して、後継候補者である一人息子の輝彦さん（37歳）に、会社の株式や自宅不動産を含むすべての財産を承継させようと考えましたが、贈与や売買では多額の税金や購入資金が必要となることがわかりました。そして雅彦さんは、まだ輝彦さんのことを全面的には信頼しておらず、完全に隠居してしまうことには、将来に向けての懸念があります。

雅彦さんには輝彦さんの他にも、会社に関係のない長女里美さん（42歳）、次女聖子さん（40歳）がおり、それぞれ結婚して別の家庭を築いていますが、雅彦さんは彼女らには会社の株式は相続させないで、一定額の金銭を取得させたいと思っています。

また、輝彦さんは独身で子がいないので、将来的に会社の後継者がいなくなった場合には、長女が次女の孫たちの中の一人を後継者としたいと、雅彦さんは考えています。

雅彦さんの総資産の時価が2億円に達しており、Ａ社株式と自宅不動産を輝彦さんに相続させた場合、里美さんと聖子さんに渡すべき現金が不足する可能性が出てくると思われます。

【野田家家族関係図】

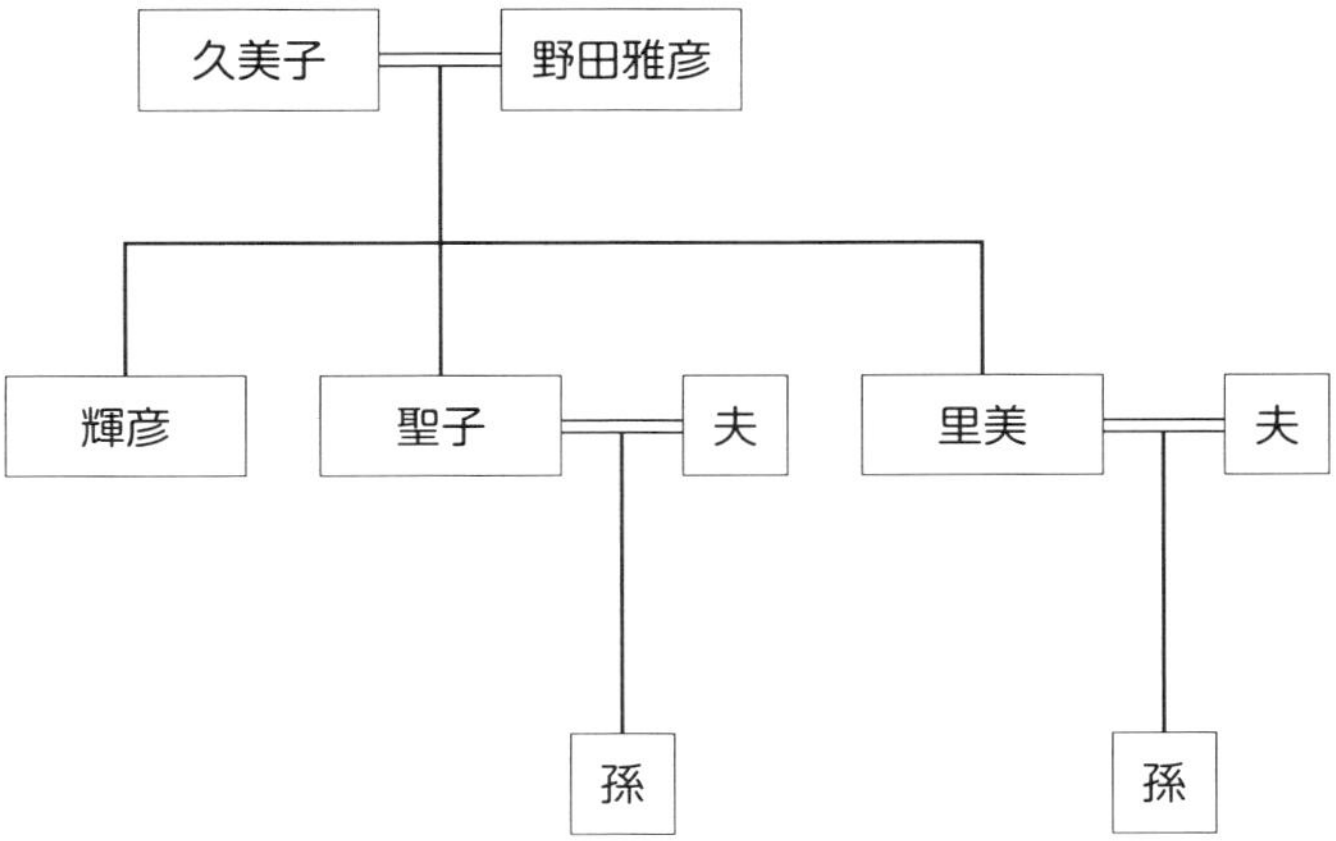

【野田家財産目録】

所有名義	種　類	時　価
野田雅彦	現金預金	5000万円
	自宅不動産	5000万円
	自社株式	1億円

民事信託の設計

① 雅彦さん個人名義のＡ社株式と自宅不動産を、委託者兼当初受益者雅彦さん、受託者輝彦さんとする信託契約によって、輝彦さん名義に移転します。

② 雅彦さんは必要に応じ、受益者としての権限を行使して受託者輝彦さんに対して信託財産運用についての指図をしたり、場合によっては信託契約を解除できるような契約内容とします。

③ 雅彦さんの相続時に、里美さんと聖子さんに相続させるべき財産や納税資金等で現金が不足するリスクを考え、Ａ株式会社で雅彦さんを被保険者とする生命保険に加入して、相続時に保険金が入るような準備をしておきます。

④ 雅彦さん死亡時には、信託が終了して輝彦さんが相続する形と、輝彦さんが受益権を取得する形のいずれかを選択できるようにします。

⑤ 雅彦さんは遺言を書き、特に里美さんと聖子さんに対して、現金預金の一部を相続させるとした上で、

輝彦さんが会社及び野田家の後継者となるので、株式及び自宅不動産を相続させた理由を、付言事項を利用して、十分に説明しておきます。

民事信託の成果

① 雅彦さんは輝彦さんに主要財産を信託することによって実質的に「隠居」することができます。

② 信託時点でかかる費用は登録免許税と手続き費用にとどまり、実際の課税は相続時となります。

③ 将来、何らかの理由で雅彦さんが再び、自らの手で財産管理を行うことになった場合には、契約を解除して旧態に復することができます。

④ 遺言によって、里美さんと聖子さんが相続に関しての不満を持つリスクを軽減することができます。

⑤ 生命保険加入によって、相続時の現金不足の心配が解消できます。

【図表38】疑似隠居信託（設定時点）

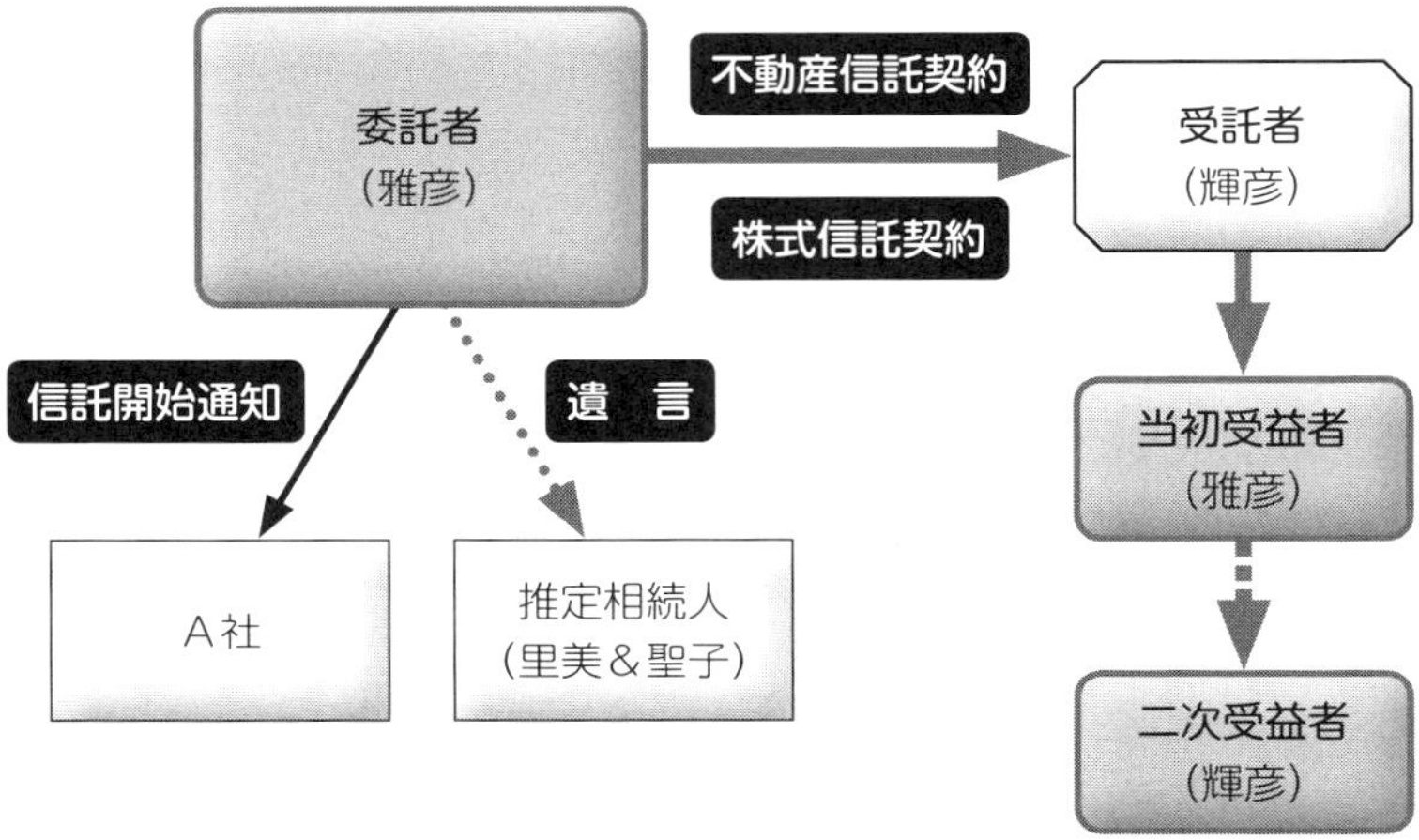

【図表39】疑似隠居信託（相続開始後）

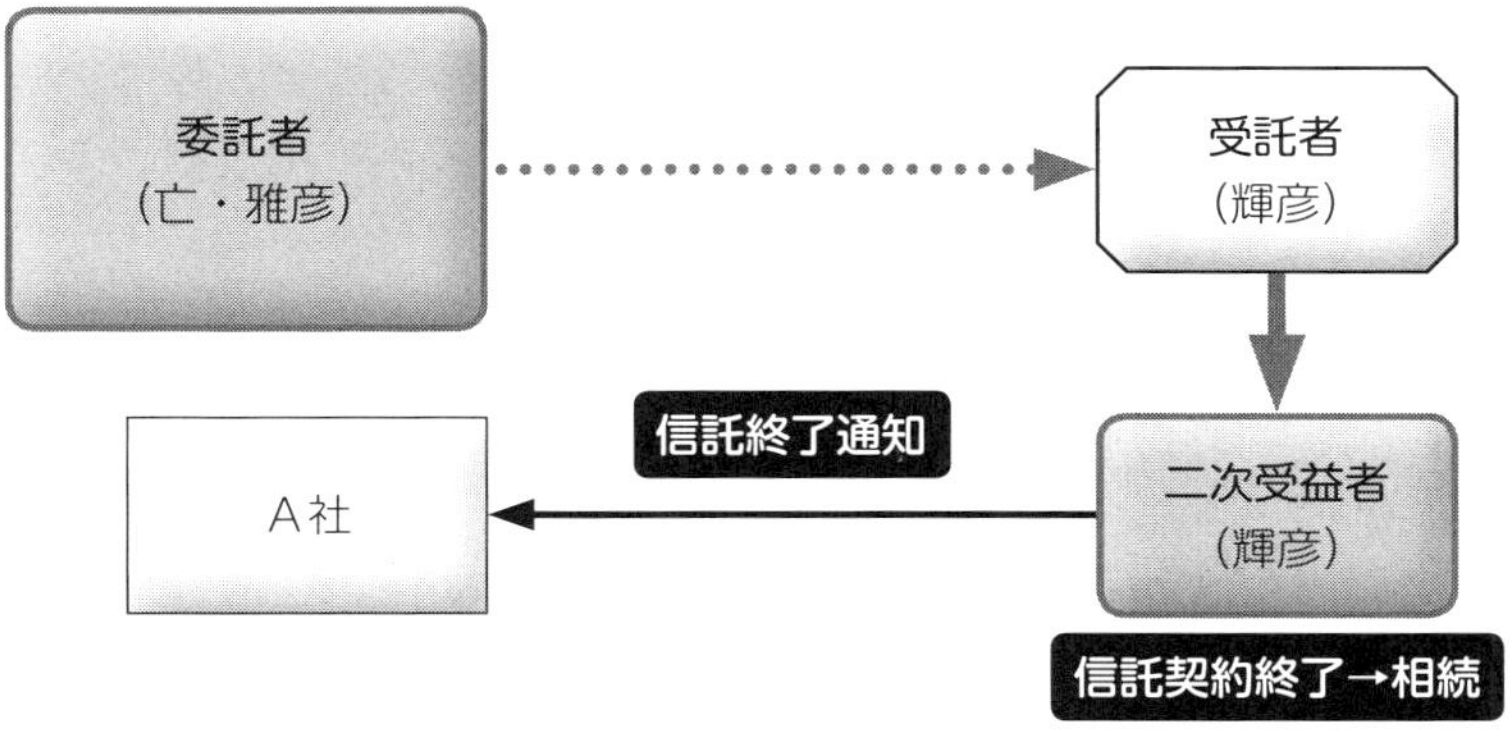

輝彦の判断で，新たな受託者を立てて信託契約を継続させる選択肢を採用することも可能。

本事例で活用している民事信託の機能や特性

・条件付贈与機能（とりあえず財産を後継者に譲りたい）

信託契約書の記載例

（信託の目的）

委託者兼当初受益者は、65歳を迎えたことを機に現役から引退し、後継者に各種の権利を譲りたいとの想いから、将来において後継者にすべての権利を移転することを前提として、信託不動産及び信託株式を受託者に信託し、受託者はこれを引き受けた。

（信託財産の管理・処分の方法）

受託者は、本信託条項の定め及び受益者の指図に従い本件信託株式の議決権行使及びその他信託財産の管理・処分を行うものとする。　以下省略

事例5　会社使用不動産保全信託

Ａ株式会社（以下Ａ社といいます）の経営者白河道明さん（69歳）は、個人資産のほとんどをＡ社に注ぎ込んできており、かつ個人名義の不動産をＡ社に無償で使用させている状況で、僅かな現預金以外に将来の相続財産となるべき個人資産を持っていません。

Ａ社の後継候補者は長男秀明さん（40歳）と決まっていますが、道明さんには秀明さん以外に４人の子がおり、Ａ社株式を秀明さんだけに相続させた場合に相続の公平を期すには、その不動産を他の者に相続させなければならないようです。

道明さんは、もし不動産が子供たちの共有物になってしまった場合、将来的にＡ社が使用できなくなることを懸念しています。

秀明さん以外の推定相続人は、全員が秀明さんがＡ社の後継者となること自体には納得しているようですが、相続の際に何も取得できないのではとの漠然とした不安を持っているようでもあります。

【白河家家族関係図】

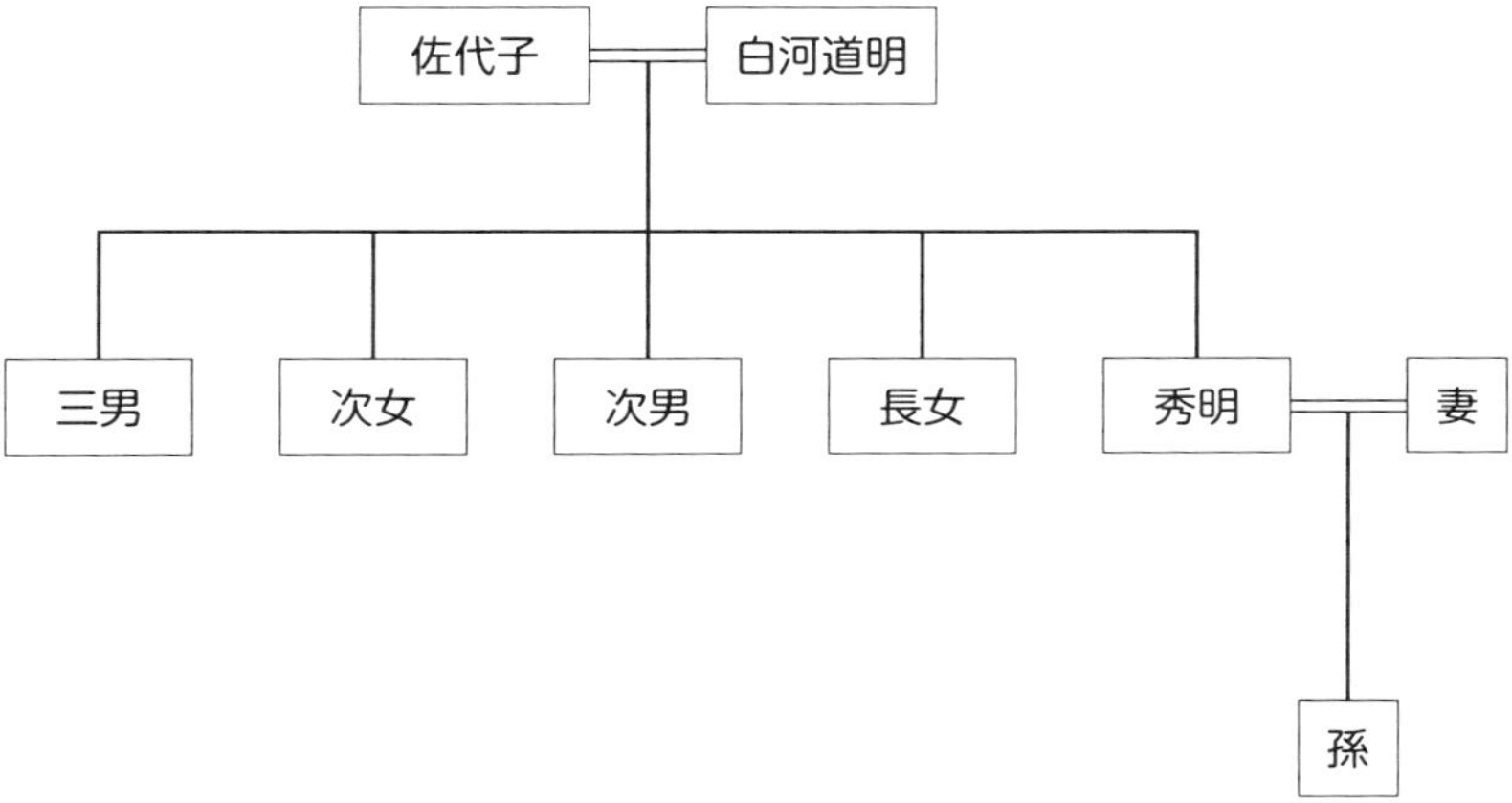

【白河家財産目録】

所有名義	種　類	時　価	収　益
白河道明	現金預金	2000万円	
	Ａ社使用の不動産	１億円	年間1200万円
	自社株式	8000万円	

民事信託の設計

①　道明さん個人名義の不動産を、委託者兼当初受益者を道明さん、受託者をＡ社、二次受益者を秀明さんを含む相続人全員の等分とする民事信託契約によって、Ａ社名義に移転します。

②　道明さんとＡ社は、当該不動産につき、道明さんの死亡を始期とする「始期付賃貸借契約」を締結します。

③　道明さんは遺言書を作成し、Ａ社の株式に関してはすべてを会社後継者である秀明さんに相続させることとし、付言事項において、その理由を明確に記しておき、他の兄弟姉妹からの無用な請求を防止するようにします。

民事信託の成果

①　実際に不動産を使用しているＡ社が受託者となるので、もし道明さんが認知症等になった場合であっても、Ａ社自らが不動産管理をすることができます。

【図表40】会社使用不動産保全信託（設定時点）

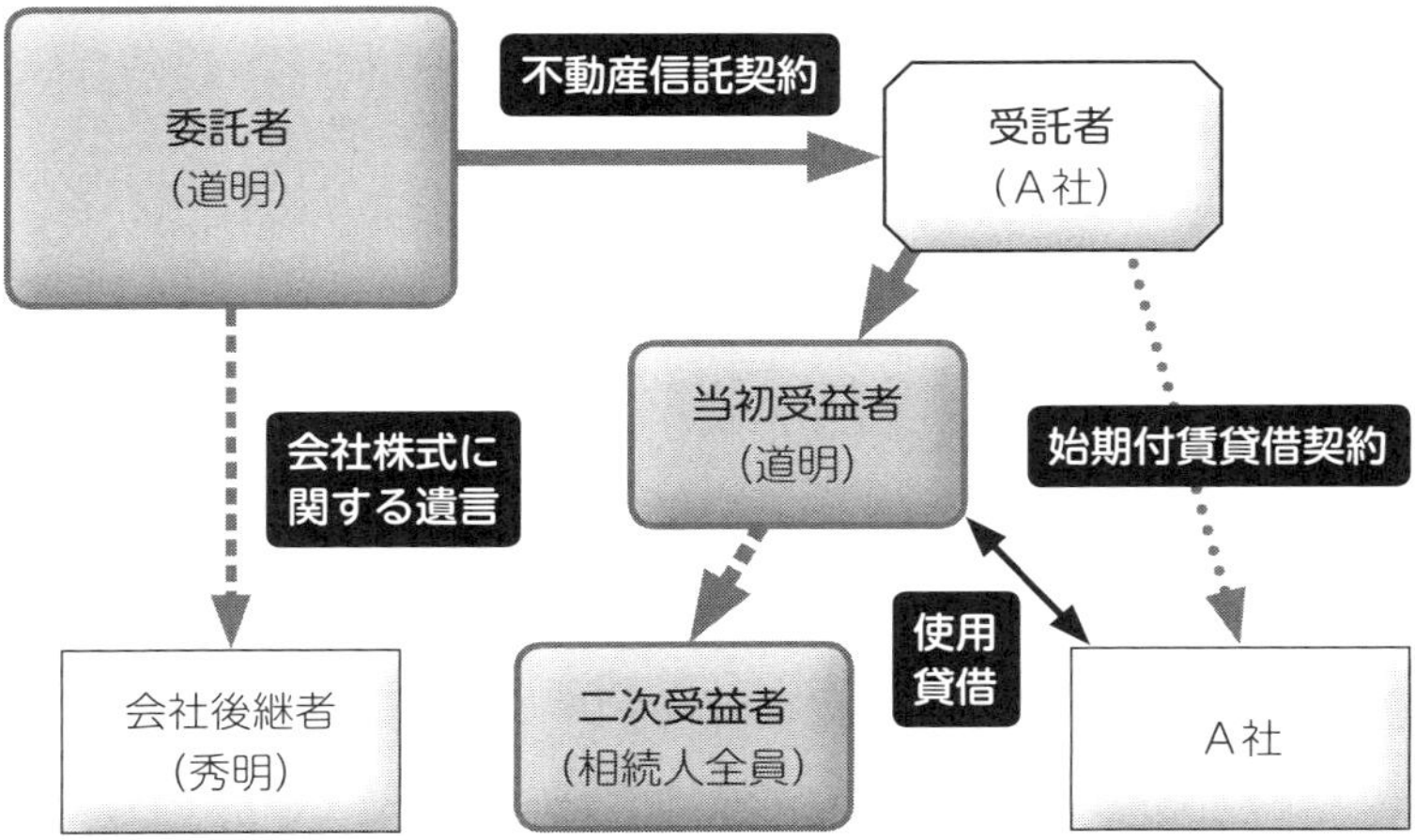

【図表41】会社使用不動産保全信託（相続開始後）

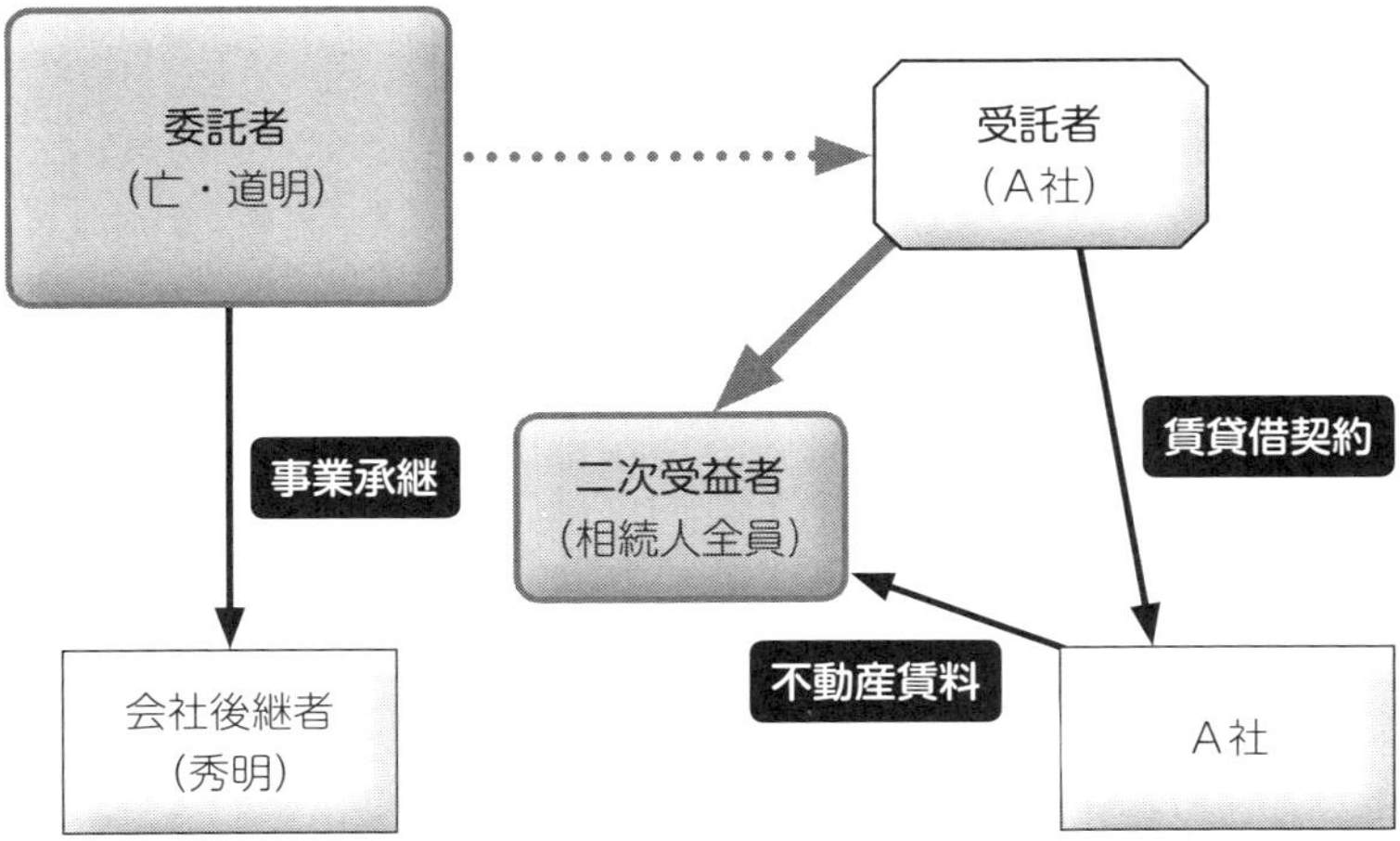

② 道明さん死亡後は、Ａ社と相続人全員との賃貸借契約が発効し、Ａ社は受益者となる道明さんの相続人全員に対して等分に賃料を支払うようになりますので、将来にわたってもＡ社が賃料を支払い続ける限りは使用できなくなるリスクはなくなります。

③ 相続人も、Ａ社の経営がうまくいっている限りは安定的に賃料を得ることができますので、後継者となる秀明さんを応援する気持ちになりやすくなります。

④ 会社株式に関しては、後継者となる秀明さんが遺言でもって取得することになり、円滑な事業承継が行われる可能性が高まります。

本事例で活用している民事信託の機能や特性

・意思凍結機能（自分の死後の不動産の利用に関して安心したい）
・財産分離機能（会社使用不動産だけを他の財産と区分しておきたい）

信託契約書の記載例

（信託の目的）

委託者兼当初受益者は、現在はＡ社に使用貸借を許している不動産について、自分の死後においても同社の事業に必要となることを鑑み、将来において権利を取得する各相続人と同社との関係を調整することを目的として、信託不動産を受託者に信託し、受託者はこれを引き受けた。

（信託財産の管理の方法）

受託者は、本信託条項の定めに基づき、本件信託財産の適正な管理を行うものとする。

以下省略

事例6　疑似家督相続信託

旧家の当主である九重源蔵さん（83歳）は、既に妻を亡くし、一人娘である幸子さん（41歳）と孫の力也さん（14歳）と一緒に暮らしています。

【九重家家族関係図】

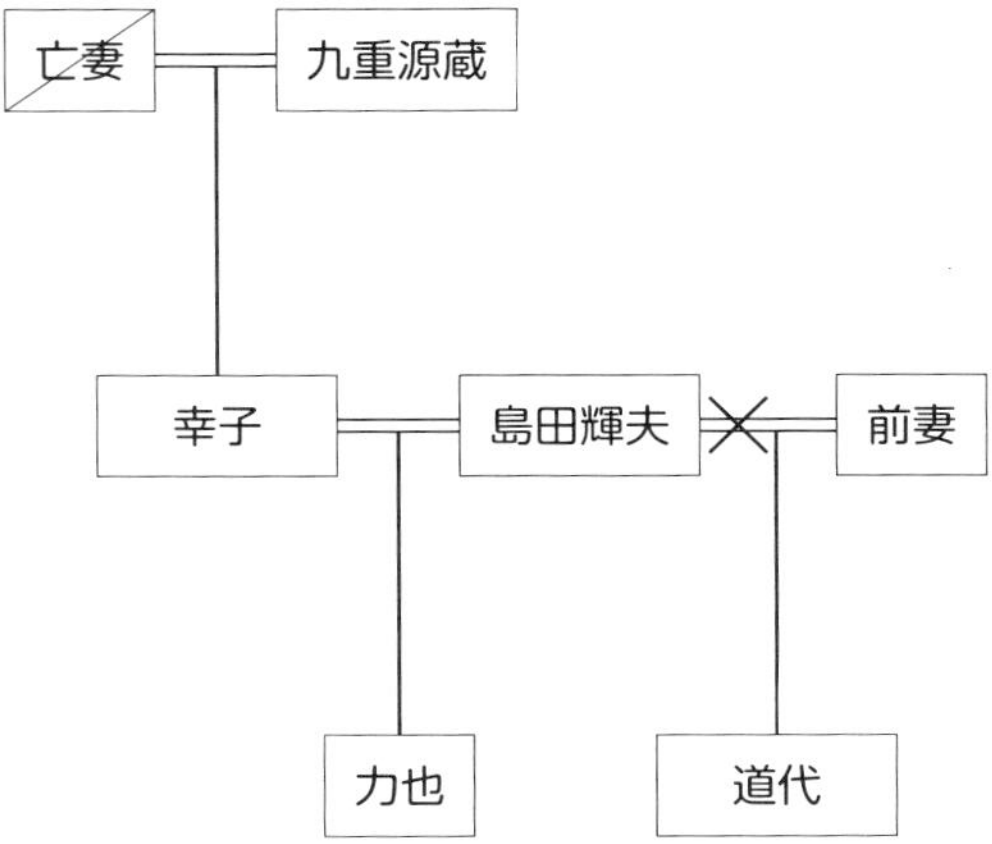

【九重家財産目録】

所有名義	種　類	時　価	収　益
九重源蔵	自宅不動産	2億円	
	現金預金	1億円	
	収益マンション	2億円	年間1200万円
島田幸子	現金預金	3000万円	
島田輝夫	自宅マンション	5000万円	
	自社株式	1000万円	

源蔵さんは、自宅が建っている先祖伝来の不動産を、幸子さんの夫である島田輝夫さん（50歳）側の姻族には相続させず、必ず孫の力也以降の直系血族に継承したいと考えています。

源蔵さんと輝夫さんは、今は人間関係が良好ですが、輝夫さんは会社を経営しており、かつ前婚の際の子・道代さんが居ますので、源蔵さんは将来にわたっての不安が拭いきれないでいるようです。

民事信託の設計

① 九重家の先祖代々から承継されている自宅不動産（家督財産）を、源蔵さんを委託者兼当初受益者、源蔵さん自身が設立した一般社団法人Xを受託者とする民事信託の対象財産とし、二次受益者を長女幸子さん、三次受益者を直系の孫力也さん、四次受益者をまだ存在しない曾孫とする受益者連続型信託契約を行います。

② 源蔵さんは別途遺言を書き、家督財産以外の財産の一部を島田輝夫さんにも遺贈することとします。

③ 家督財産に関する受益権につき、譲渡禁止特約を付加して、直系血族以外の者に権利が流れないようにしておきます。

【図表42】疑似家督相続信託（設定時点）

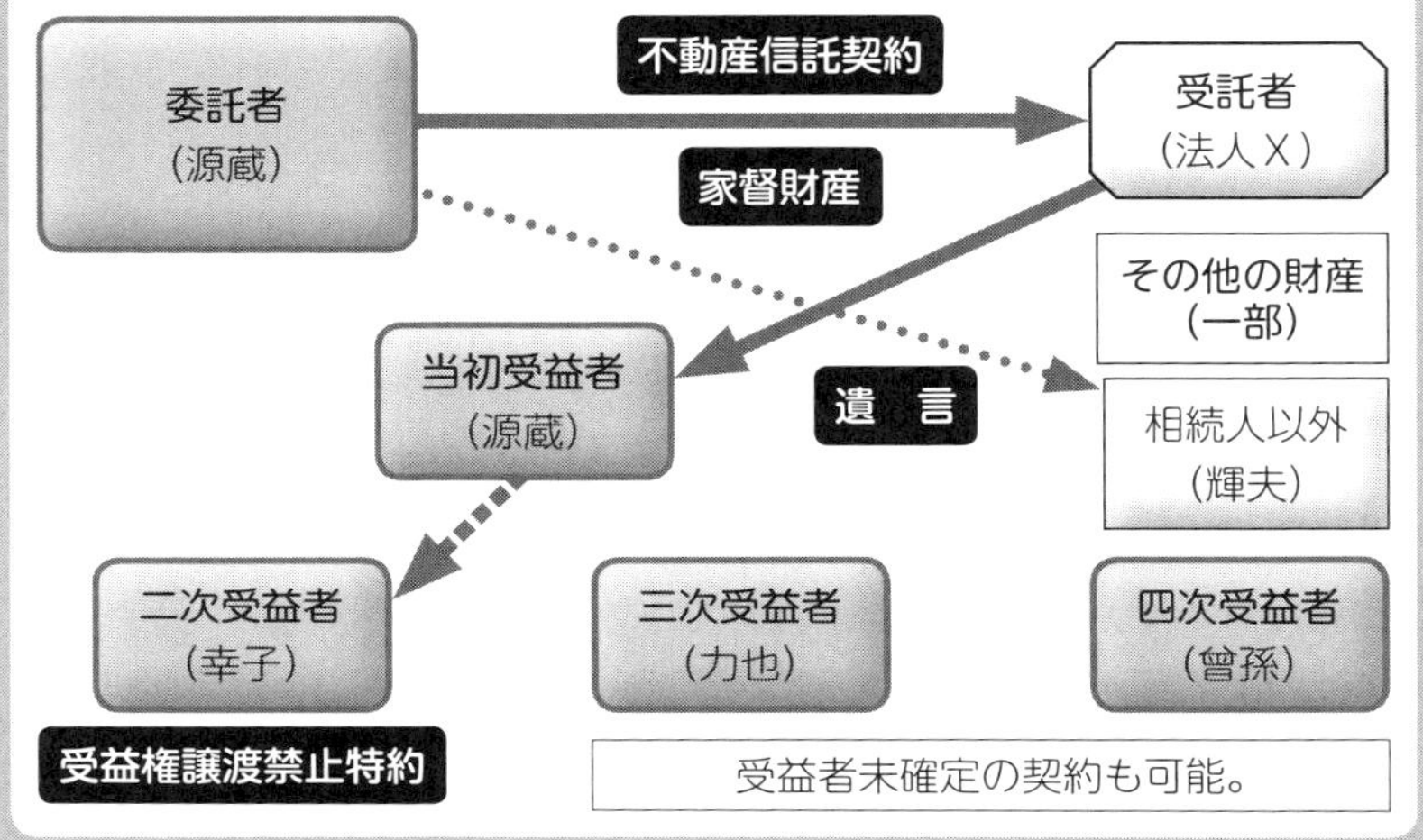

【図表43】疑似家督相続信託（源蔵死亡後）

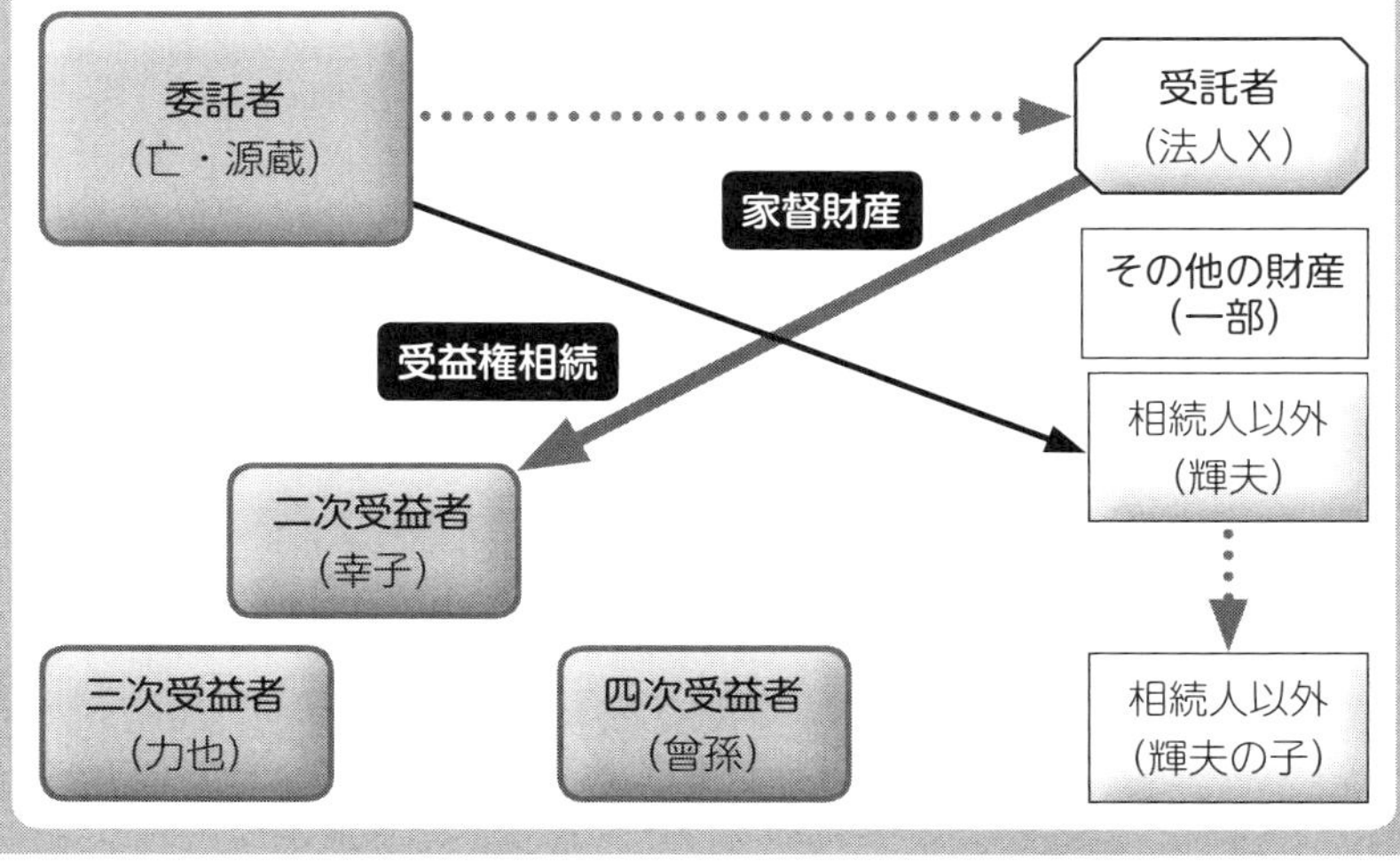

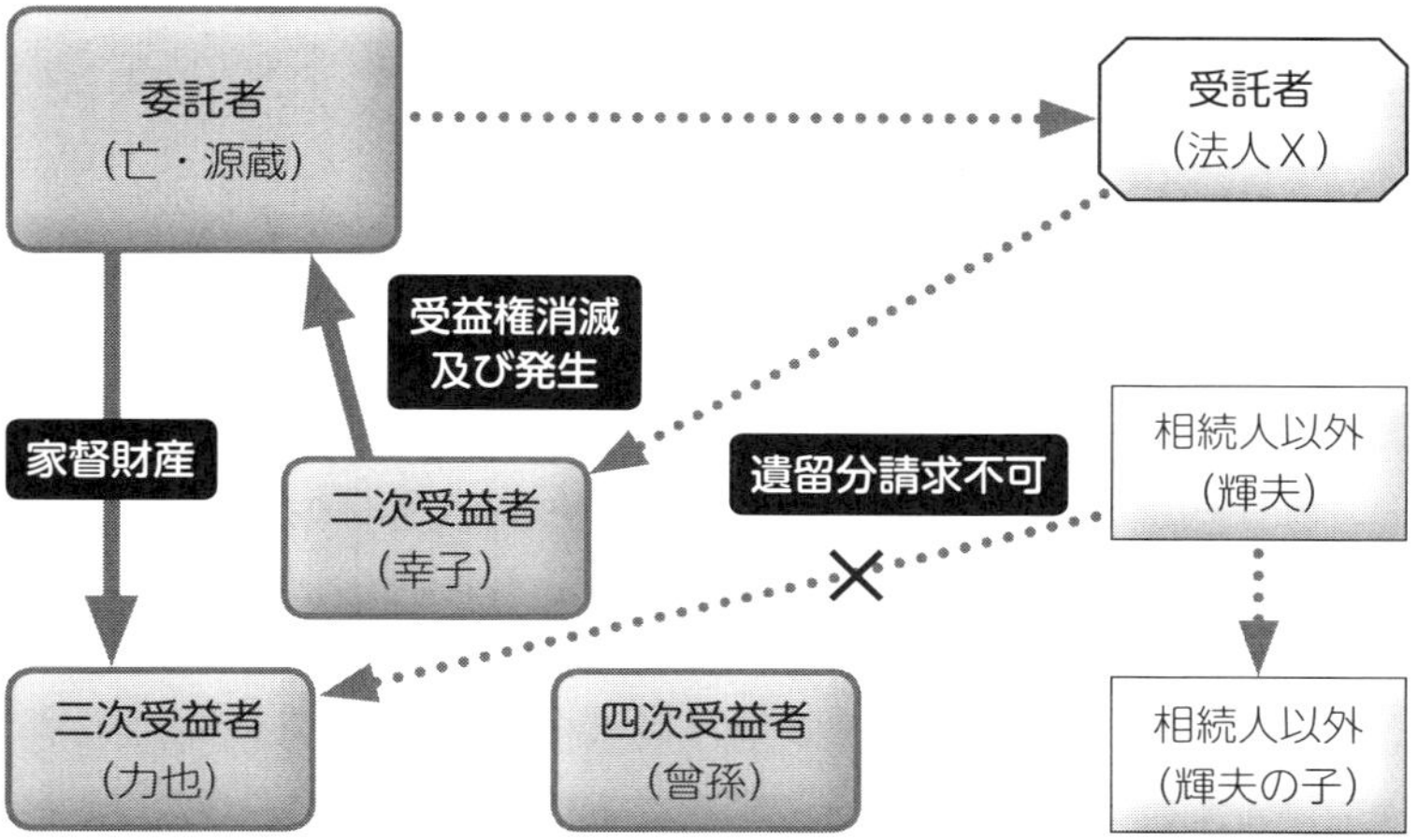

【図表44】疑似家督相続信託（幸子死亡後）

民事信託の成果

① 九重家の先祖代々の自宅不動産については、受益権となって長女幸子さんから直系の孫力也さん、さらに曽孫へと順次承継されることになります。

② 娘婿の島田輝夫さんも遺言で一部の財産を取得し、不満感が解消されます。

③ 受益権の譲渡禁止特約により、直系血族以外に財産が流れなくなります。

④ 信託法第91条前段の規定により、二次以降の信託受益権は相続財産とはなりませんので、家督財産に対する遺留分請求を完全に回避するこ

とができます。

本事例で活用している民事信託の機能や特性

・条件付贈与機能及び意思凍結機能（実質的な家督相続を実現したい）

信託契約書の記載例

（信託の目的）
委託者兼当初受益者は、九重家に先祖代々継承されている家督財産を適正に管理し、かつ永続的な仕組みをもって最も相応しい者に相続させ続けたいとの想いから、信託不動産及び信託金銭等を、法人である受託者に信託し、受託者はこれを引き受けた。

（信託財産の管理・運用・処分の方法）
受託者は、本信託条項の定めに基づき、本件信託財産の管理・運用・処分及び二次受益者以降の受益予定者に対する権利移転を適切に行うものとする。

以下省略

事例7 金銭贈与信託

資産家である加藤正和さん（66歳）は、相続対策のために3人の子と6人の孫の合計9人に対し、毎年１１０万円の暦年贈与及び必要に応じての教育資金贈与等を行っていますが、自分が認知症になった後は贈与の意思表示ができなくなることを懸念しています。

正和さんの信頼できる後輩である亀井修三さん（50歳）と、古くからの友人である越後昌史さん（65歳）は、そのような正和さんの希望を聴き、それを実現することができるのであれば、全面的に協力したいと言ってくれています。

正和さんは、亀井さんか越後さんに９９００万円を10年分の暦年贈与資金として預託し、自分が認知症になった後は毎年彼らに贈与を執行して貰おうと考えましたが、税理士からの指摘で、それでは「一括贈与」とみなされて、その全額に贈与税が課せられるらしいことがわかりました。

【加藤家家族関係図】

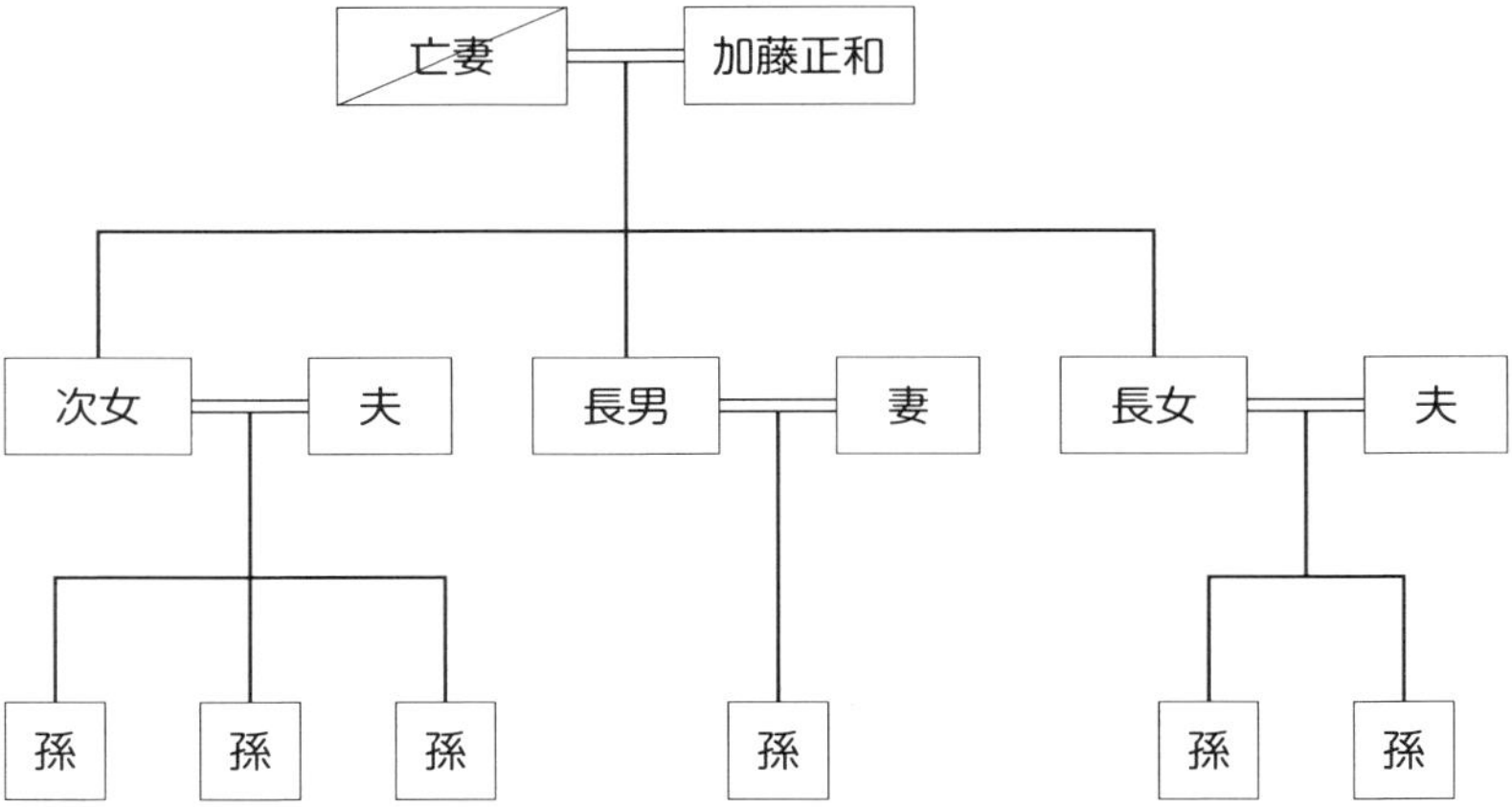

【加藤家財産目録】

所有名義	種　類	時　価
加藤正和	現金預金	2億円
	自宅不動産	1億円
	投資有価証券等	2億円

民事信託の設計

① 正和さんを委託者兼当初受益者、信頼できる後輩である亀井修三さんを受託者、友人である越後昌史さんを受益者代理人とし、将来において子や孫への贈与原資や扶養義務の履行費用として予定している金額である1億円程度の金銭信託を行います。

② 契約内容として、正和さんが認知症等になって自ら贈与の意思表示ができなくなった後は、受益者代理人越後さんによって、「期待権者」となる子や孫に対し、一定条件成就等の要件に応じた金銭贈与の指示を、受託者亀井さんに対してできるものとします。

③ 金銭贈与の「一定条件」については、例えば「正月と盆に正和さんの自宅に挨拶に来た」などの客観的に判断できる内容とし、贈与税の一括課税を避ける仕組みを構築しておきます。

④ 教育資金や扶養義務履行費用等については、元来非課税となる範囲の執行にとどめ、受益者代理人が判断するようにしておきます。

【図表45】金銭贈与信託

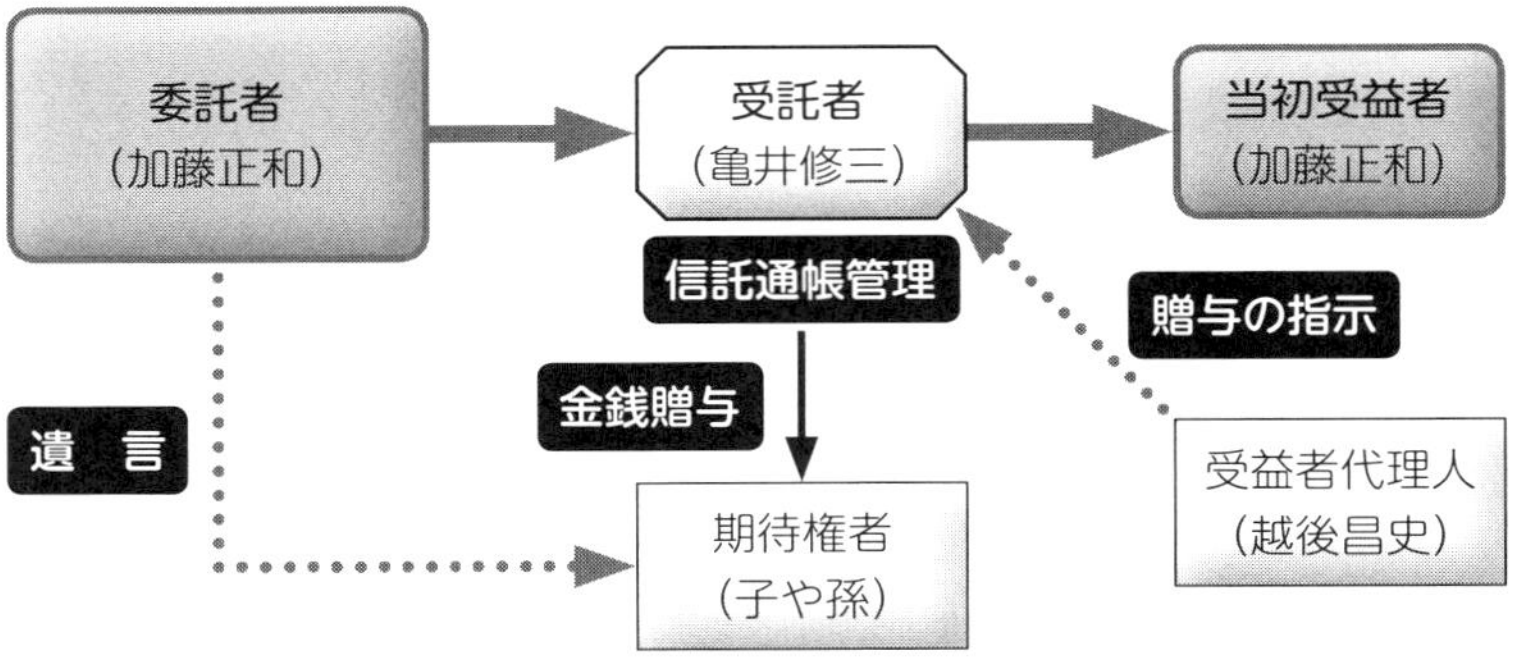

委託者が健常な間は普通に贈与を行い，行為能力喪失後は信託契約に基づき受益者代理人が受託者に期待権者への贈与を指示し，受託者が実行，委託者死亡をもって信託は終了し遺言執行が開始される。

⑤　正和さんと亀井さんは、信託契約当初に銀行で「委託者加藤正和・受託者亀井修三信託口」という名義の通帳を作ってもらい、信託財産と亀井さんの固有財産とを厳格に分別するようにします。

⑥　正和さんが心身ともに元気な間は、信託財産には手を付けないで正和さんの固有財産から贈与を執行します。

⑦　正和さんの死亡によって信託契約は終了し、その後は正和さんが別途に作成した遺言書に従って相続が開始されるようにします。

民事信託の成果

①　委託者である正和さんが子や孫に金銭を

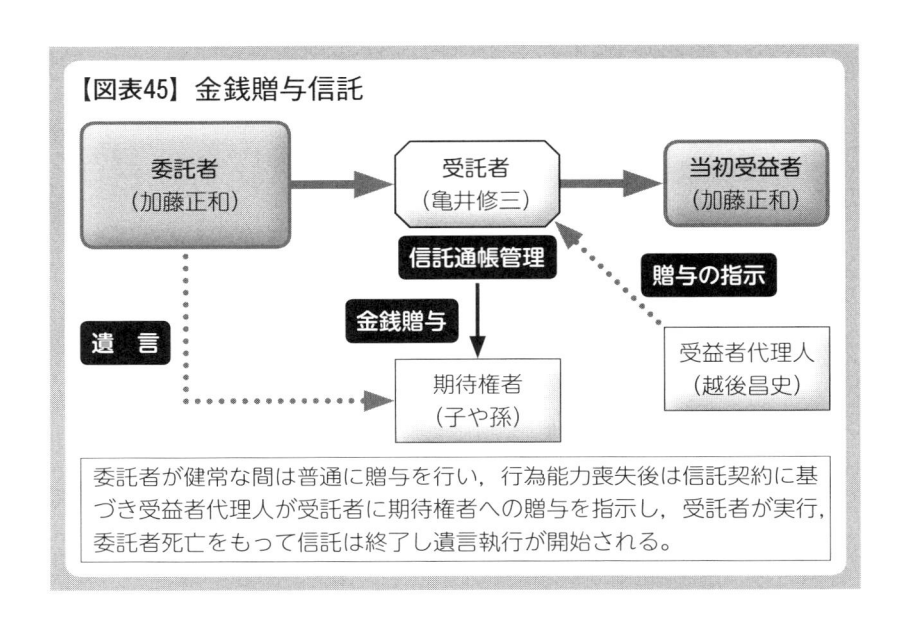

贈与したいという意思が、正和さんが認知症等になった後も継続することが可能となります。

② 孫たちにとっても、正和さんが認知症になった後の暦年贈与や教育資金贈与を受ける条件が客観的に決まっていますので、不公平感がなくなります。

③ 一定の要件を充足することによって、贈与税課税を回避することができます。

④ 受益者代理人の権限によって、贈与実行の有無を決することができるなど、柔軟な仕組みを作ることができます。

⑤ 信託の有効期間は、正和さんが認知症等になって自己判断ができない状態にある間に限定され、正和さんの死亡によって通常の相続となりますので、受託者や受益者代理人の責任が期間限定的なものにとどまります。

本事例で活用している民事信託の機能や特性

・条件付贈与機能（暦年贈与を継続したい）

・意思凍結機能（子や孫に財産を贈与したい）
・受益者代理人の設置（民事信託を機能させるため）

信託契約書の記載例

（信託の目的）

委託者兼当初受益者は、毎年継続している子たちや孫たちへの金銭贈与につき、自分が行為能力を喪失した後においても、一定の条件のもとに継続したいとの願いから、将来における贈与原資に充当するため、信託金銭等を受託者に信託し、受託者はこれを引き受けた。

（信託財産の管理・処分の方法）

受託者は、本信託条項の定め及び受益者代理人の指示に基づき、本件信託財産の管理・処分を行うものとする。　以下省略

3　自己実現支援信託

自分の財産に関しての「願い」や「想い」を大切にしたいと考えておられるにも関わらず、制度的保障や法律的保護が十分ではない方々のためにも民事信託のスキームを活用することが可能です。資産管理型信託が、一定以上の資産を持つ資産家や中小企業経営者が対象であったのに対し、これらの信託は財産額の多寡に関係なく、当事者の悩みの内容に応じて、自由な発想で設計されるべきものですから、様々な相談に対して様々な民事信託スキームを提案することになりますので、遺言代用信託、受益者連続型信託、受益者代理人等の制度を駆使することになるでしょう。

ここでは代表的な事例として「再婚支援信託」「法律外婚姻支援信託」「ペット信託®」「生活再建支援信託」の4例について紹介します。

事例8　再婚支援信託（ハッピー・ウエディング信託）

共に前配偶者との間に子がいる栗塚正孝さんと綾波春子さんは再婚を強く望んでいますが、正孝さんには相当な資産があるため、相続関係が複雑化することを懸念して、それぞれの子たちに再婚の希望を言えないままになっています。

正孝さんの自宅不動産には既に春子さんが同居しているため、正孝さんは自分たちが入籍しないままの場合、自分の死後に春子さんが住めなくなることを特に懸念しています。

両者の子たちも、親の再婚自体には反対していませんが、相続で揉めることを懸念しており、特に父の不動産を含む全財産を相続する予定である謙一さんは、春子さん死亡後に春子さん側の親族に財産が渡ることは避けたいと考えているようです。

【栗塚家家族関係図】

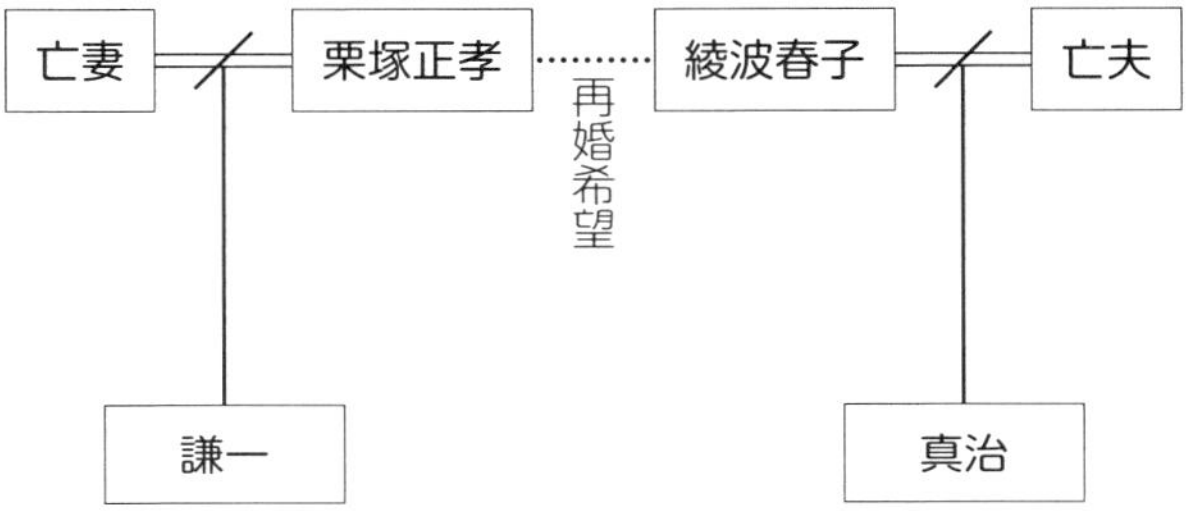

【栗塚家・綾波家財産目録】

所有名義	種　類	時　価
栗塚正孝	自宅不動産	1億円
	現金預金	4000万円
綾波春子	現金預金	1000万円

民事信託の設計

① 正孝さんの自宅不動産を、正孝さんを委託者兼当初受益者、謙一さんを受託者、春子さんを二次受益

【図表46】再婚支援信託（設定時点）

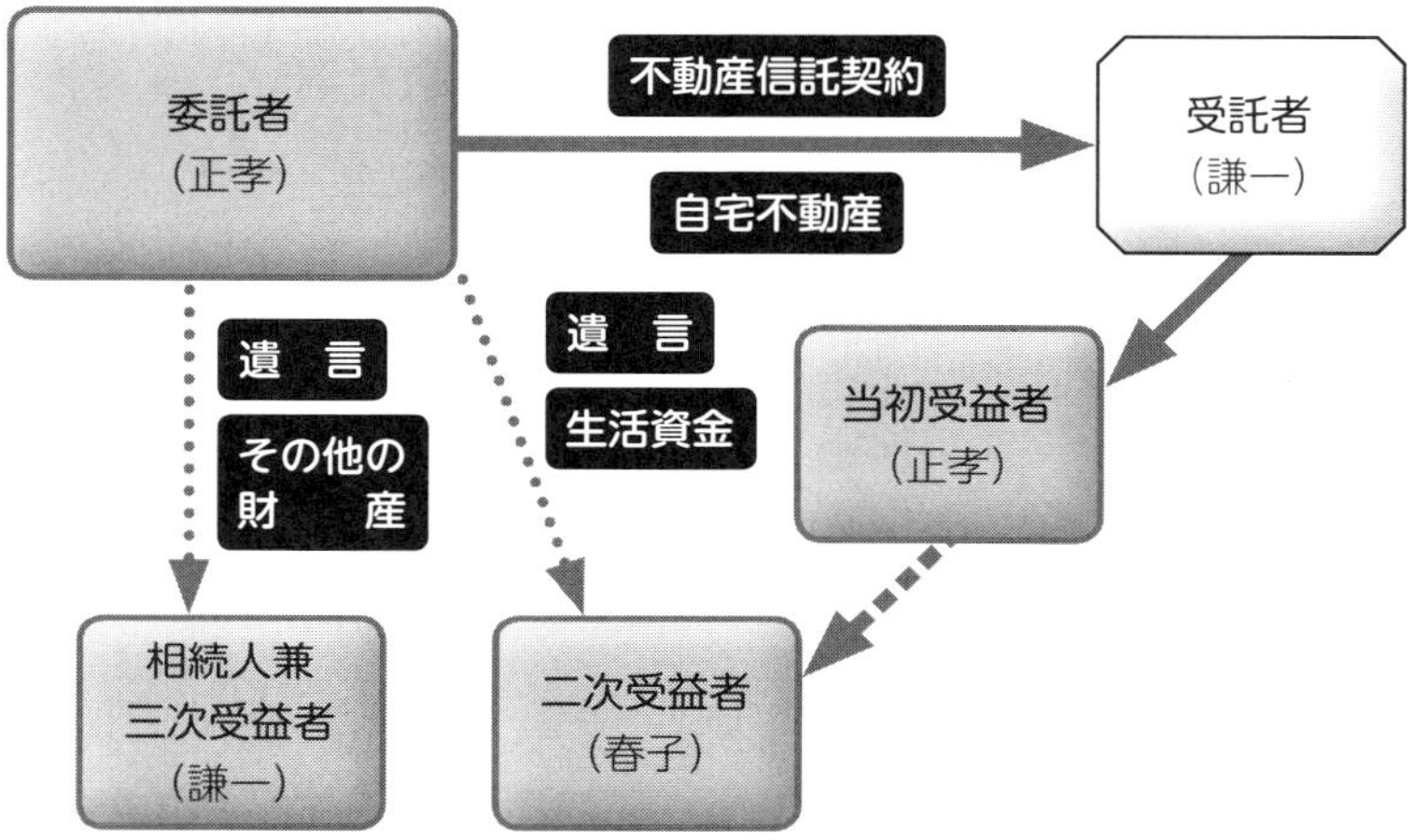

者、謙一さんを第三受益者と設定した受益者連続信託契約（受益権消滅発生型）を行います。

② 正孝さんは別途遺言を書き、春子さんの相続税納税資金及び当面生活するための資金程度の金銭を遺贈することとして、その他の全財産を謙一さんに相続させることとします。

③ 春子さんも遺言を書き、自分の財産の全部を実子の真治さんに相続させるとし、もし真治さんが心配するようであれば、家庭裁判所の許可を得て、配偶者となる正孝さんに遺留分の生前放棄をしてもらうことにします。

④ そして、両者の親族の了解と納得のもと、正孝さんは春子さんは入籍します。

民事信託の成果

① 正孝さんと春子さんは、念願通りにめでたく入籍することができます。

② 正孝さんの死亡後、春子さんは自宅不動産の受益権を取得することにより、自分の生存中は安心して生活することができます。

③ 謙一さんは、春子さんの死亡後は確実に自宅不動産を取得することができ、かつ春子さん側の相続人からの遺留分請求を受けるリスクが全くありません。

④ もし正孝さんよりも春子さんが先に死亡したとしても、正孝さんが遺留分の生前放棄をしていれば、春子さんの相続人は正孝さんから遺留分減殺請求を受けることはありません。

【図表47】再婚支援信託（正孝死亡時点）

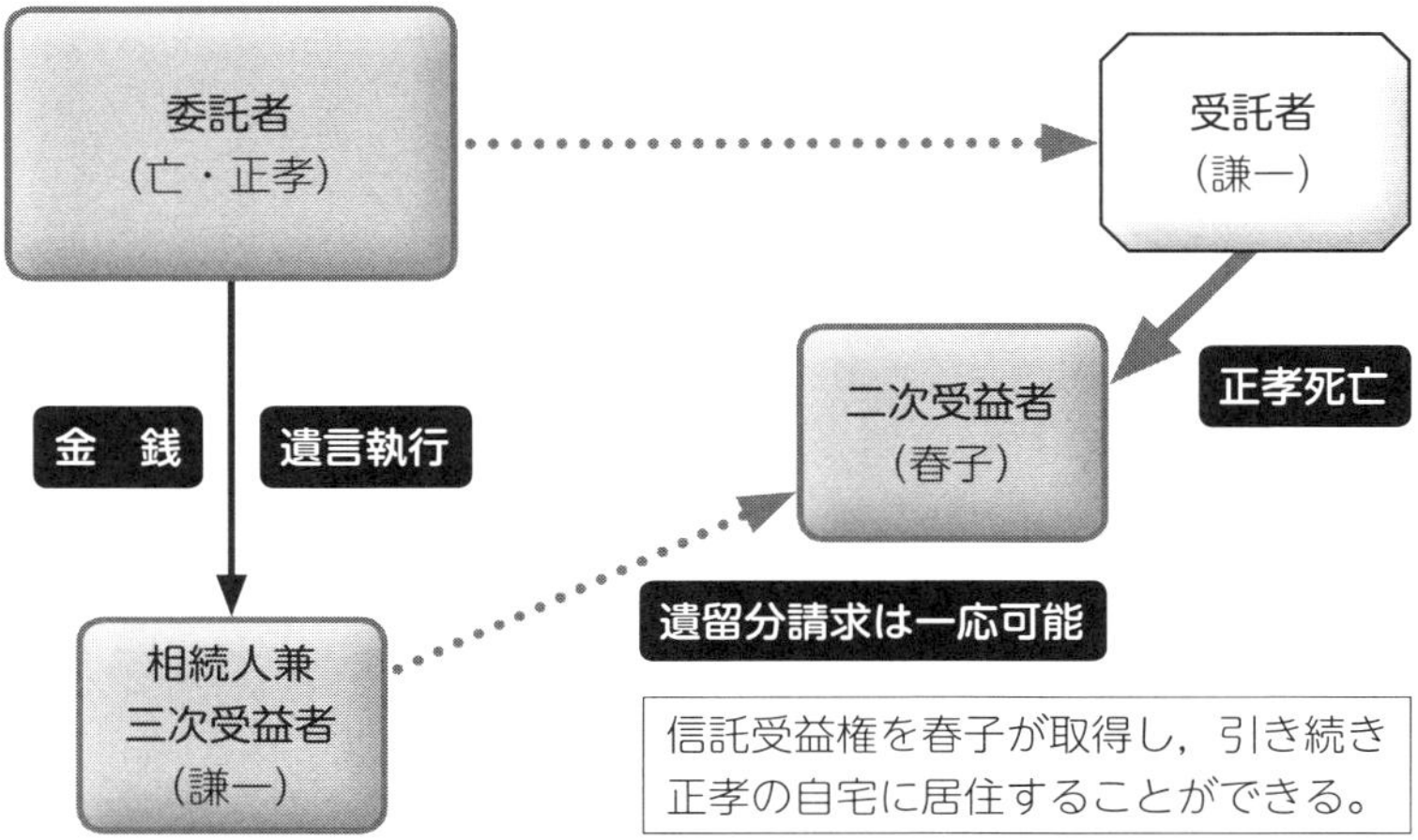

【図表48】再婚支援信託（春子死亡後）

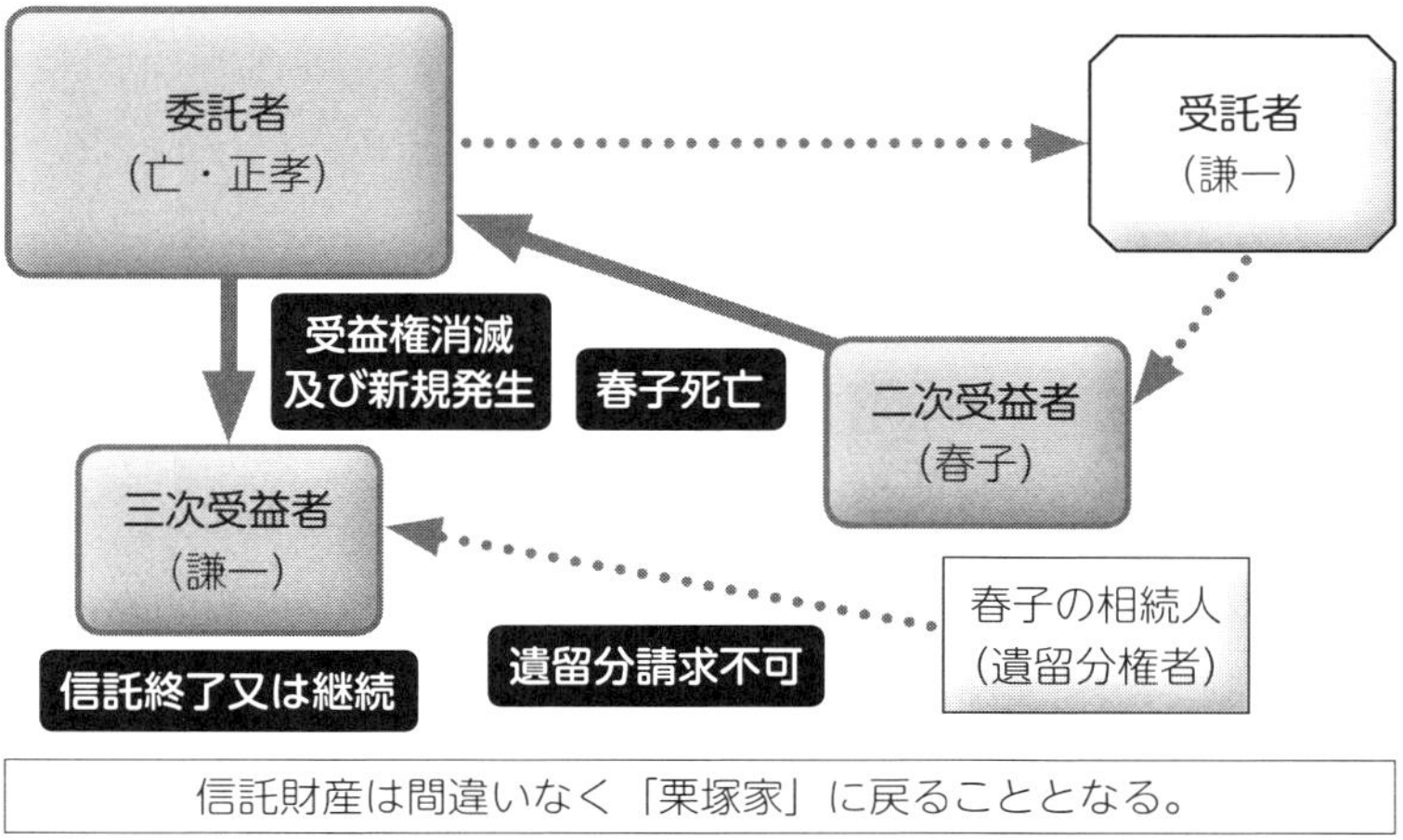

本事例で活用している民事信託の機能や特性

・条件付贈与機能及び意思凍結機能（当初の予定通りに財産を移転させたい）
・物権の債権化機能（遺留分減殺請求を抑止したい）

信託契約書の記載例

（信託の目的）

委託者兼当初受益者は、再婚である自分の立場を踏まえながら、自分の死後において配偶者が住居を確保し、かつ生活に困ることなく、さらに自分の推定相続人の権利が侵害されることもない財産管理方法を取りたいとの願いから、信託不動産等を受益者のために管理・処分することを目的として受託者に信託し、受託者はこれを引き受けた。

（信託財産の管理・処分の方法）

受託者は、本信託条項の定め及び当初受益者の指図に基づき、本件信託財産の管理・処分を行うものとする。　以下省略

事例9　法律外婚姻支援信託（トゥルー・マリッジ信託）

相楽真琴さん（44歳）と浜崎望さん（38歳）は、法律上では婚姻が認められない立場にありますが、実際には結婚式を挙げて同居し、生涯の苦楽を共にすると固く誓い合った関係にあります。

真琴さんも望さんも安定した職業に就いており、かつそれぞれの親から相続した資産を相当額所持しているため、財産的な部分においても法律上の夫婦と同じような形を取ることができればと願っています。

民事信託の設計1（両者共に推定相続人が一人もいないケース）

① 真琴さんと望さんは、互いの婚姻前からの財産につき、自己を委託者兼当初受益者、相手方を受託者とする民事信託契約を相互に締結します。

② 真琴さんと望さんは互いに遺言を書き、民事信託受益権を含む全財産を相手方に相互に遺贈すると記

【図表49】法律外婚姻支援信託（設計１）

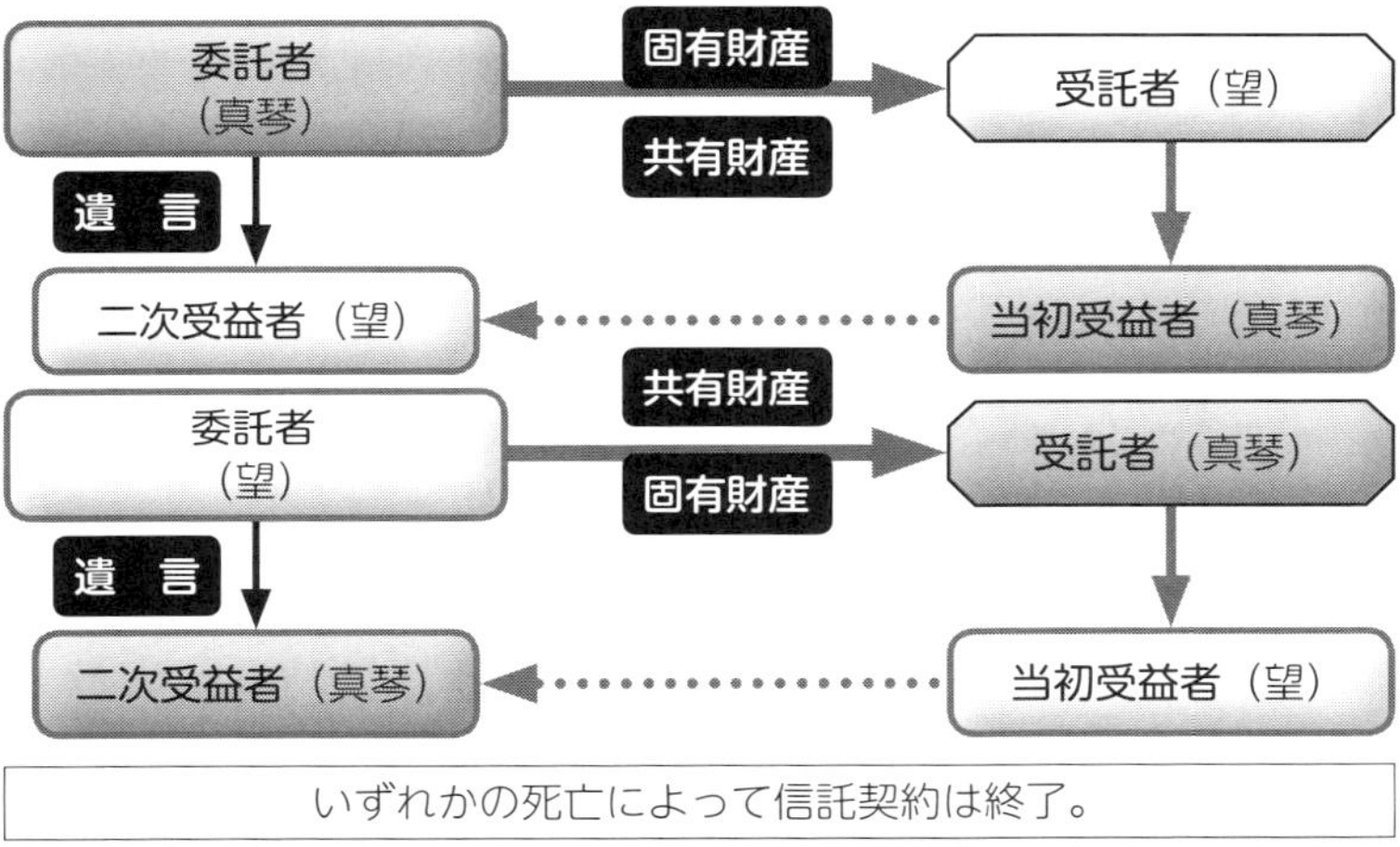

します。

③　婚姻後の各自の収入については、それぞれの信託財産に追加信託として組み入れるようにして、実質的に共同管理することにします。

④　いずれか一方の死亡によって民事信託契約が終了し、実質的に全財産が相手方に遺贈されることになります。

民事信託の設計2（両者に推定相続人がいるケース）

①　真琴さんと望さんは互いに同額を出資して、民事信託の受託者とするための一般社団法人Xを設立します。

【図表50】法律外婚姻支援信託（設計２（設定時））

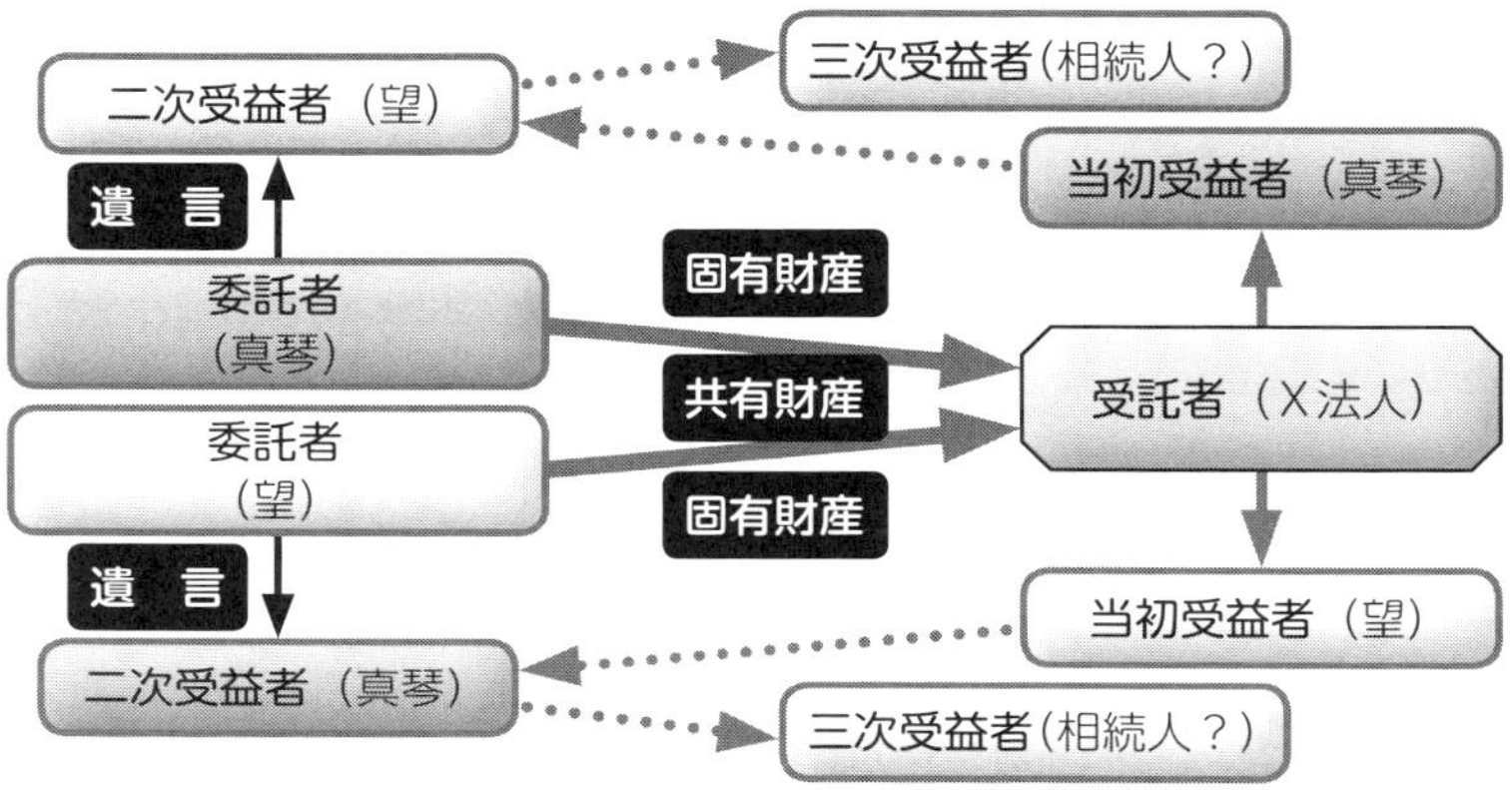

いずれかの死亡によっても信託契約は終了しない。

【図表51】法律外婚姻支援信託（設計２（真琴死亡時））

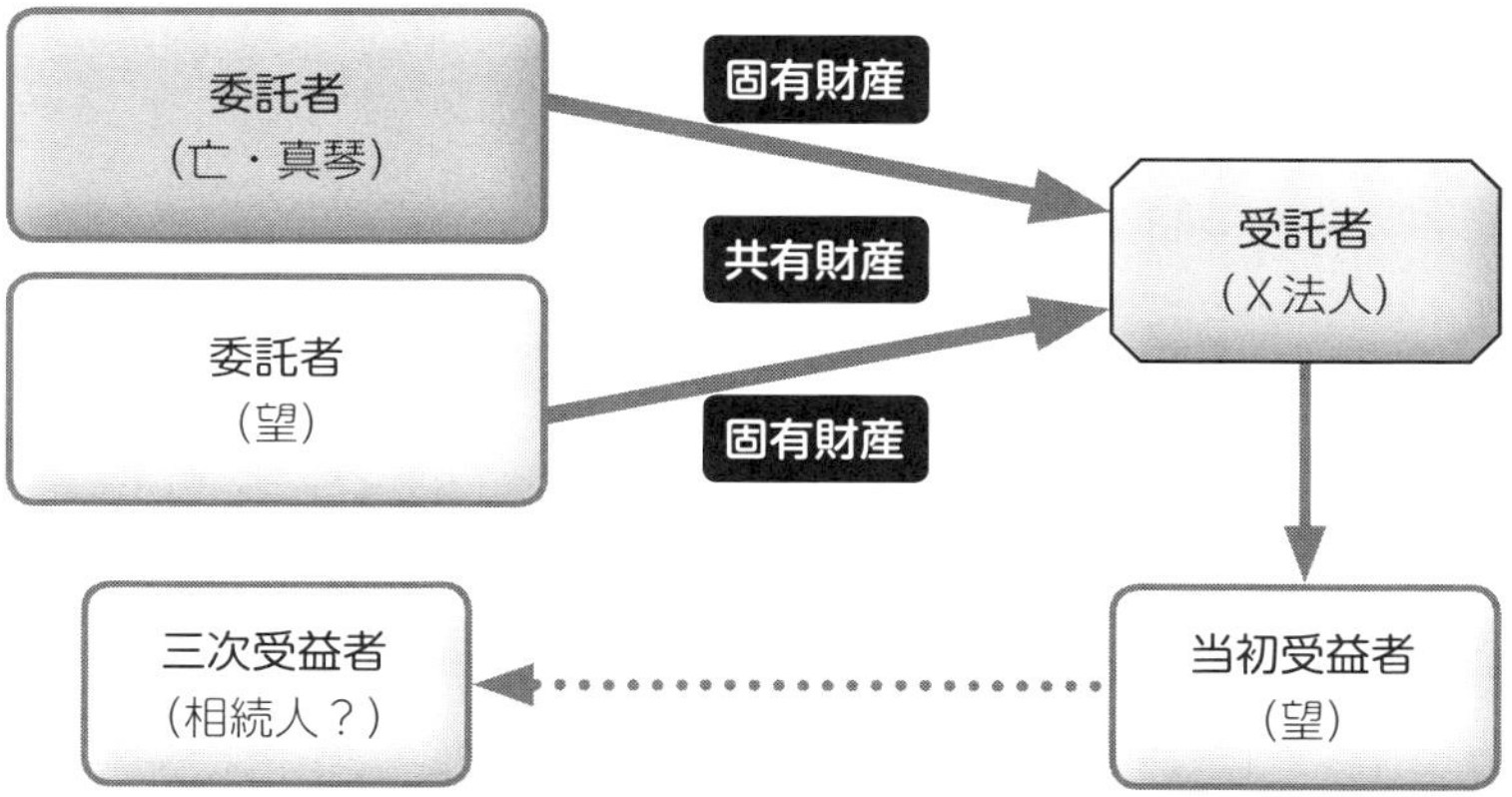

真琴の死亡によって，信託契約は望に関する部分のみとなる。

② 真琴さんと望さんは、互いの婚姻前からの財産につき、自己を委託者兼当初受益者、一般社団法人Xを受託者、二次受益者を相手方、三次受益者を自己の推定相続人とする民事信託契約を締結します。

③ 婚姻後の各自の収入については、受託者である一般社団法人Xの信託口座に追加信託として組み入れるようにして、実質的に共同管理することにします。

④ 一方が死亡した場合でも民事信託契約は終了せず、第二受益者である相手方に受益権が移転し、さらに第二受益者も死亡した際には、その受益権がいったん消滅して、新たに第三受益者に受益権が発生するような仕組みとしておきます。

民事信託の成果

① 真琴さんと望さんは、少なくとも財産面においては、法律的な婚姻とほぼ同様の財産管理状況を作り出すことができます。

② 相続に際しても実質的に相手方を配偶者に近い立場に置くことが可能となります（ただし税務上や年金等の社会保障上での問題は残ります）。

③　民事信託の設計2の場合には、受託者が法人なので永続的な財産管理が可能となります。

④　将来において片方が死亡した後は、残った者のみのための民事信託契約となり、両者ともに死亡した後には、必要に応じて兄弟姉妹等の推定相続人に遺産を渡すこともできるようになります。

⑤　万が一に「離婚」となった場合でも、民事信託によって相互の固有財産が明確になっており、財産分配のトラブルを一定範囲で回避することができます。

本事例で活用している民事信託の機能や特性

・条件付贈与機能（相手方を実質的な配偶者として財産を承継させたい）

・意思凍結機能（推定相続人が居る場合には受益者連続型信託の形態をとる）

信託契約書の記載例

（信託の目的）

委託者兼当初受益者は、生涯のパートナーとの本当の意味での婚姻関係を実現したいという強い願いから、自分の固有財産及び婚姻後に発生する収入につき、これを信託財産としてパートナーでもある受託者に信託し、受託者はこれを引き受けた。

（信託財産の管理・運用・処分の方法）

受託者は、本信託条項の定めに基づき、本件信託財産の管理・運用・処分を行うものとする。

以下省略

事例10　ペット信託®

独居の長峰遙香さん（75歳）には推定相続人として、結婚して遠方に居住している長女明美さん（45歳）がおり、特に関係は悪くありませんが、遙香さんの心配事は、家族同然のペット「タマ」の、自分の死後や認知症になった後の世話のことでした。

明美さんは、ペットが飼えない賃貸マンションに居住していることもあり、「タマ」の世話を直接的にすることはできませんが、母のために協力することなら可能という意識のようです。

遙香さんの希望は、自分が「タマ」の世話をできなくなった後は、明美さんにはなるべく手間を掛けさせないで、信頼できる動物愛護施設に預けて、最終的には優しい里親に引き取ってもらうことです。

遙香さんは手持ちの現金のすべてを「タマ」のために遺し、その金銭で最後まで面倒を見てもらった上で、残った現金については孫の絵里奈さんに相続させたいと考えています。

【長峰家家族関係図】

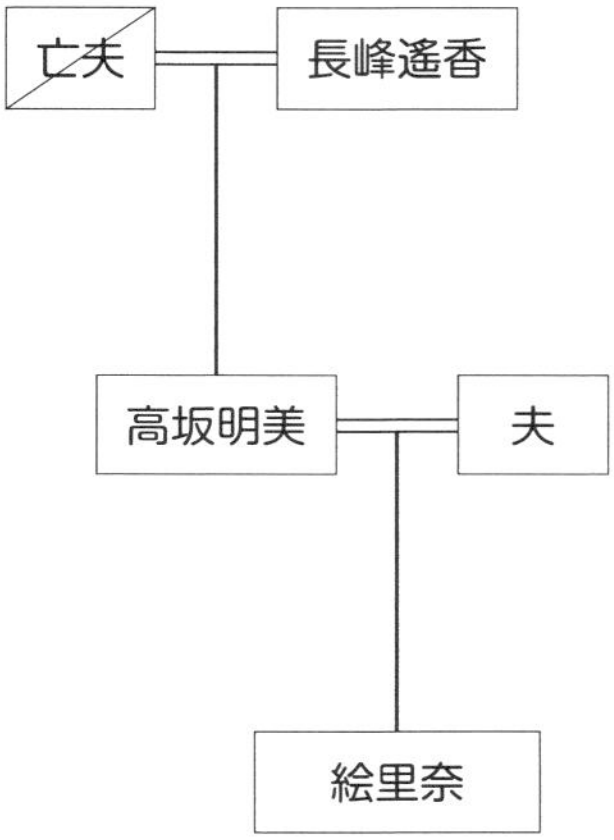

【長峰家財産目録】

所有名義	種　類	時　価
長峰遙香	現金預金	2000万円
	自宅不動産	1000万円
	タマ（動産）	評価不能

民事信託の設計

① 遙香さんを委託者兼当初受益者、明美さんを受託者、遙香さんが所有する金銭全額及び動産である「タマ」を信託財産、残余財産受益者を絵里奈さんとする民事信託契約を行います（なお「ペット信託®」は筆者が商標登録を持っていますので、許諾がないとこの名称を使用することはできません。また現在、ペット信託という名称を「ファミリー・アニマル信託（FA信託）」と表記変更する方針とな

【図表52】ペット信託®（設定時点）

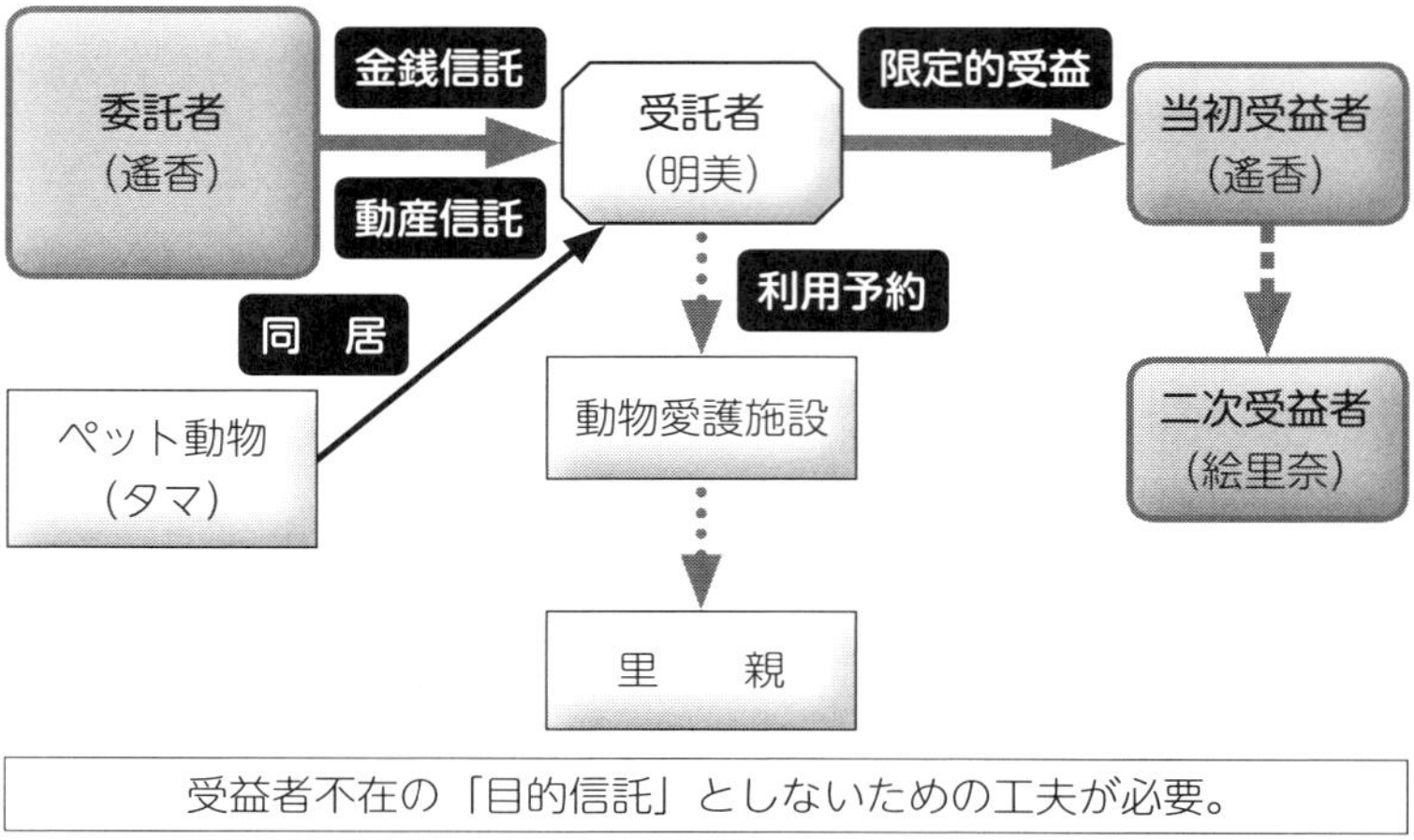

っていますが、意味は同じで、並列して使用しています）。

②　契約内容として、遙香さんが健常な間は受益者として自由に金銭を引き出すことができ、遙香さんが認知症等になった後は受託者明美さんが遙香さん本人及び「タマ」の世話のための金銭を引き出すことができるように定め、かつ「タマ」が天寿を全うした段階で残っている信託財産については残余財産受益者である遙香さんが生存中であれば取得できるようにします。

③　タマが天寿を全うした段階で遙香さんが死亡していた場合には、残余財産は絵里奈さんが取得することになります。

【図表53】ペット信託®（相続開始後）

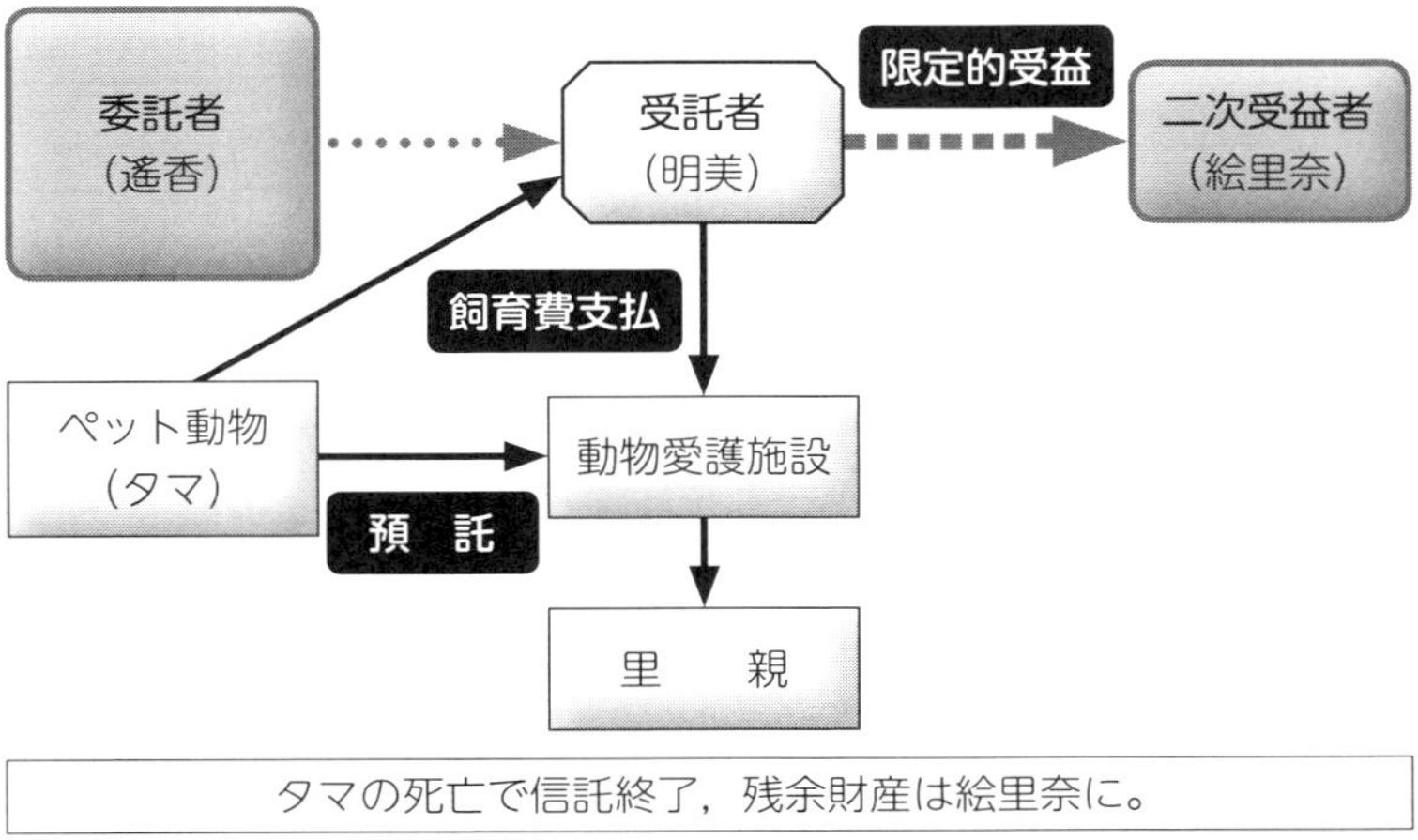

民事信託の成果

① 遙香さんの最大の心配事である、自分の死後のペットの世話や里親探し等を、信託された金銭によって間違いなく実現することができます。

② 自らペットの世話をすることが困難である長女明美さんにとっても、ペットの心配をする必要がなくなり、かつ残った相続財産を娘の絵里奈さんに取得させることができます。

③ 動物愛護施設や里親も、ペット信託®の存在によって確実に金銭を受領することができ、安心してペットの世話をしたり引き取ったりすることができます。

④　何よりも、ペットの生涯を保障することができ、動物愛護の観点からも意義が大きく、価値が高い仕組みとなります。

本事例で活用している民事信託の機能や特性

・条件付贈与機能（実質的にペットに財産を相続させたい）

信託契約書の記載例

（信託の目的）

委託者兼当初受益者は、ペットを大切に想う気持ちから、自分の行為能力喪失及び死亡の後においても、ペットの飼育に必要となる費用に充当するため、信託金銭及び信託動産としてのペットを受託者に信託し、受託者はこれを引き受けた。

（信託財産の管理・処分の方法）

受託者は、本信託条項の定めに基づき、本件信託財産の管理・処分を行うものとする。

以下省略

民事信託の実践 1

動物愛護と福祉の精神、そしてFA信託

（ファミリー・アニマル信託＝ペット信託®）

行政書士　服部　薫

【プロフィール】
服部　薫（はっとり　かおる）
福岡県行政書士会所属・行政書士かおる法務事務所代表・一般社団法人ファミリーアニマル支援協会（FASA）代表理事
平成24年行政書士登録。開業から一貫してペット専門行政書士として、平成25年度にはFA信託の日本第一号を完成させた。犬猫殺処分をなくすため、全国の飼い主からの相談を受けている。また各地で講演やセミナーなども行い、メディア（新聞、雑誌、テレビ、ラジオ）の取材も多数。「人と動物が永く幸せに共生していける社会を創る」を理念として奮闘中。著書に「知って安心！可愛いペットと暮らすための知識～出会いからお見送り、ペット信託®まで～（梓書院）」がある。現在は動物保護や福祉・愛護活動の団体、一般社団法人FASAを設立し、FA信託普及活動を積極的に行っている。

私は「どうぶつ系行政書士」、そして私の事務所はペット専門行政書士事務所です。

ペット専門とはいっても、よくある咬傷トラブルなどではなく、ペットが天寿を全うできるための生活資

金を事前に用意しておく「FA信託」をメインとして取り扱っています。

「自分に万が一の事があったら…」「ペットの先行きが心配で…」といったご相談が全国から寄せられ、FA信託でもって、このような飼い主さんの悩みや不安を安心へと導くのが私の仕事です。

私は大学進学で訪れた福岡で、なぜこんなに所有者不明の犬や猫が多いのだろうと疑問に感じました。そして調べた結果、私は初めて「殺処分」というものがあり、福岡が全国でも殺処分数がワーストワンであるという悲しい現実を知ったのです。殺処分を無くすために自分にできる事はなんだろう、そう考えて私は、動物看護師となり、そして行政書士となりました。

人間の超高齢社会到来とともに、ペットも長寿化の時代となっており、現在の犬猫の平均寿命は十四～十五歳と言われています。それに対して、飼い主の年齢は五十代、次いで六十代が多く、又、一人暮らしの飼い主も増えています。

近年は特にペットを簡単に「買える」時代となりペット愛好家が増える一方、飼い主の都合で捨てられ処分されるペットは後を絶たない状態です。

飼い主にはペットの命に対する責任が伴います。

これは、自分がペットより先に死んでしまっても負うべき当然の責任なのです。

万が一の事を考えない飼い主、ペットの事を安易に考えている飼い主、自分と自分のペットさえ良ければいいと周りの迷惑を考えない飼い主がいることで、犬猫たちが生きづらい世の中になっています。

FA信託は飼い主全員がしておくべきであると私は思っています。

FA信託が考案される以前、ペットの事が心配な飼い主は、ペットの飼育を条件に財産を相続、贈与するという内容の「負担付遺言書」を書いていました。

しかし現在の民法に定められている遺留分制度の問題や、託された人物が財産だけを取得しペットを捨てるかもしれないという不安は拭いきれず、ペット飼い主にとっては万全な仕組みではありませんでした。

FA信託はこれらの不安を払拭できるだけでなく、

プラスアルファの安心を与えることもできます。

　まずはペットのために残したい財産に関しては、ペット自体と一緒に信託してしまうので相続財産からは外されます。つまり相続争いが起こっても、その影響を受けることが少なくなるのです。

　また、飼い主の死後もペットが新しく託された飼い主の元で適正に飼育されているかを監督する信託監督人を設定し、ペットの生態についても詳しい専門家を就任させることができます。

　専門家がFA信託を受託する上でまず必要なことは、専門家自身が動物たちに対する想いを持っているということです。

　相談を受けていていつも思うことは、飼い主はとても不安を抱えているという事です。ペットを思う飼い主の気持ちに寄り添える動物好きでなければ、飼い主の気持ちに沿った仕組みづくりはできないのではないでしょうか。

　FA信託は、まずは飼い主からのヒアリングから始まります。大切なペットの事を事細かに聴き、飼い主の想い、家族の事、不安な事、残したい財産の事、託したい人の事。それらを信託契約書にまとめるのです。

　それでは、以前、FA信託の仕組みを作った事例をお話しましょう。

　飼い主は八〇代の女性で一人暮らし、七匹の愛犬がいるAさん、推定相続人は近くに住む娘Bさんと遠方に住む息子Cさんです。

▲Aさんの愛犬たち。打ち合わせで御宅に伺うといつも尻尾を振って出迎えてくれた。彼らも「動産信託」の対象財産となっている。

Ａさんは、まだ元気ではあるものの、愛犬たちの将来に対して不安を抱えており、普段から散歩を手伝ってもらっているＢさんに愛犬の世話をお願いしたいと考えていました。

しかし、推定相続人であるＣさんとＢさんとの仲は良好ではありません。

そのため、Ａさんの愛犬について全く関心がないＣさんが、Ａさんの相続の際に多くの金銭を要求してくるのではないかという不安や、ＢさんとＣさんが相続で争う事を避けたいというＡさんの希望があり、Ｂさんを万が一の新しい飼い主に指定したＦＡ信託契約書を作成しました。

ＦＡ信託の信託財産は、動産でもあるペット自身とペットのために残したい財産です。

この財産をいくらとするかを計算し、愛犬七匹個々の性格や、飼育に関する注意点等々をピックアップし、これらをまとめて、信託契約書に入れ込みます。

これは、飼い主がどのようにペットを飼育していたかを知ってもらうための、他の契約にはない、ＦＡ信託特有の措置です。

また、これは「ペットのためのエンディングノート」の役割にもなっています。

今回はＡさんが住んでいる建物と土地も、将来は換金して愛犬たちの飼育のために使ってほしいという事で、金銭信託とともに不動産も信託しました。

信託財産の確定とともに、受託者や受益者、新しい飼い主の予定者を第二第三まで話し合って決めておきます。

通常、受託者は飼い主代表の管理会社を設立することにしていますが、これも飼い主の状況に応じて臨機応変にアドバイスし変更していくことになります。

今回は受託者兼新しい飼い主をＢさんとしましたので、受託者兼新しい飼い主を第三まで指定し信託契約書に記載しました。また愛犬がみな天寿を全うし、信託が終了した後に残った信託財産があった場合についても、それを誰に与えるかを記載します。

ヒアリングの中でペットのために残したい財産とＣさんに残すつもりの財産があることがわかりました。

権利部（甲区）（所有権に関する事項）			
順位番号	登記の目的	受付年月日・ 受付番号	権利者その他の事項
1	所有権移転	平成×年×月×日 第×××××号	原因　平成×年×月×日信託 受託者　福岡県…… B
	信託	余白	信託目録第×号

信託目録		調製　余白
番号	受付年月日・受付番号	予備
第×号	平成×年×月×日　第×××××号	余白
1　委託者に関する事項	福岡県…… A	
2　受託者に関する事項	福岡県…… B	
3　受益者に関する事項等	受益者　福岡県…… A	
4　信託条項	第1条　信託の目的 委託者兼当初受益者は，ペット（委託者兼当初受益者が飼育しているすべての犬たち）を大切に思う気持ちから，将来において飼育費用の一部に充当するため，信託不動産を受益者のために管理，運用，処分することを目的として受託者に信託し，受託者はこれを引き受けた。 第2条　信託財産の管理，運用，処分の方法 受託者は，本信託条項の定め及び受益者の指図に従い，本件信託不動産及びその他信託財産の管理，運用，処分を行うものとする。 第3条　信託の終了 本信託契約は，契約の対象となっているペットがすべて死亡した時，または契約の解除により終了する。 第4条　信託受益権の譲渡 本信託契約にかかる信託受益権は，これを譲渡することができない。	

※この登記事項証明書は一部簡略化しています。

▲不動産信託の登記簿。信託条項にはペットのための信託という目的が入っている。これは全国で初めてのことだろう。

そして、これについては公正証書遺言書作成を併用することで解決していきます。

FA信託は、ペットのための財産を確実に残す事はできますが、人間の家族に対しての想いは遺言書で残すことになるのです。

私は遺言書の付言事項を特に大切に考えています。ペットのためにFA信託をした想い、家族に対する想いをしっかりと形に残しておくこと、それが相続人に対する愛情であり責任であると考えているのです。

信託が開始されれば、愛犬の世話をＢさんがしっかり行っているかを、信託監督人として当事務所が監督していくことになっています。信託監督人は、受託者が行う信託財産の管理、毎月決まった金額を新しい飼い主に支払っているかなどを監督していきます。第三者が入ることで、ＦＡ信託の仕組みを更に強化していくのです。

今回のケースは新しい飼い主が決まっていたのでスムーズでしたが、今後は新しい飼い主が見つからない、いないというケースも増えてくると思われます。その時は、各地域の動物保護活動のネットワークを利用していくことになるでしょう。

飼い主の意向とペットの性格、状況を把握した上で、これらの団体とうまくマッチングさせていくことも、ＦＡ信託を完全に機能させるにあたって必要となってきます。

つまり通常の士業の法律知識や書類作成業務だけでは対応できないということですね。

ＦＡ信託は、犬猫を大切に思っている多くの人たちと協力し、ペットのためにより良い環境を想像し、作りあげていくことになるのです。

ペットは家族同然の存在です。ただ、自分の思いを話す事はできませんし、身を守るすべを知りません。

近年ペットとして飼われ、人間の都合の良いように改良された犬猫は、大昔のように外の環境で、自力で暮らしていけるほど強くはなく、しっかりと飼い主である人間が守っていかなければならない存在なのです。

今後は更にペットのために財産を残し、新しい飼い主をあらかじめ設定しておくＦＡ信託という仕組みが広がってくるでしょう。

全国の犬猫の殺処分をなくすために、まずはＦＡ信託の普及推進活動をこれからも続けていこうと思っています。

事例11　生活再建支援信託

不動産収入で生活をしている大槻幸男さん（60歳）には、いずれも成人している長女香苗さん（32歳）と長男翔太さん（27歳）がいますが、翔太さんは生まれながらの、いわゆる浪費者で、自分の収入の大半を無駄遣いしてしまい、幸男さんは将来を心配しています。

翔太さんの収入は、時々しか行かないアルバイトの給料のみであり、現時点では不足分を香苗さんが小遣いとして与えたり、幸男さんが非課税の生前贈与分として毎月9万円を渡したりしていますが、あまりにも浪費が激しいので、幸男さんは贈与の継続につき迷っています。

幸男さんが法律に詳しい知人に相談したところ、昔の民法には「準禁治産制度」がありましたが、現在は廃止されているので、いわゆる浪費者を保護する方法はないと言われてしまいました。

香苗さんは、父の相続の際には弟である翔太さんにも財産を分け与えるべきと思っており、何らかの形で翔太さんの浪費を抑制し、将来的には浪費癖が治るようにしたいと考えています。

また、翔太さん自身も、ある程度は自分の浪費傾向を認識しており、今の時点であれば父や姉の言うことを聴き入れる状況にあるようです。

【大槻家家族関係図】

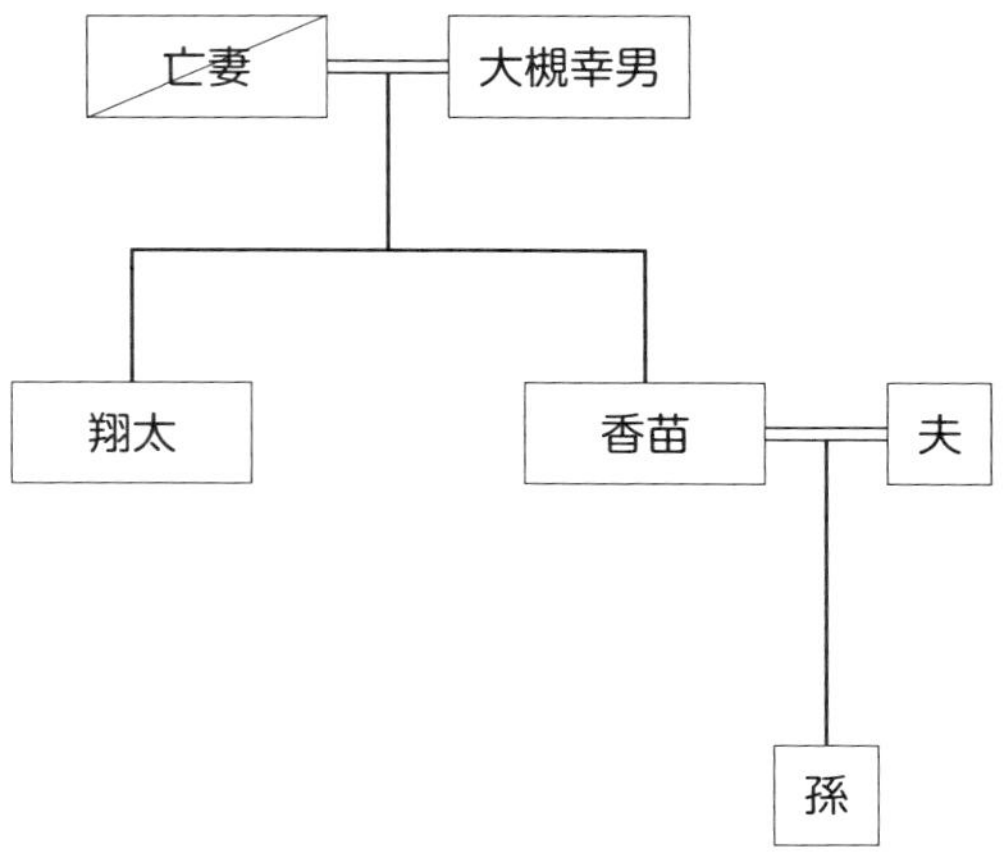

【大槻家財産目録】

所有名義	種　類	時　価	収　益
大槻幸男	現金預金	5000万円	
	収益マンション	2億円	年間1500万円

民事信託の設計

① 幸男さんと香苗さんから十分に言い聞かせ、翔太さんを委託者兼受益者、香苗さんを受託者、幸男さんを受益者代理人とし、翔太さんが今年分として父から生前贈与で受け取った金銭につき、金銭信託を行います。

② 「委託者大槻翔太・受託者大槻香苗信託口」口座に入金された金銭を引き出すためには、受益者代理人の承認が必要と定め、翔太さんはバイトで稼いだ金銭以外は自由に使えないようにしておきます。

③ 幸男さんは、生存中は生前贈与を継続すると共に、遺言を書き、自分に代わる受益者代理人として親族又は専門家を指名しておくと共に、自分の相続財産のうち翔太さんに与えるべき部分については、死亡と同時に翔太さんの信託財産に追加されるようにしておきます。

民事信託の成果

① 翔太さんは、自分がアルバイトで稼いだ金銭以外は、父の指示がなければ引き出せなくなりますが、信託預金は年々増加することとなり、生活再建の意識が高まります。

② 幸男さんの死亡により、翔太さんが受けるべき相続財産は香苗さんが管理する信託財産に追加され、その後の翔太さんの生活再建の状況を見ながら柔軟な対応を行うことができます。

③ 浪費者以外にも、ギャンブル依存者、アルコール中毒者等々、自ら財産管理をするに相応しくない人に対して、無駄な支出を抑制すると共に、一定の治療効果が期待できます。

【図表54】生活再建支援信託（設定時点）

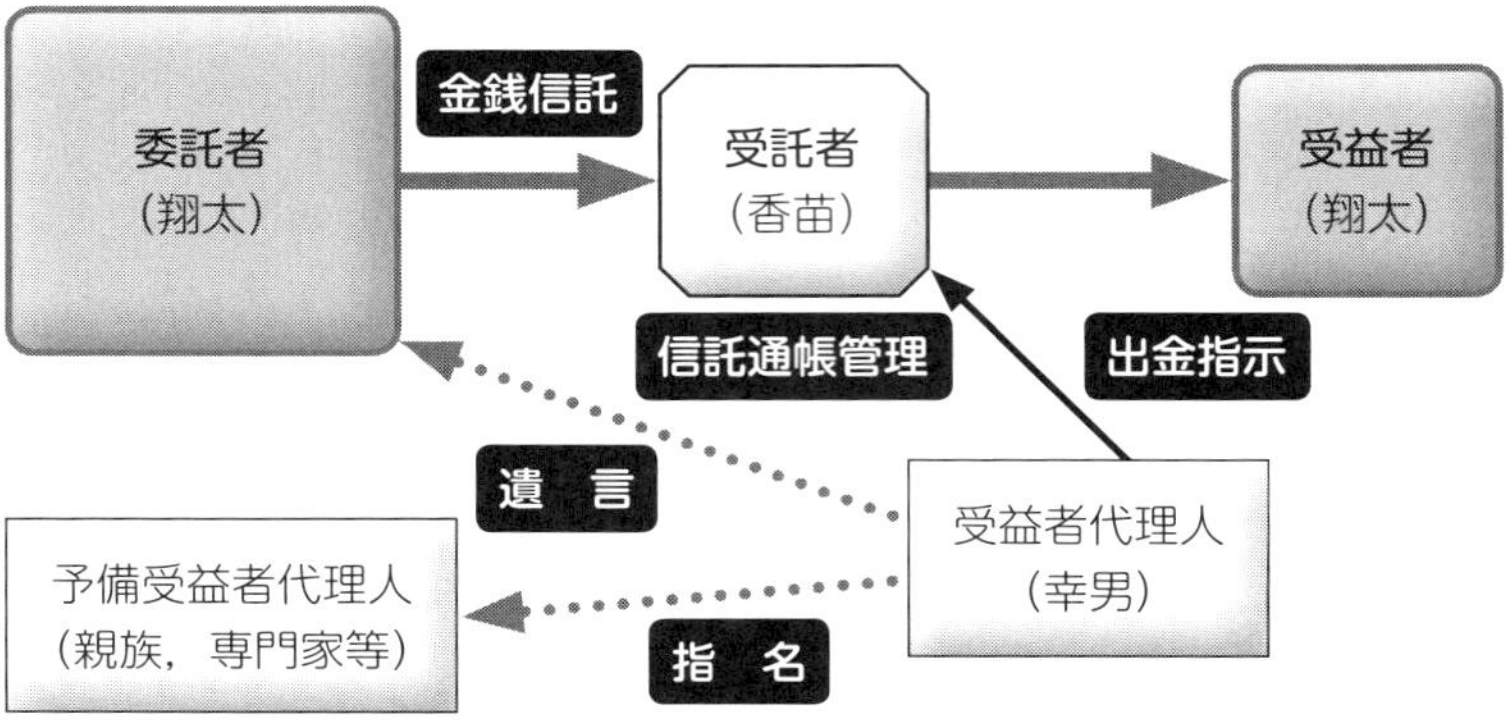

翔太の生活再建の状況を見ながら，遺言の内容の変更や，信託契約の見直しなど，各種の取り組みを段階的に行う。

【図表55】生活再建支援信託（幸男死亡後）

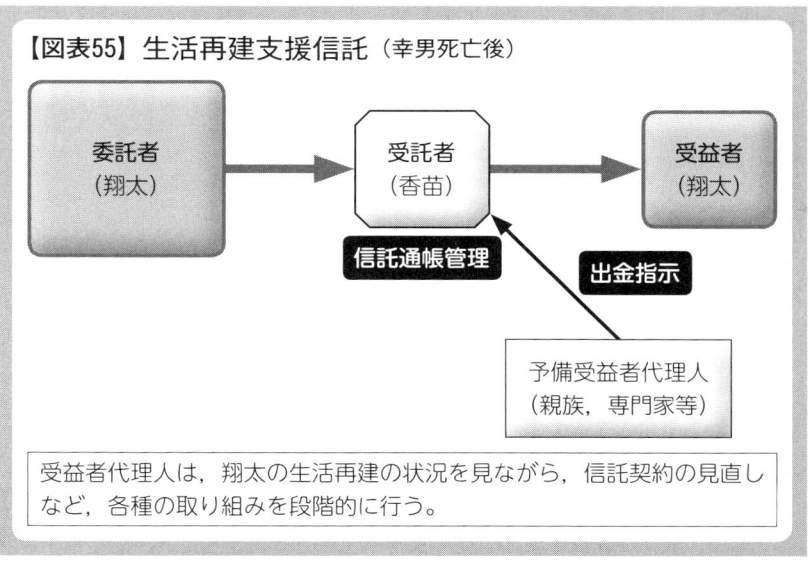

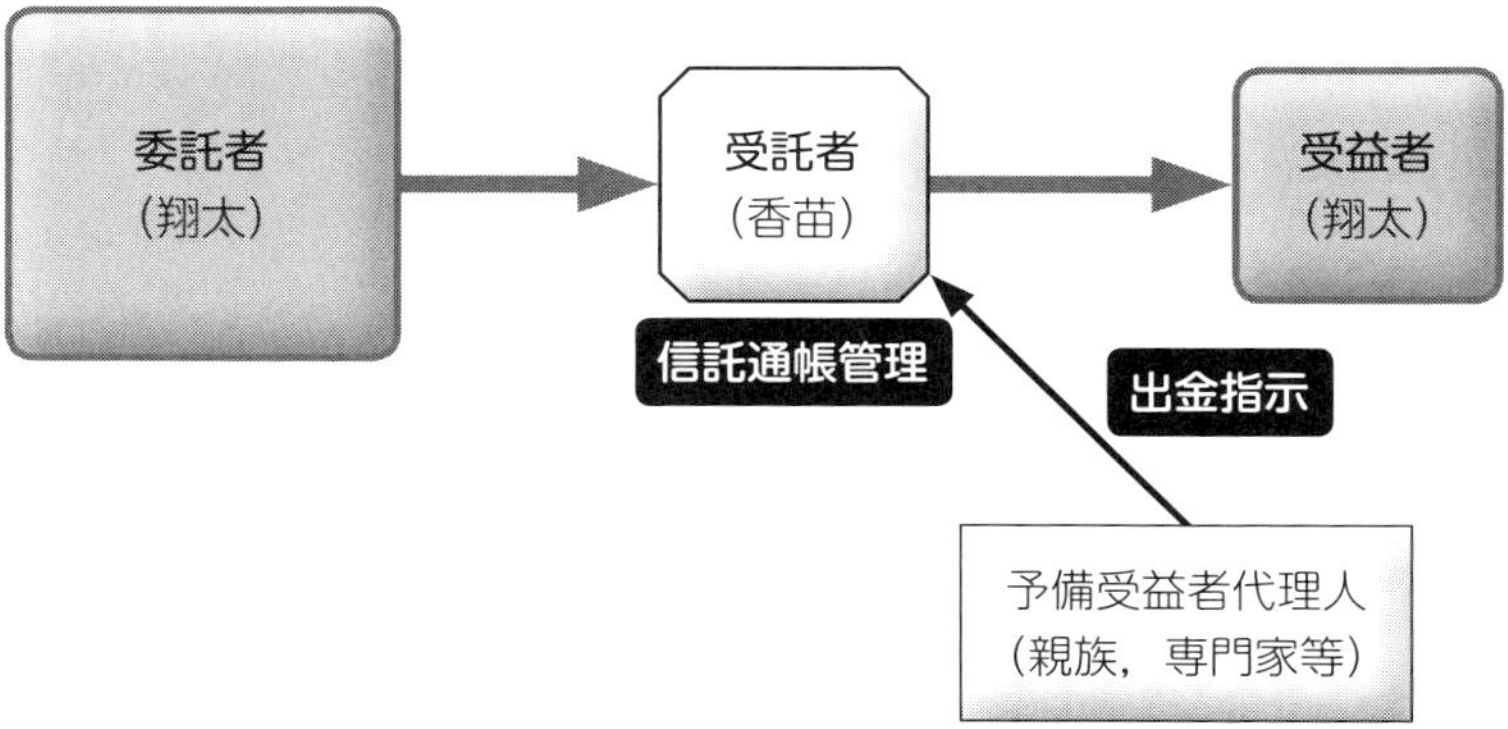

受益者代理人は，翔太の生活再建の状況を見ながら，信託契約の見直しなど，各種の取り組みを段階的に行う。

本事例で活用している民事信託の機能や特性

・財産分離機能（財産の浪費を防止し、一定の貯蓄を行いたい）
・受益者代理人の設置（民事信託を円滑に機能させるため）

信託契約書の記載例

（信託の目的）

委託者兼当初受益者は、自らの浪費癖を反省し、信頼できる受託者である姉に当面の財産管理を任せたいとの想いから、信託金銭を受託者に信託し、受託者はこれを引き受けた。

（信託財産の管理・処分の方法）

受託者は、本信託条項の定め及び受益者代理人の指図に基づき、本件信託財産の管理・処分を行うものとする。　以下省略

４　株式信託

株式信託は、同じ信託でも若干他の信託とは性質を異にするため、従来あまり信託の対象として語られることはなかったように思われます。

しかし、株式は立派な信託財産なのですから、民事信託活用の局面においては、特に中小企業経営者にとって個人財産の中でも大きな比率を占めるものとして、重要視されなければなりません。

会社法第１５４条の２において、株主名簿に信託の旨を記載することをその対抗要件としていますので、非上場の株式については、単に委託者となる株主が会社に通知をすれば、株式信託は完成することになり、実務上は内容証明郵便による通知を行っていますが、それでも不動産信託等に比較すれば、極めて簡単なことなのです。

一方、会社の経営者にとって、自分が認知症になった後や死亡後に会社の運営がデッドロックに乗り上げるのを避ける対策を講じておくことは、リスクマネジメントとして絶対に必要な思考であると思います。

ここでは代表的な事例として「始期付株式信託」「株式暦年贈与信託」「後継者指定型信託」の３例を紹介します。

会社法

（信託財産に属する株式についての対抗要件等）

第154条の2　株式については、当該株式が信託財産に属する旨を株主名簿に記載し、又は記録しなければ、当該株式が信託財産に属することを株式会社その他の第三者に対抗することができない。

2　第121条第1号の株主は、その有する株式が信託財産に属するときは、株式会社に対し、その旨を株主名簿に記載し、又は記録することを請求することができる。

3　株主名簿に前項の規定による記載又は記録がされた場合における第122条第1項及び第132条の規定の適用については、第122条第1項中「記録された株主名簿記載事項」とあるのは「記録された株主名簿記載事項（当該株主の有する株式が信託財産に属する旨を含む。）」と、第132条中「株主名簿記載事項」とあるのは「株主名簿記載事項（当該株主の有する株式が信託財産に属する旨を含む。）」とする。

4　前3項の規定は、株券発行会社については、適用しない。

事例12　始期付株式信託

A株式会社（以下A社といいます）の経営者である定岡平治さん（65歳）は、そろそろ高齢になってきたので、長男慶太さん（35歳）を後継者とすることに決めましたが、まだ大多数の株式を保有しており、もし認知症になった場合には議決権の行使ができなくなることを心配しています。

平治さんは、税負担や将来の事情変更を考慮し、現時点における慶太さんへの株式移転を実行する決断ができないでいます。

次男の隆司さんは、今は兄の慶太さんとは関係良好ですが、父の相続の際には、会社の株式や自宅不動産ではなく、一定額の金銭を欲しいと考えているようです。

【定岡家家族関係図】

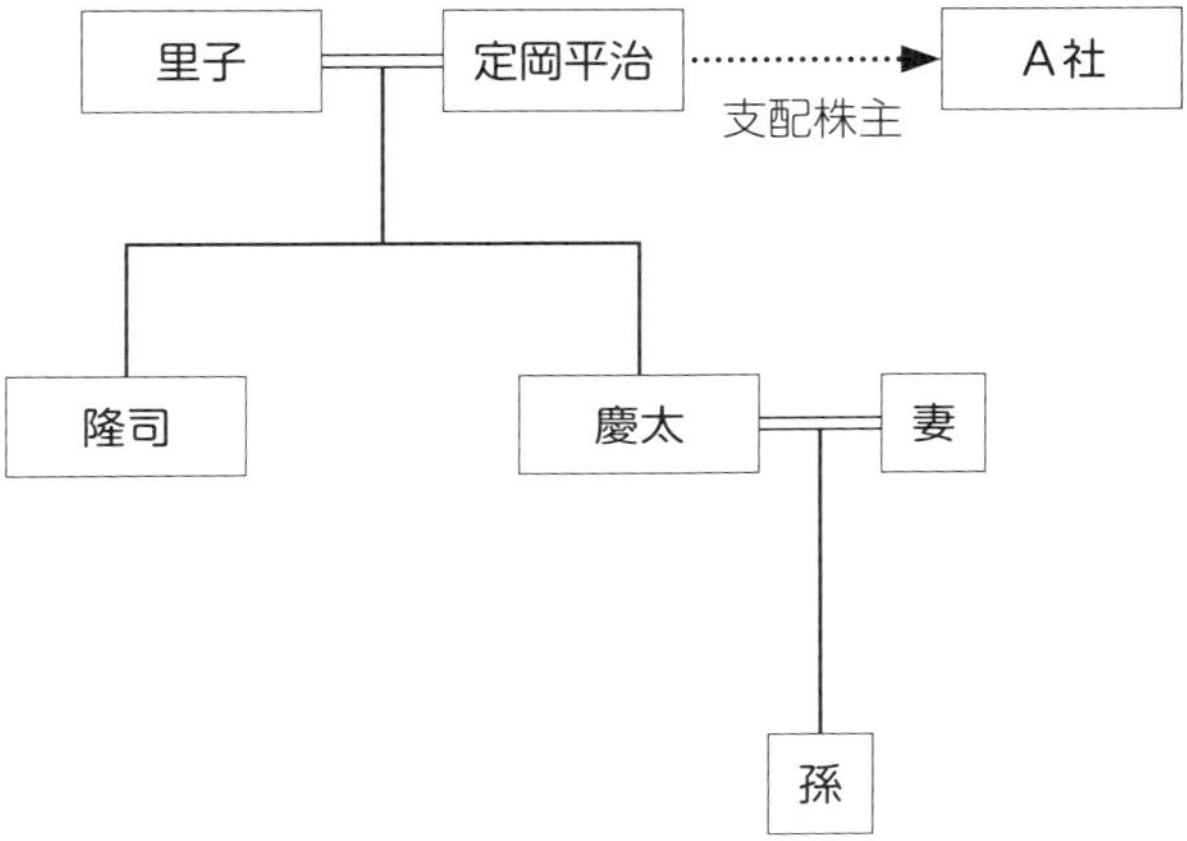

【定岡家財産目録】

所有名義	種　類	時　価	収　益
定岡平治	自社株式	1億円	配当年500万円
	現金預金	6000万円	
	自宅不動産	4000万円	

民事信託の設計

① 経営者である平治さんの所有株式につき、平治さんを委託者兼当初受益者、慶太さんを受託者として、

「平治さんが認知症になった際」などの条件を付けた「始期付株式信託契約」を締結します。

② 平治さんはＡ社に対して通知を行い、Ａ社は株主名簿に始期付信託されている旨の記載をします。

③ 平治さんが認知症になった段階で信託契約は発動し、慶太さんが平治さんに代わって議決権を行使できるようにします。

④ 平治さんは遺言を書き、現金預金の一部を次男の隆司さんに、その他の全財産を慶太さんに相続させるようにします。

⑤ 平治さんが死亡した段階で、信託契約でもって慶太さんに株式信託の受益権が相続され、その他の財産は遺言に従って分配されることになります。

⑥ 相続後に隆司さんが遺言に対して異議を述べることがなければ、平治さんの死亡によって受託者兼受益者となる慶太さんの判断でもって信託契約を終了させるか、もし必要となれば受託者を変更して信託を継続することができる選択肢も残しておきます。

【図表56】始期付株式信託（設定時点）

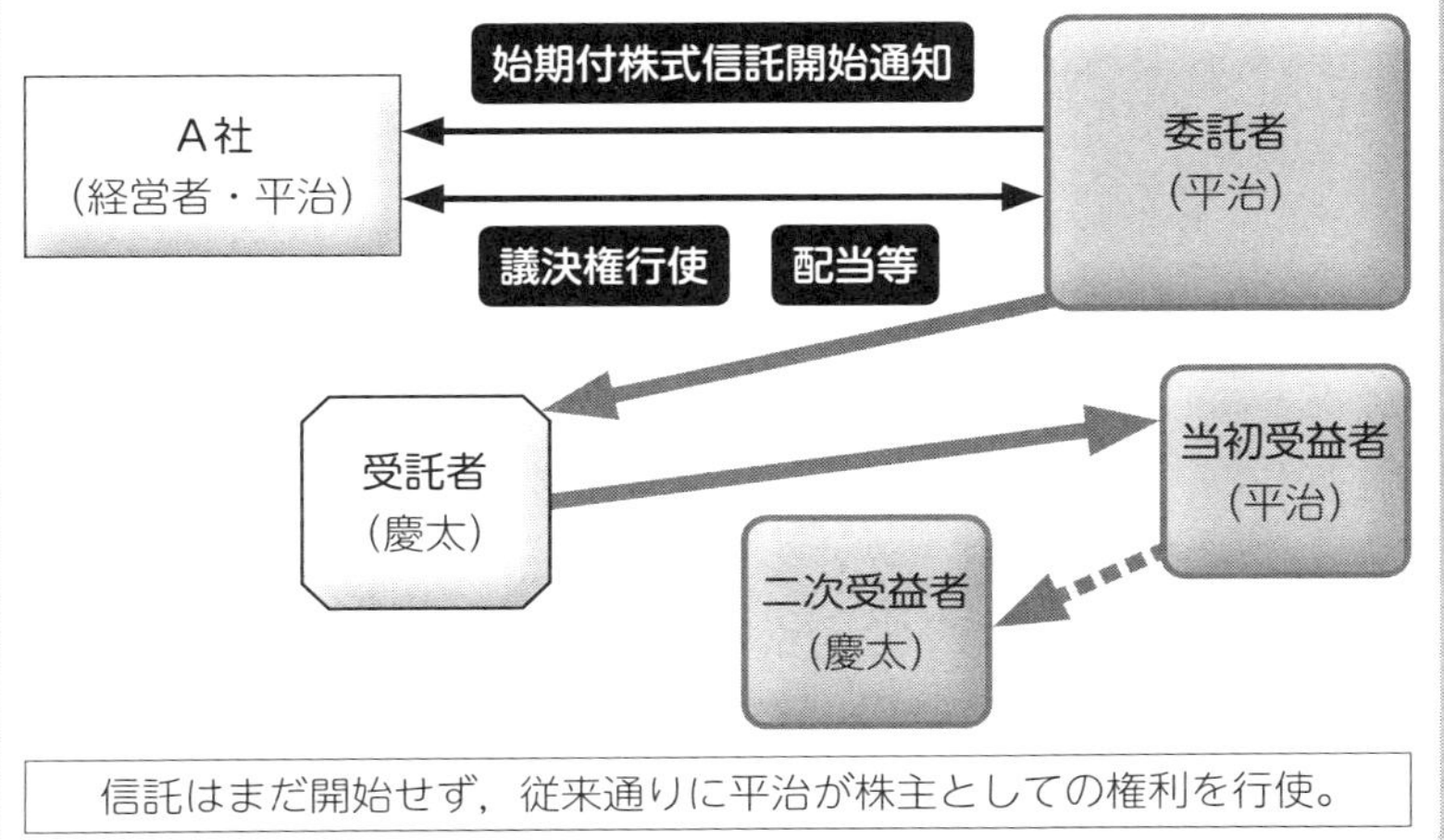

民事信託の成果

① 始期付株式信託契約の発動と同時に、後継者である慶太さんが、経営者平治さんが所有する株式の議決権を行使できるようになるので、経営がデッドロックに乗り上げることがなくなり、かつ平治さんの死亡後もスムーズに株式が慶太さんに移転します。

② 株式信託契約時点においては、税金は全く発生しません。

③ もし平治さんの意思で、慶太さんの次の代の後継者に至るまで指名しておきたい場合には、受益者連続型信託を活用すれば「疑似家督相続」が可能となります。

【図表57】始期付株式信託（信託開始時点）

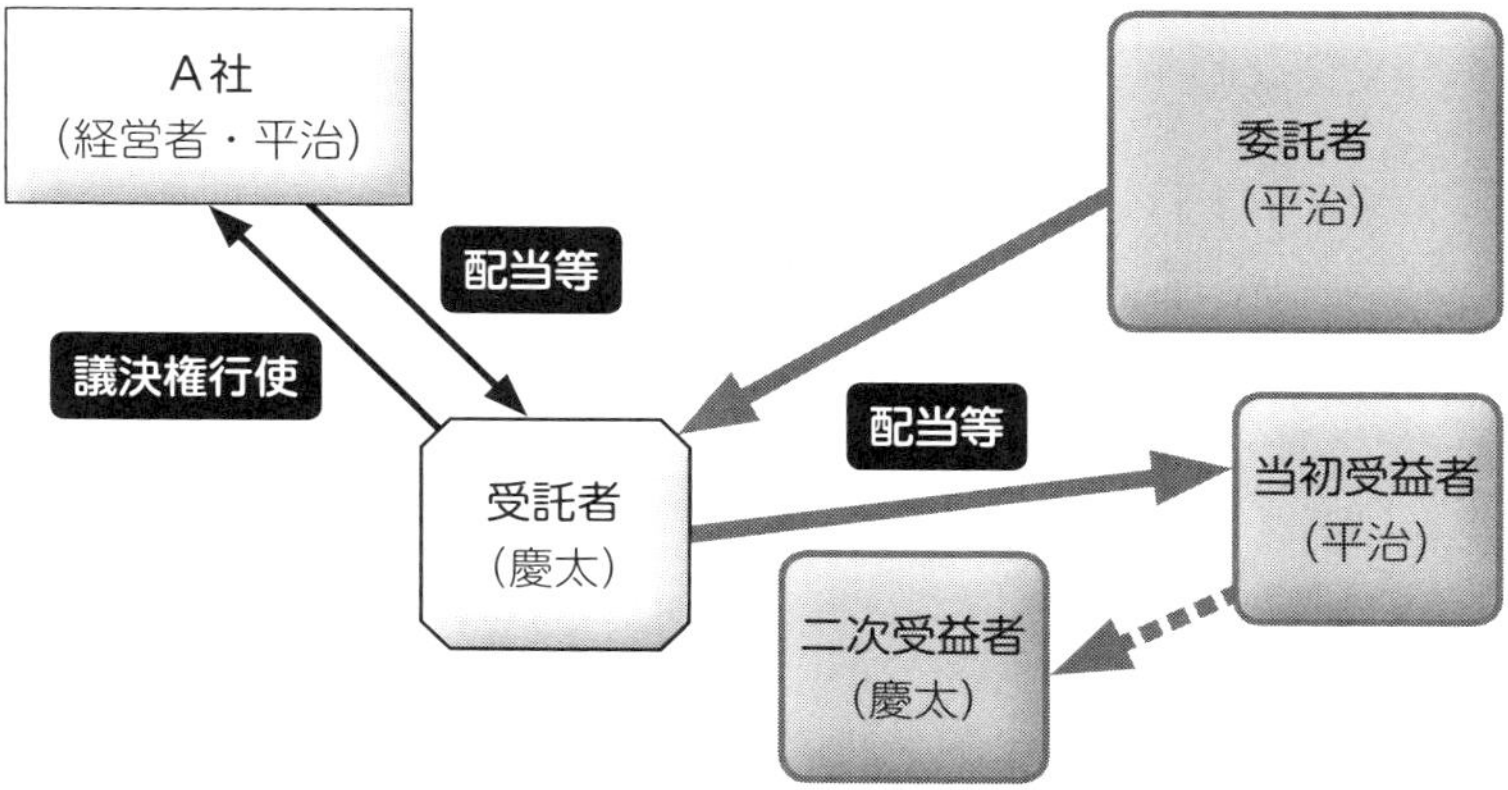

平治が認知症等により行為能力を喪失した段階で信託開始。

【図表58】始期付株式信託（平治死亡後）

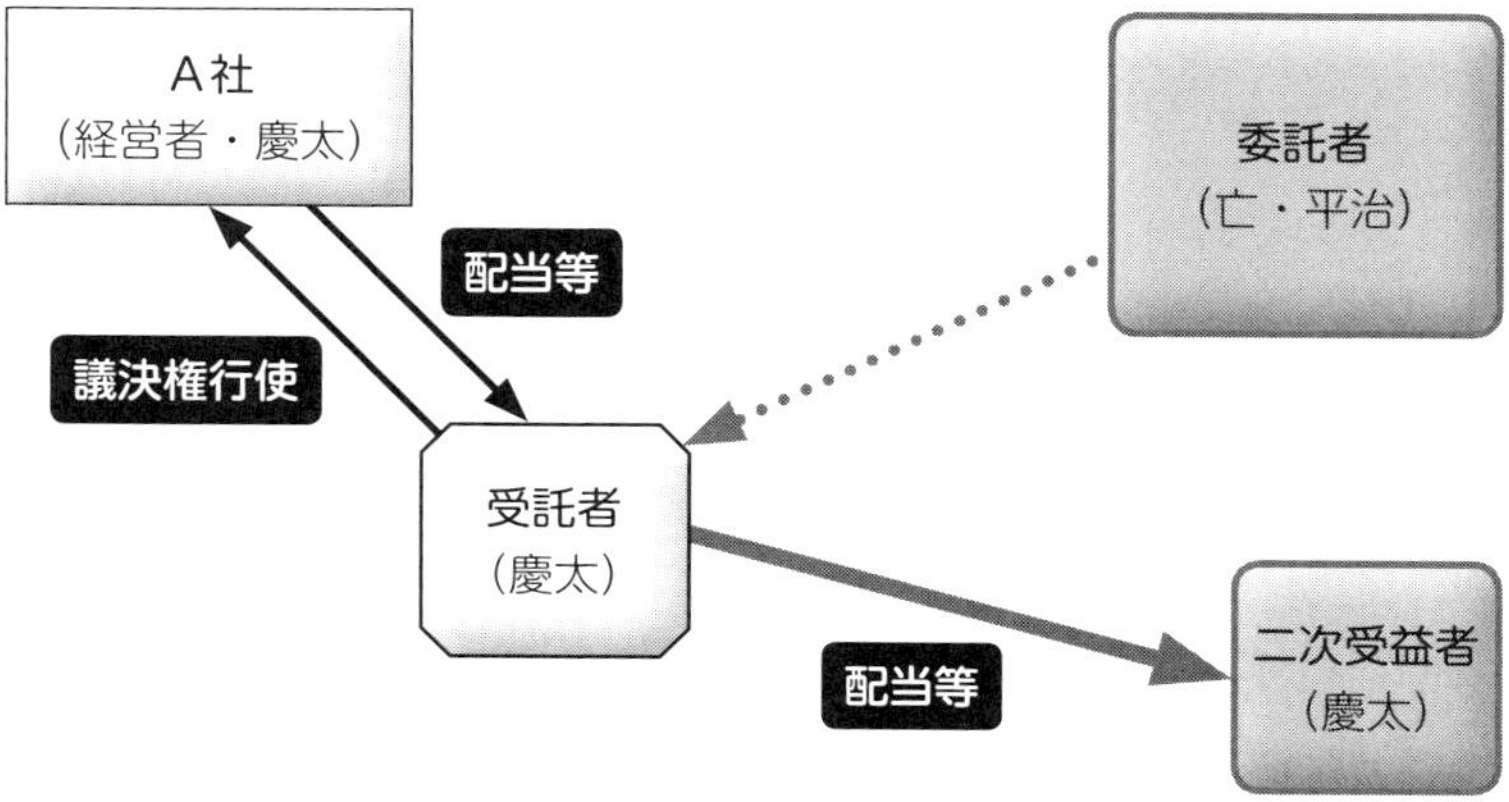

平治死亡の段階で信託を終了し，慶太に株式自体を移転することも可能。

④　事情の変更等により、平治さんはいつでも信託契約を解除して元の状態に戻すことが可能です。

本事例で活用している民事信託の機能や特性

・財産分離機能（株式のみに対して特別な管理方法を実行したい）

信託契約書の記載例

（信託の目的）

委託者兼当初受益者は、自分が株主兼代表取締役であるA社の経営が、自分の行為能力喪失や死亡によって悪影響を受けることのない仕組みを構築したいとの想いから、A社の株式の議決権等の権利行使をさせるため、信託株式を始期付で受託者に信託し、受託者はこれを引き受けた。

（信託財産の管理・運用の方法）

受託者は、本信託条項の定めに基づき、本件信託株式の議決権の行使等の管理・運用をするものとする。　以下省略

事例13　株式暦年贈与信託

A株式会社（以下A社といいます）の経営者設楽栄作さん（70歳）は、専務取締役である長男大輔さん（43歳）を後継者とするため、毎年贈与税非課税範囲内の株数を生前贈与してきましたが、まだ多数の株式を保有しており、もし認知症になった場合には暦年贈与ができなくなることを心配しています。

栄作さんは、長男大輔さんが独身で子がなく、サラリーマンで現在はA社とは無関係の次男直樹さん（40歳）には孫の俊明さん（14歳）がいるので、場合によってはA社を将来は俊明さんに承継させることも視野に入れているようです。

栄作さんは、A社の生え抜き従業員で、今は副社長となって支えてくれている渋谷俊哉さん（51歳）を全面的に信頼しており、後継者の教育・育成に関しては渋谷さんに任せたいと考えています。

【設楽家家族関係図】

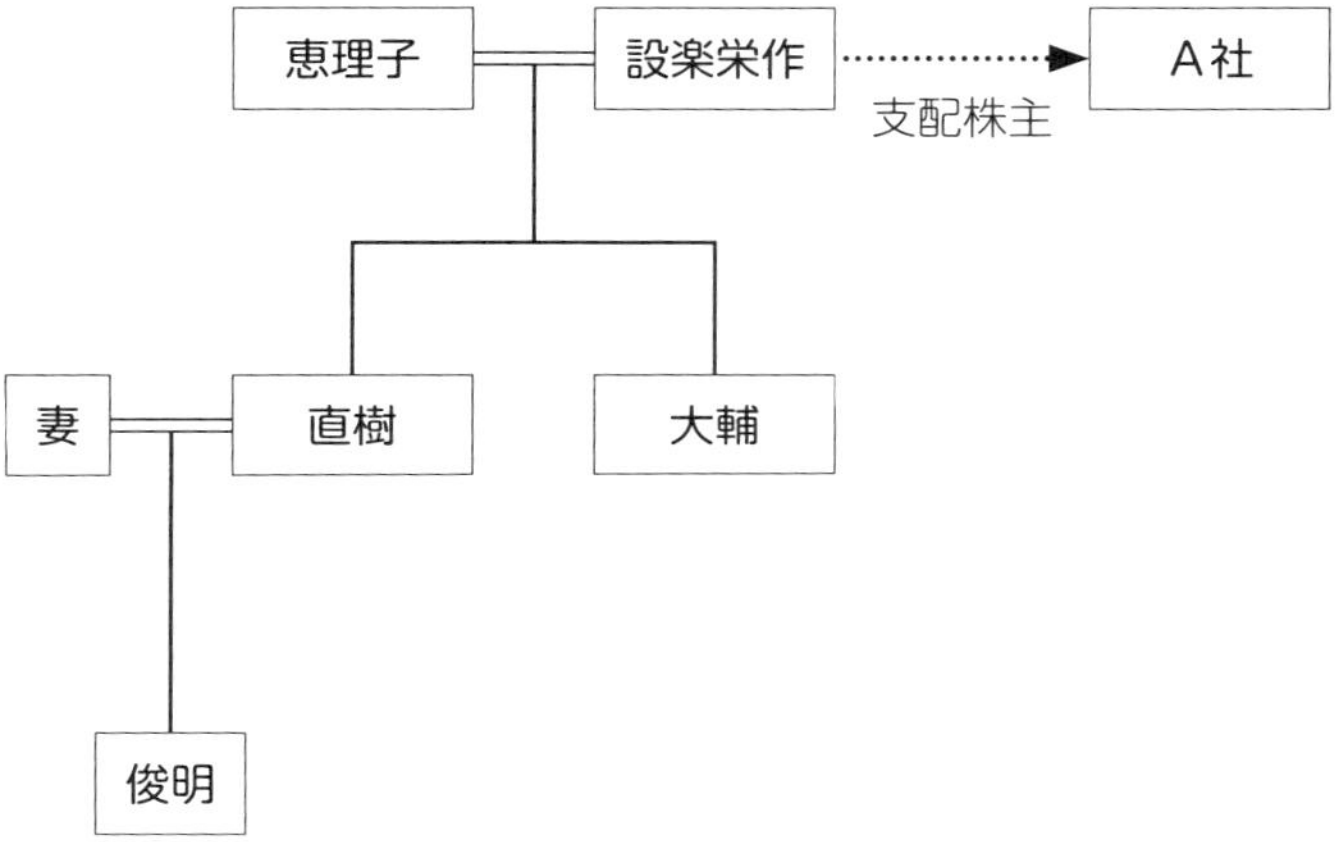

【設楽家財産目録】

所有名義	種　類	時　価
設楽栄作	自社株式	5000万円
	自宅不動産	5000万円
	現金預金	1億円

民事信託の設計

① 経営者である栄作さんの所有株式につき、栄作さんを委託者兼受益者、後継候補者である大輔さんを受託者、副社長である渋谷俊哉さんを受益者代理人として、「栄作さんが認知症になった際」などの条件を付けた「始期付株式信託契約」を締結し、その内容を「受益者代理人が必要と認めた際には株式を大輔さんに贈与することができる」としておきます。

② 栄作さんの意思能力が確かな間は、従前通りの暦年贈与を継続します。

③ 栄作さんが認知症になった時から株式信託契約が発動し、受益者代理人である渋谷さんの判断によって、適当な株数に相当する分の信託受益権の大輔さんへの贈与を実行します（贈与する株式に関する信託契約を、その都度に解除して現物贈与する方法もあります）。

④ 栄作さんが死亡した段階で、信託契約でもって大輔さんに株式信託の受益権が相続されます。

⑤ 栄作さんの生前に事情が変わって大輔さんが承継しないことになった場合には、二次受益者を変更す

【図表59】株式暦年贈与信託（設定時点）

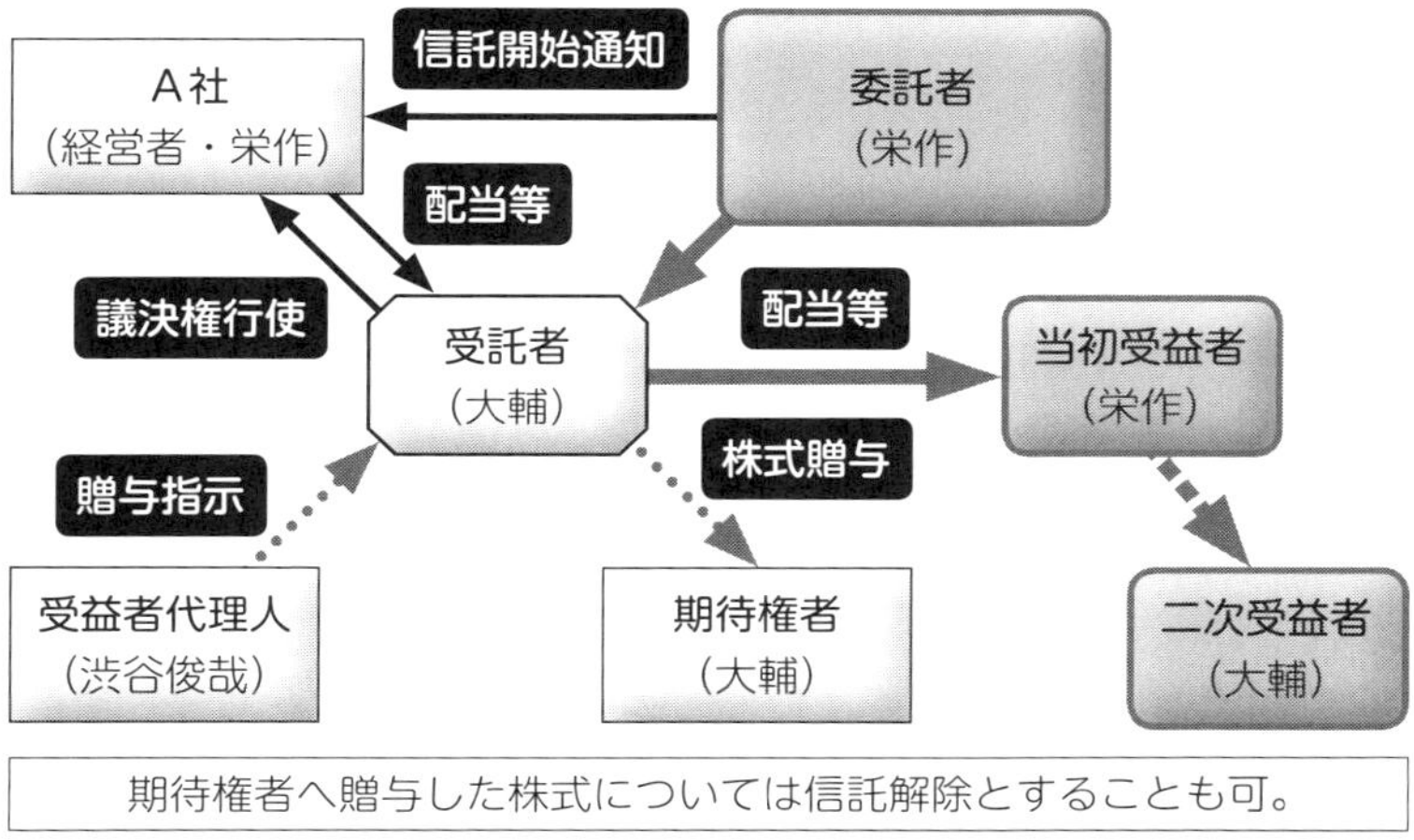

【図表60】株式暦年贈与信託（栄作死亡時）

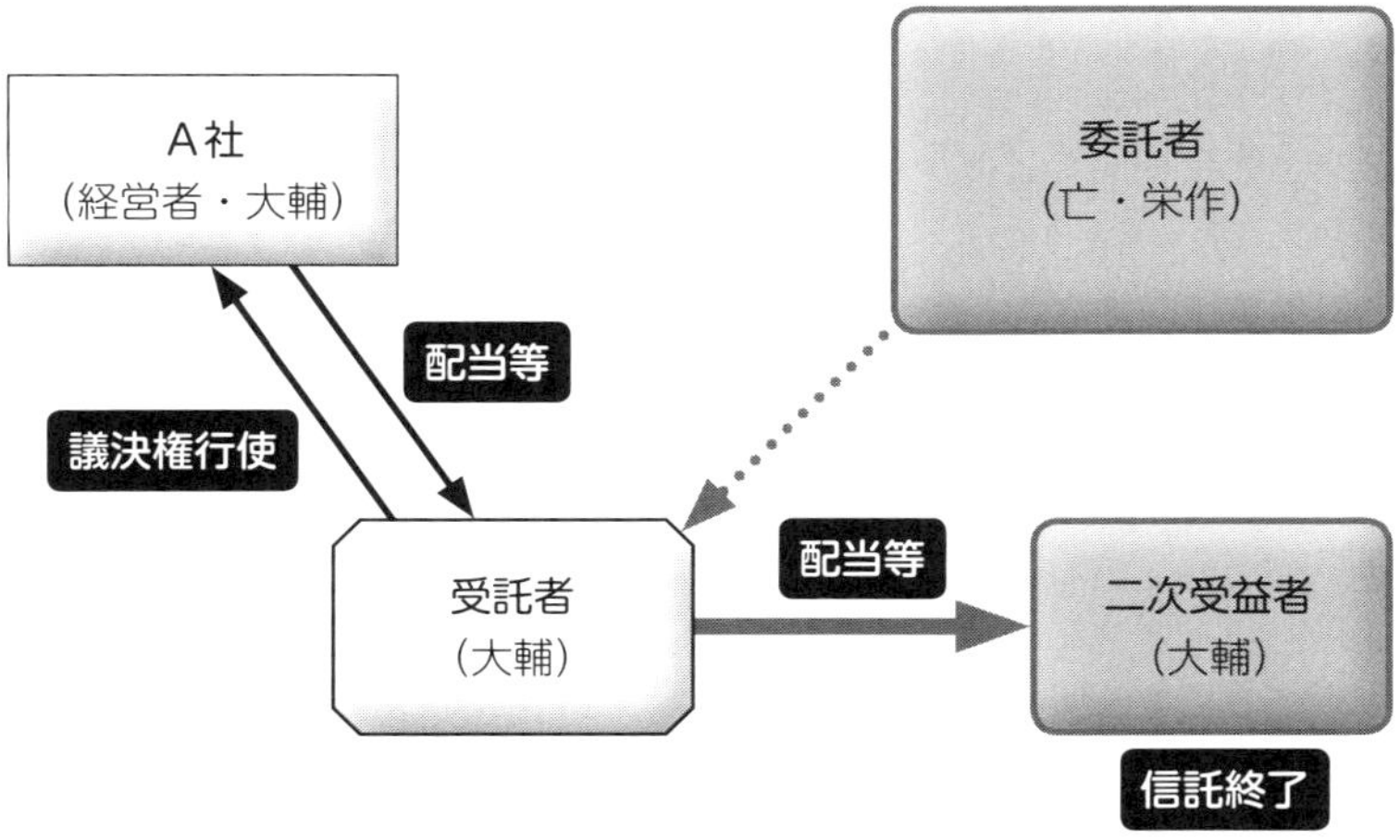

ることもできるようにしておきます。

⑥　栄作さんの意思で、孫の俊明さんを次の次の承継者としたいと考えた場合には、受益者連続型信託契約とします。

民事信託の成果

①　始期付株式信託契約の発動と同時に、受益者代理人の指示によって適宜の贈与が実行されることになりますので、長男大輔さんは実質的に暦年贈与の恩恵を継続的に受けられることになります。

②　栄作さんにとっては、将来のあらゆる事情変更にも対応できる仕組みができたので、安心して経営に専念することができます。

③　受益者代理人として、最も信頼できる副社長が就任しているので、その判断によって適切な事業承継を推進することができます。

本事例で活用している民事信託の機能や特性

・条件付贈与機能（暦年贈与を継続したい）
・財産分離機能（株式のみに対して特別な管理方法を実行したい）
・受益者代理人（民事信託の円滑な運営のため）

信託契約書の記載例

（信託の目的）

委託者兼当初受益者は、自分の行為能力喪失後においても、自分が株主兼代表取締役となっているA社の運営を円滑に執り行いたいとの想いから、信託株式を受託者に信託し、受託者はこれを引き受けた。

（信託財産の管理・運用の方法）

受託者は、本信託条項の定め及び受益者代理人の指図に基づき、本件信託株式の議決権行使等の管理・運用をするものとする。　以下省略

事例14　後継者指定型信託

Ａ株式会社（以下Ａ社といいます）の経営者是枝聡史さん（65歳）は、そろそろ後継者に会社を引き継がせたいのですが、共に取締役として会社に所属している長女初音さん（34歳）と長男明憲さん（31歳）の両名が後継候補者となっており、今の段階でいずれを後継者とすべきか判断が付きかねています。

そうしているうちに聡史さんの体調が悪くなってきて、聡史さんは自分が認知症になる前の段階での議決権の行使は共に経営をしてきた専務取締役である片山啓吾さん（58歳）に委ね、そして自分が死亡した後には7名いるＡ社取締役会の決議でもって後継者を指定してもらいたいと考えました。

聡史さんは、法律に詳しい知人に相談しましたが、遺言をする場合には遺産の承継者を確定しておかなければならず、死亡後に第三者に承継者を決めさせることは不可能と言われてしまいました。

【是枝家家族関係図】

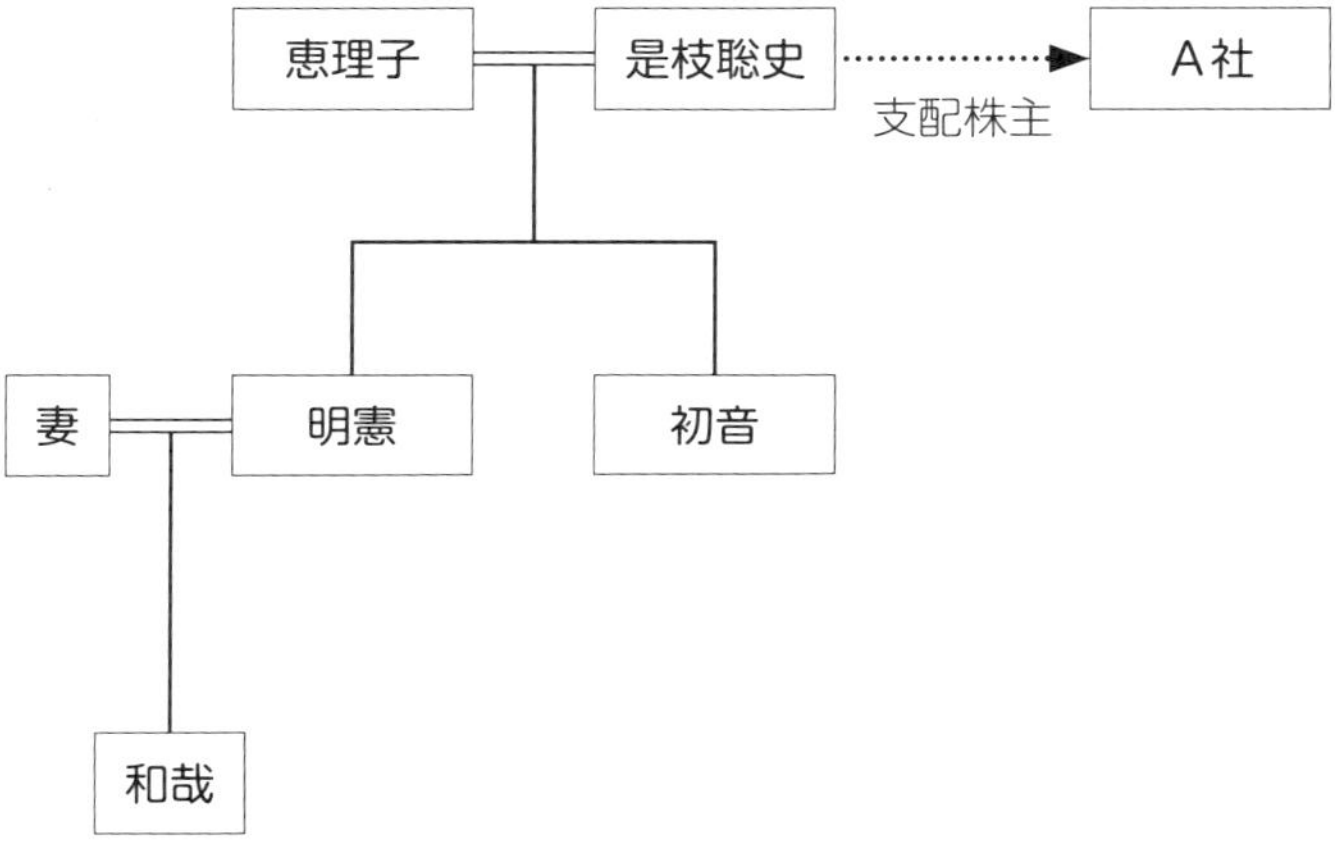

【是枝家財産目録】

所有名義	種　類	時　価
是枝聡史	現金預金	5000万円
	自社株式	1億円

民事信託の設計

① 経営者である聡史さんの所有株式について、委託者兼当初受益者を聡史さん、受託者を専務取締役である片山啓吾さん、受益者指定権者を「A社（実質的にはA社の取締役会）」とする株式信託契約を締結します。

② 株式信託は直ちに発動し、受託者片山さんが議決権を行使するようになりますが、あくまでも聡史さんが元気な間は聡史さんの指示に従うものとします。

③ 聡史さん死亡後には、実質的な受益者指定権者であるA社取締役会が、後継候補者である初音さんもしくは明憲さん（さらに別の人物でも可）を指定して受益権を取得させることによって後継者を決定します。

④ 受益者指定権者となるA社取締役会は、片山さんをはじめとする信頼できる人物ばかりで構成されていますので、その決定には全関係者が素直に従うと思われています。

【図表61】後継者指定型信託（設定時点）

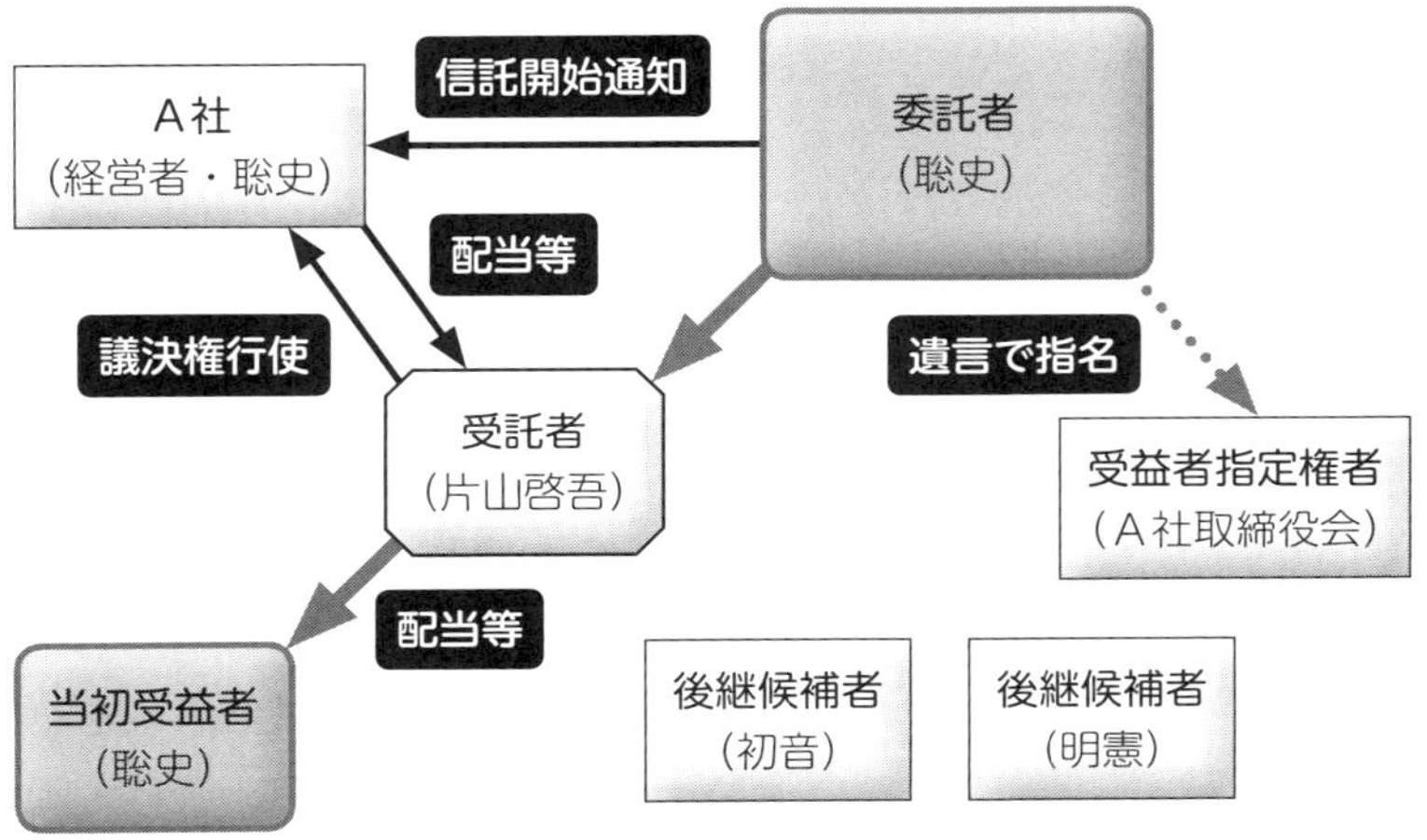

民事信託の成果

① 後継候補者である初音さんと明憲さんは、相互に競い合って後継者に指名されるための努力をすることになります。

② 万一、両者共に後継者として相応しくないと受益者指定権者が判断した場合には、別の者を二次受益者とすることも不可能ではありません（ただし、相続人以外が二次受益者となる場合には、税務上の取扱いに注意が必要となります）。

③ ただし、後継者に指名されなかった者への対応策を検討しておく必要があるでしょう。

【図表62】後継者指定型信託（相続開始時点）

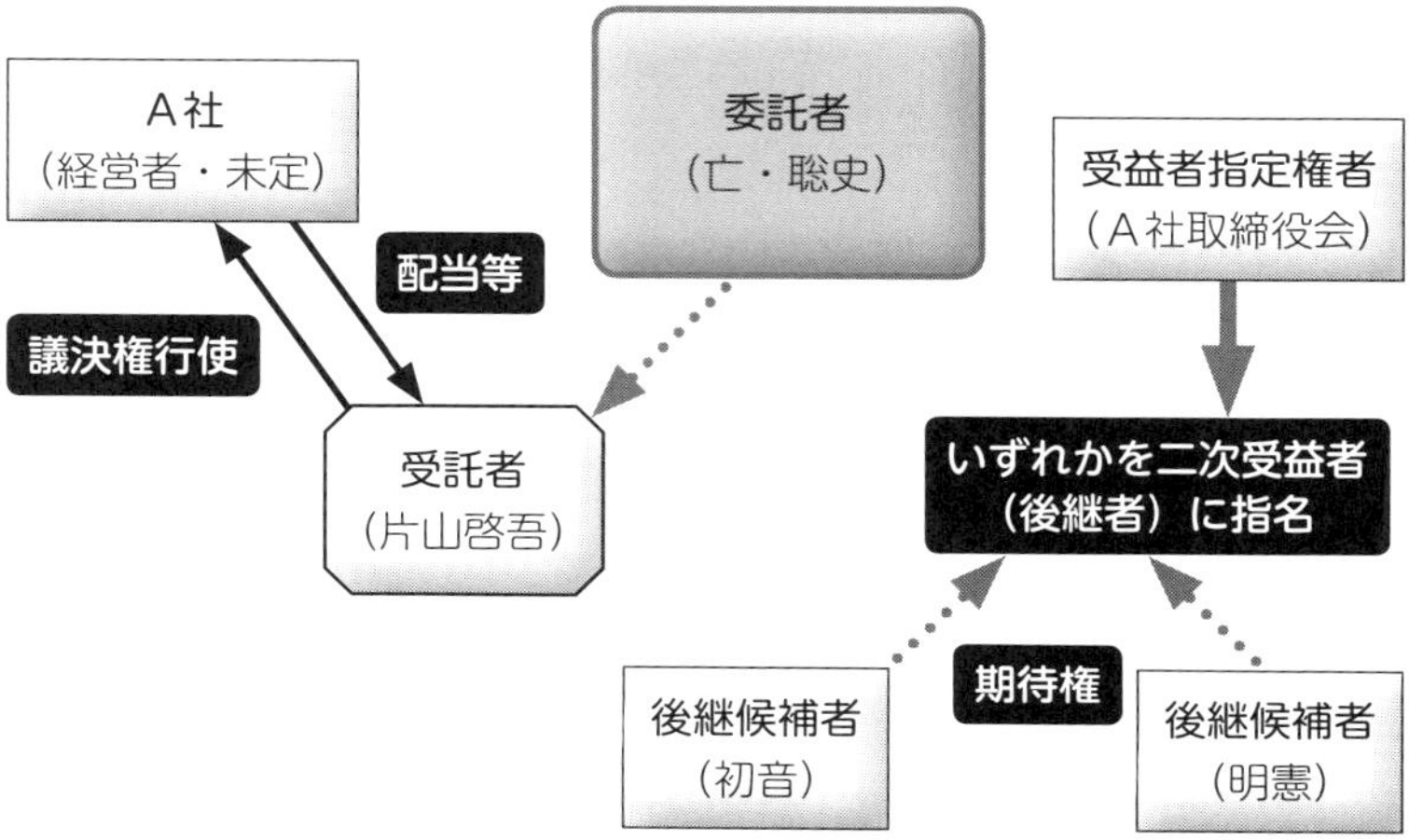

【図表63】後継者指定型信託（後継者決定後）

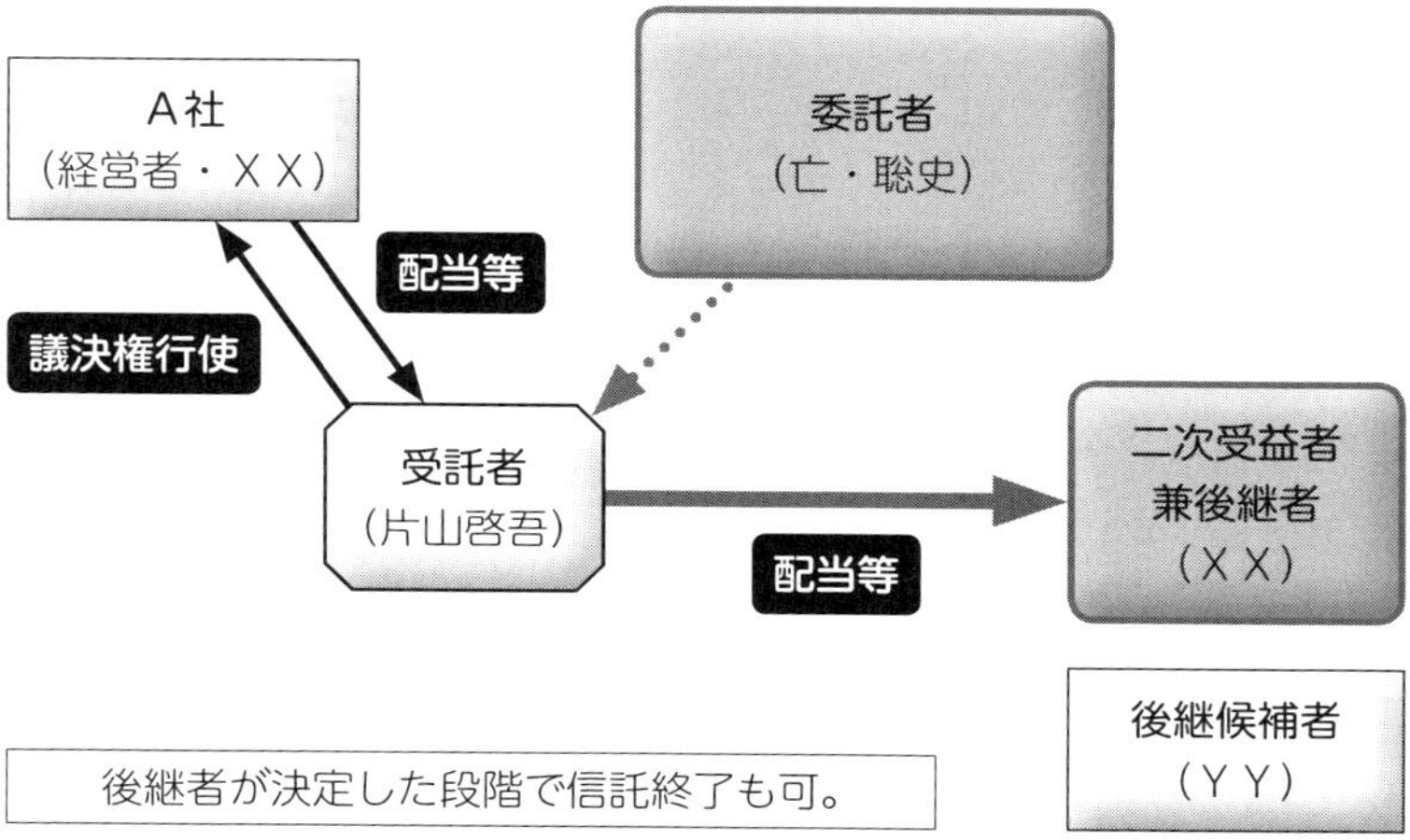

本事例で活用している民事信託の機能や特性

・条件付贈与機能（贈与先を第三者に決定させたい）
・財産分離機能（株式のみに対して特別な管理方法を実行したい）
・受益者指定権者の設置（委託者の意思実現のため）

信託契約書の記載例

（信託の目的）
委託者兼当初受益者は、自分が株主兼代表取締役であるＡ社の後継者となるに相応しい者を公平かつ適格な基準で選定し、Ａ社のさらなる発展を図りたいとの願いから、信託株式を受託者に信託し、受託者はこれを引き受けた。

（信託財産の管理・運用の方法）
受託者は、本信託条項の定めに基づき、本件信託株式の議決権行使等の管理・運用をするものとする。

以下省略

5　事業信託

事業信託は、まだ我が国では実際の事例は皆無であると思われますが、今後は必ずニーズが発生してくるのは間違いないでしょう。

事業信託の特徴は、委託者兼当初受益者及び受託者がいずれも「会社」等の事業主体となり、かつ委託者と受託者との間で債務引受契約が同時に行われることです。

事業信託の最大の特徴は、「一度動かした事業を、必要であれば元に戻せる」という点で、このことから事業自体を価値ある財産として、他の財産同様に、民事信託のスキームでもって自由自在に管理、活用、保全することができ、さらに担保化や流動化さえも可能となるのです。

ここでは代表的な想定事例として「事業承継信託」「事業レスキュー信託」の2例について、その概要を紹介します。

事例15

事業承継信託

Ａ株式会社（以下Ａ社といいます）の経営者辰巳繁則さん（48歳）は、大病をして業務の継続が困難となり、早急に事業承継を実行したいのですが、長男数馬さん（17歳）はまだ若く、後継者になれるかどうかわからない状態です。

繁則さんの病状を聞き、繁則さんの親しい友人である大場弘道さん（49歳）が経営する、隣県に本社がある同業のＢ株式会社（以下Ｂ社といいます）が、Ａ社の事業をＭ＆Ａでもって譲り受けたいとの申し出をしてくれています。

繁則さんは大場さんを信頼していますので、Ｍ＆Ａの申し出自体は有難いと思っているのですが、数年後にもし数馬さんが後継者になりたいと思うようになった際に、事業が完全に無くなっていては困るのではないかと繁則さんは考えています。

また、繁則さん自身もまだ事業への復帰に希望を持っており、自身の病状が画期的に回復した際のことも考えています。

幸いにも、Ａ社の大口債権者は、貸付を行っているメインバンクのみであり、Ａ社の事業の継続のためであれば協力をすると約束してくれています。

【図表64】事業承継信託

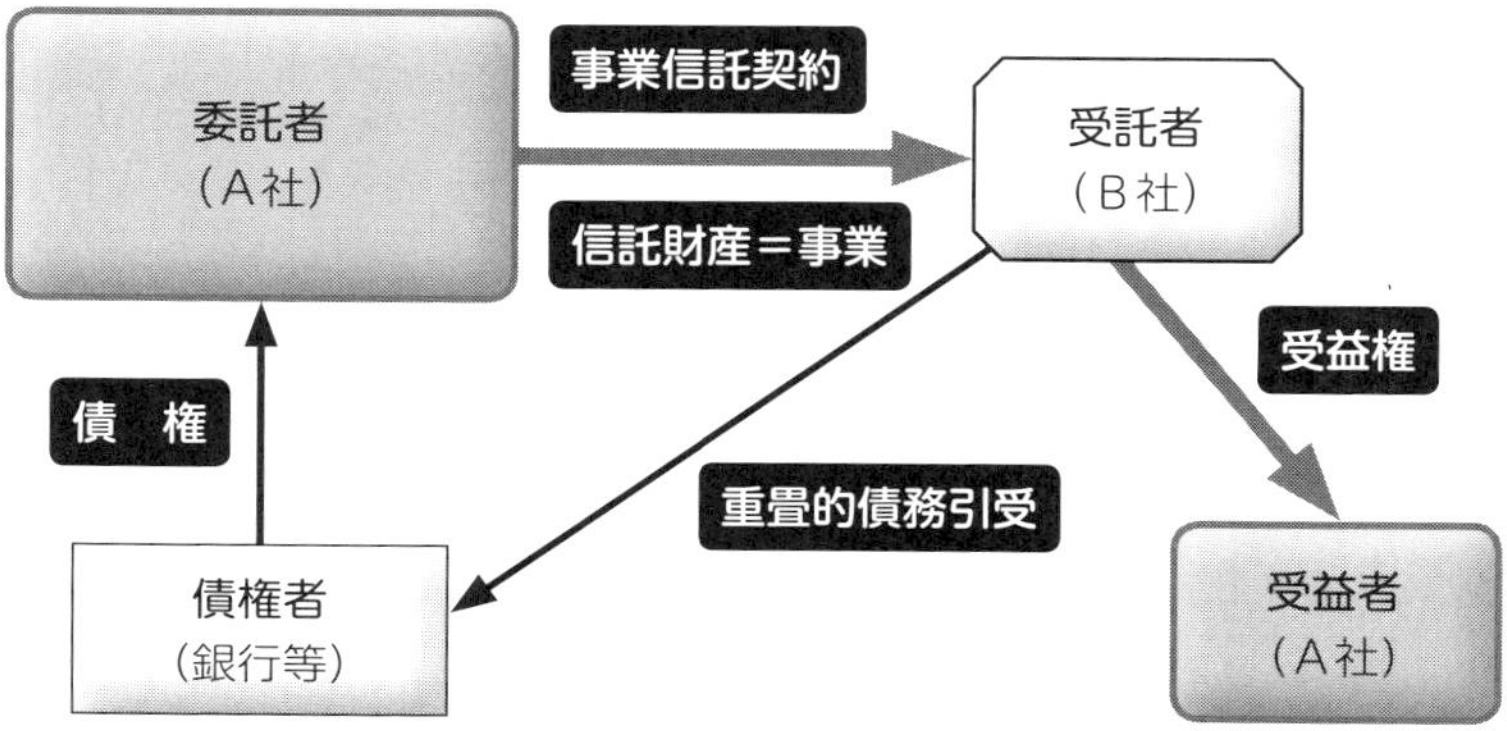

信託終了時には，事業をA社に戻すことも，B社に譲渡してしまうことも可能となる。

民事信託の設計

① A社（委託者兼受益者）の事業の全部をB社（受託者）に信託し、かつ関連債務の全部につきB社が債務引受を行うことによって、A社事業の全部を一旦B社に「事業信託」します。

② 現在は繁則さんが負担しているA社債務に関する連帯保証や担保提供については、今後のメインバンクとの交渉次第ではありますが、B社の大場さんが引き受ける方向で検討を進めるという前提で、当面は重畳的債務引受とします。

③ 事業信託契約には、契約期間や一定の「解除条件」を付しておきます。

民事信託の成果

① 実質的に「戻れるＭ＆Ａ」が実現でき、柔軟な事業承継対策が実現できます。

② 将来において、繁則さんの病状が回復して復帰できる状態になった時、あるいは数馬さんが後継者として会社を継ごうと考えるようになった時には、Ａ社とＢ社の合意の上で信託契約を解除し、元の状態に復することもでき、かつ年限を切るなどしてＢ社が事業全体を買い取る方法を取ることも可能となります。

③ Ａ社がＢ社から資金を調達したい場合には、譲渡担保的な活用も可能となります。

本事例で活用している民事信託の機能や特性

・条件付贈与機能（財産の最終帰属者を柔軟に決めたい）
・財産分離機能（事業自体を財産として活用したい）

信託契約書の記載例

（信託の目的）

委託者兼当初受益者（Ａ社）は、事業承継を円滑かつ柔軟に遂行したいとの関係者の想いから、Ａ社の事業を信託財産として受託者に信託し、受託者はこれを、関連する債務と合わせて引き受けた。

（信託財産の管理・運用の方法）

受託者は、本信託条項の定めに基づき、信託財産となった事業を管理・運用するため、事業経営を誠実に遂行するものとする。

以下省略

事例16　事業レスキュー信託

Ａ会計事務所の所長税理士である宮崎太郎さん（59歳）は、長男の元博さん（33歳）が税理士試験に合格しないので、実質的に後継者不在の状態となっていますが、慢性病があるので、急に自分が死亡したり認知症になった際に、多数ある顧問先に迷惑を掛けることを恐れています。

宮崎太郎さんの友人である税理士・吉村庄吉さん（60歳）も同様の悩みを抱えており、個人的に「自分に何かあったら頼む」との約束はしていますが、口約束で法的拘束力がないのが心配に思っています。

宮崎さんと吉村さんは、似たような約束をした税理士が実際に倒れた際に、口約束が守られずに事務所の職員が顧問先を勝手に持って行ったり、事業に関係のない相続人が様々に口出ししてきて、結局は事務所が潰れてしまったケースを聞いて、ますます不安が募ってきています。

民事信託の設計

① 各々の会計事務所の事業を、個人財産とは完全に分離して独立した会計とし、信託財産となった時に備えておきます。

② 宮崎さんと吉村さんとが相互に、その始期を「死亡又は認知症等」とする「始期付事業信託契約」を締結しておきます。

③ 両者のいずれかに一定の「緊急事態」が発生した際には、他方が事業及び関連債務を引き受けて、一時的に税理士業務の執行を行うことにします。

④ 後継者が決まる、あるいは事業譲渡契約が整った段階等で、事業信託契約を解除して、通常に戻るようにしておきます。

【図表65】 事業レスキュー信託

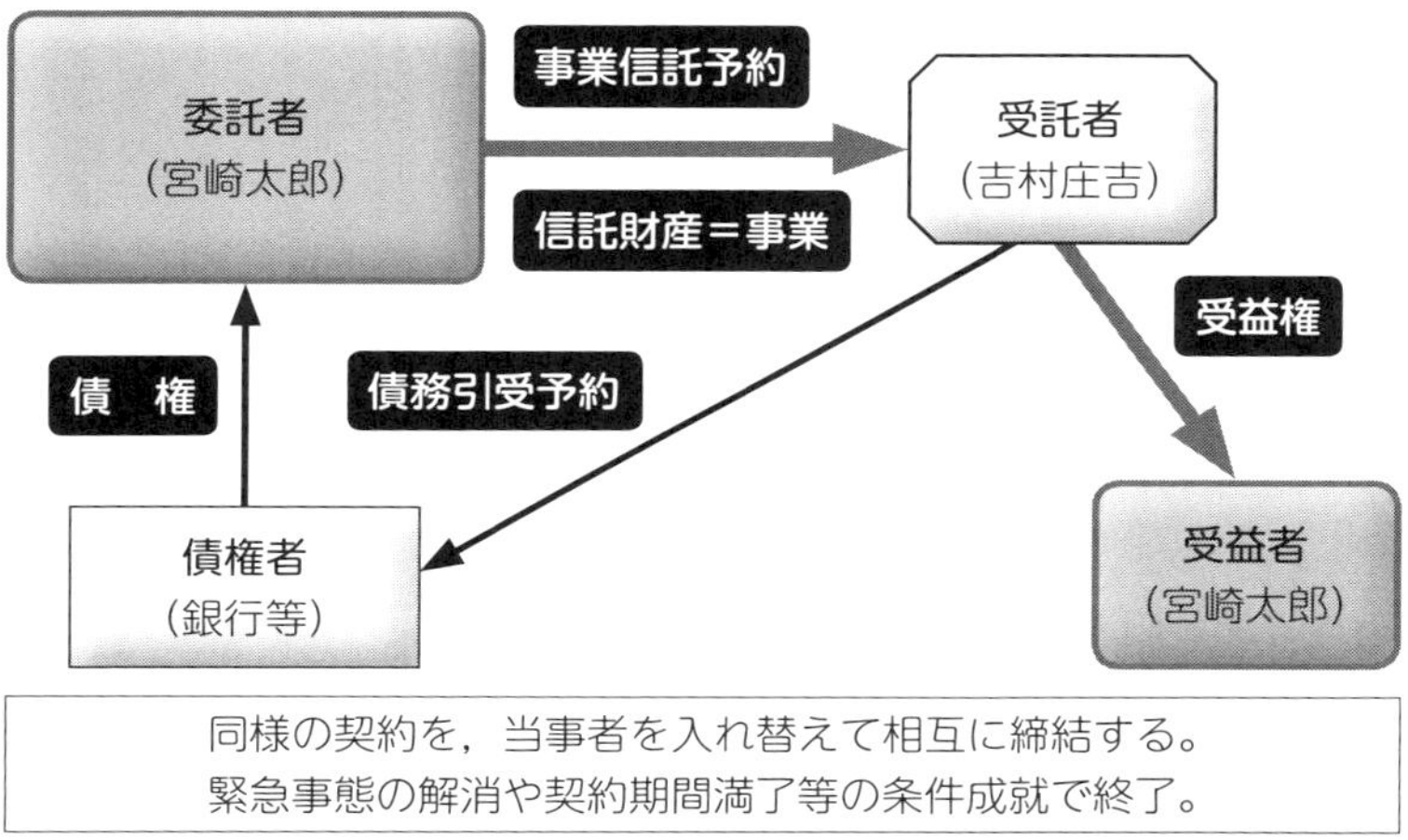

民事信託の成果

① 税理士をはじめ、医師などの「代わりの利かない」資格が必要な個人事業の場合でも緊急事態に備えることができ、かつ緊急事態解消後には柔軟な対応が可能となります。

② 例えば大災害発生に備え、他地区の同業者が相互に始期付事業信託契約を締結しておくという「ＢＣＰ信託」の構築も可能です。

本事例で活用している民事信託の機能や特性

・意思凍結機能（非常時対応につき最初から決めておきたい）

信託契約書の記載例

（信託の目的）

委託者兼当初受益者は、自己が経営する事業が、属人的要因によって運営を阻害されることがないような仕組みを構築しておきたいとの願いから、自己が経営する事業を信託財産として、条件付で受託者に信託し、受託者はこれを引き受けた。

（信託財産の管理・運用の方法）

受託者は、本信託条項の定めに基づき、信託財産となった事業を管理・運用するため、事業経営を誠実に遂行するものとする。　以下省略

6 自己信託

自己信託を一体どうやって使うのでしょうか？　という疑問を持つ方は多いと思います。

これまでは、民法の規定に引きずられてか、どうしても信託を「契約行為」と考えてしまう傾向がありましたので、そもそもが契約ではない、全く新しい発想である「信託宣言」を理解するのが難しかったのでしょう。

しかし、自己信託こそが改正された信託法における信託7大機能の一つである財産分離機能が最も明確に発揮されるもので、いわば改正された信託法の象徴的な存在でもあると考えます。

もっと言えば、民事信託はむしろ自己信託が原則であり、自分以外の受託者が居た場合に自己信託以外の形態になると考えても、決して誤りではないのです。

残念ながら、自己信託もまだ我が国では実際の事例を見ることは数少ないのですが、ここでは代表的な想定事例として「個人事業の疑似会社分割」「事業承継トライアル信託」「特定財産保全信託」の3例について、その概要を紹介します。

事例17　個人事業の疑似会社分割

個人事業主である真田一平さん（45歳）は、やや赤字経営となっている食材の小売店部門と、黒字経営で将来性の見込まれる飲食店部門とを持っています。

真田さんは、可能であれば飲食店部門として独自に資金調達をして、将来的には事業を拡大したいと考えており、小売店部門については、十分に将来性を見極めた上で、事業形態の転換、事業縮小やＭ＆Ａ等の選択肢を模索したいと考えています。

しかし、個人事業なので、両事業が混在した決算書が１枚しかなく、会社分割的なことができず、何か方法がないかと考えていました。

民事信託の設計

① 真田さんが経営する個人事業のうち、飲食店部門につき、管理会計で完全に他部門と分離した上で、事業信託（公証役場での自己信託宣言）を行います。

【図表66】個人事業の疑似会社分割

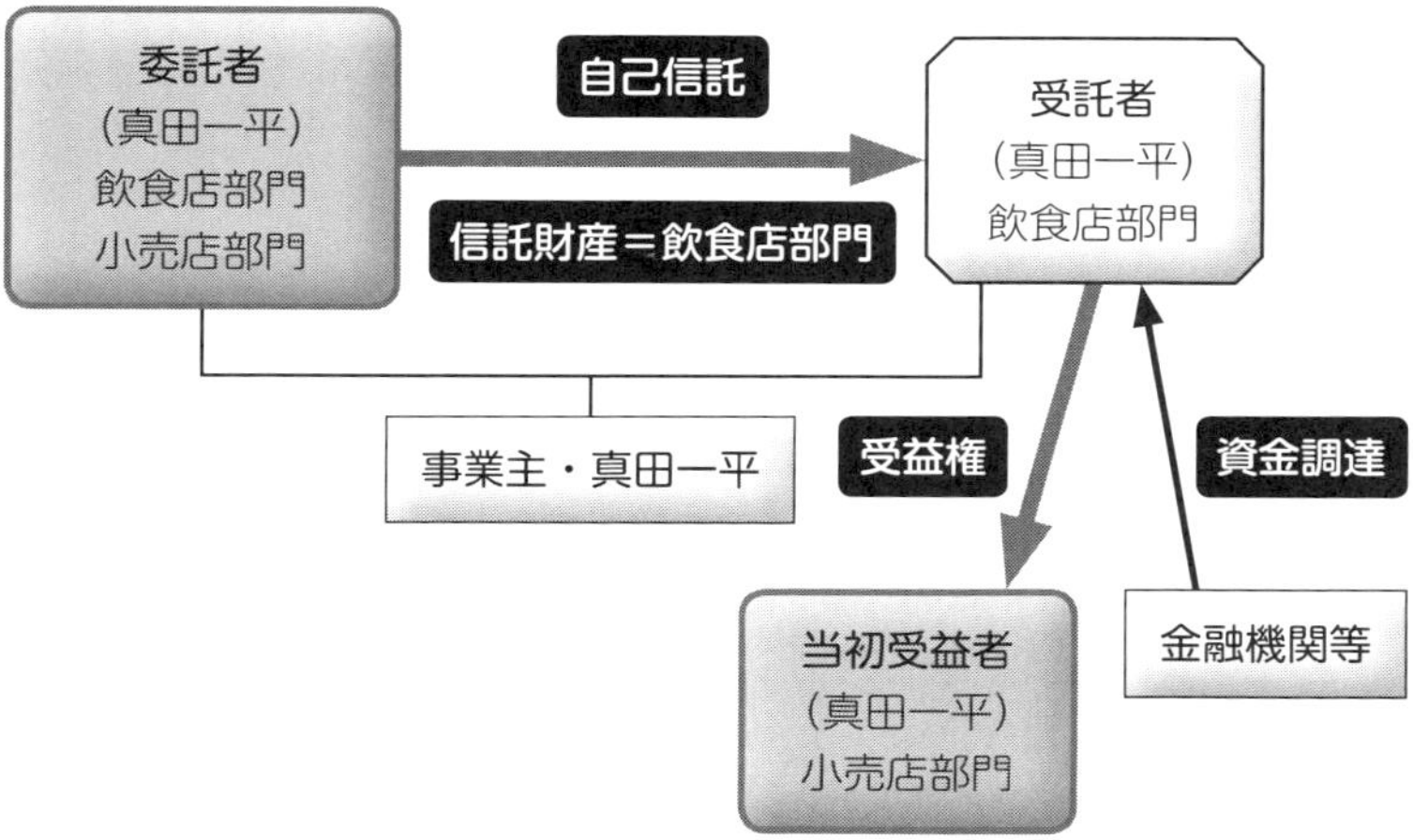

② 債務者変更がありませんので債務引受契約は不要ですが、賃金債務や仕入債務の仕訳については明確にしておきます。

③ 飲食店部門は独立会計でもって金融機関からの資金調達を行い、残された小売店部門については従来通りの経営を継続します。

民事信託の成果

① 個人事業の形態を維持しながら、有望な部門のみを分離して資金調達や新規事業としての各種取り組みを行うことが可能となります。

② 残された部門についても、収支状況が明確となり、事業形態の転換や事業縮小、M&A等の柔軟な対応が可能となります。

本事例で活用している民事信託の機能や特性

・財産分離機能（ある事業部門のみに対して特別な管理方法を実行したい）

信託宣言公正証書（自己信託設定公正証書）の記載例

（信託の設定）

委託者真田一平は本日、本証書に記載する目的に従い、第○条記載の財産について、自己を信託の受託者として、受益者のために、当該財産の管理、処分及びその他本信託目的の達成のために必要な行為を行うものとして信託する。


（信託の目的）

本信託は、第○条記載の「事業」を信託財産として管理運用を行い、当該事業の健全かつ適正な発展に寄与することを目的とする。


（信託をする財産を特定するために必要な事項）

本信託の信託財産は次のとおりとする。
一、委託者が個人事業として経営している事業のうち、飲食店部門に分類される事業

（受益者）

本信託の当初受益者は真田一平とするが、信託法第１６３条の規定に抵触しないようにするため、本信託設定から1年以内に、その受益権の全部または一部を他者に移転するものとする。

事例18　事業承継トライアル信託

和食店を数店舗経営しているＡ株式会社（以下Ａ社といいます）の経営者である植田吾一さん（55歳）は、フランス料理の修行を終えて入社してきた長男智久さん（26歳）の希望もあり、将来の経営者となるためのトライアルとして、和食店1店舗を智久さんに任せて洋食店として改装し、開業させようと考えました。

一般的には別会社を設立して智久さんに事業を任せる方法をとるのですが、費用的にも手続き的にも大変なので、もっと簡易な方法があれば採用したいと植田さんは考えていました。

民事信託の設計

①　Ａ社のうちの1店舗に関して管理会計を行って他の事業と分離計算ができるようにしたうえで、その部門についてＡ社を委託者兼受託者兼受益者とする自己信託を設定します。

【図表67】事業承継トライアル信託

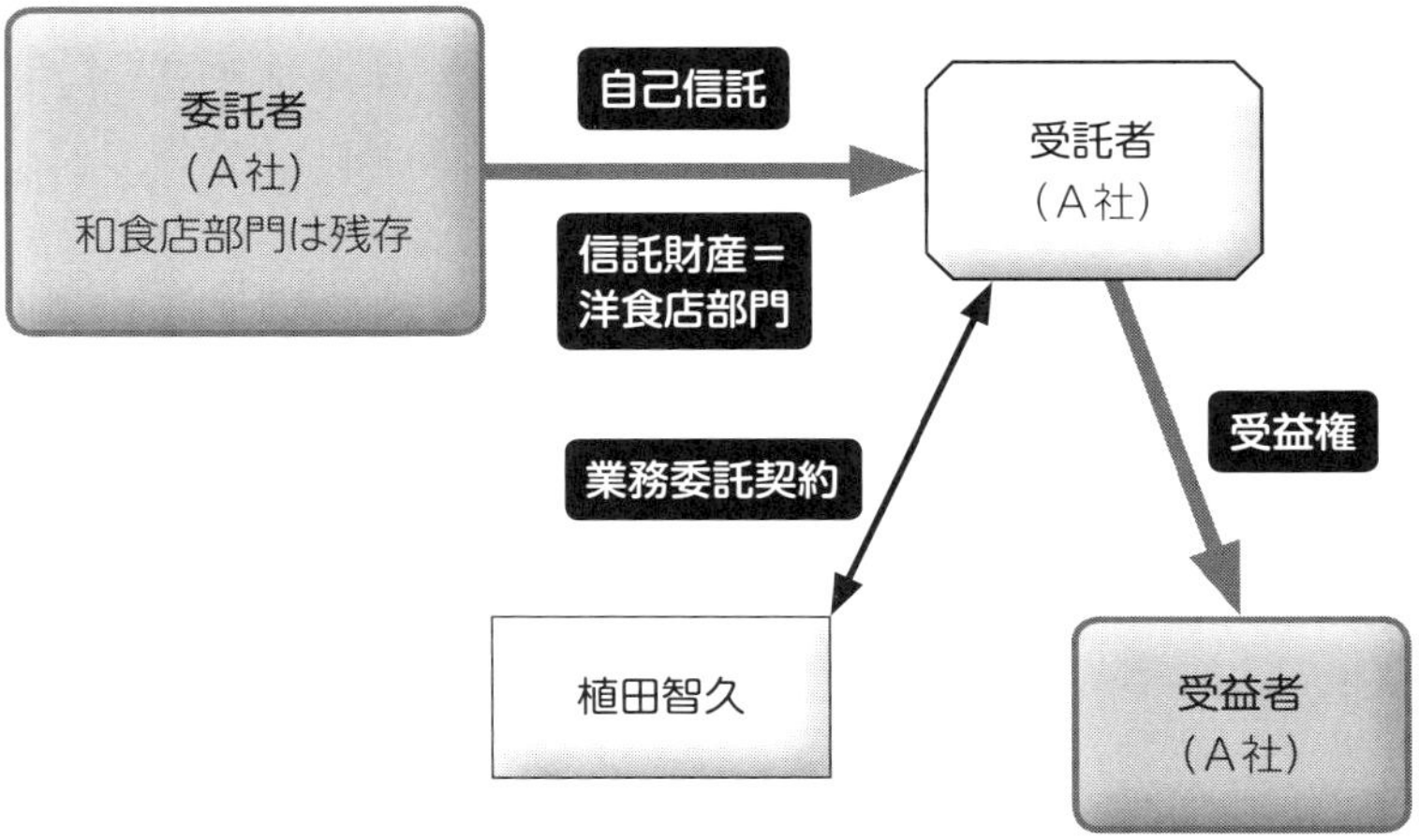

② A社は受託者としての業務に関して、智久さん個人に契約期間を1年とする業務委託契約を行い、智久さんが自らで事業を経営します。

③ 智久さんが経営する店舗は洋食店に改装し、必要があれば、賃金債務や仕入債務につき、智久さんが重畳的債務引受を行います。

④ 1年以内に智久さんが成果を出した場合には、自己信託を解除して智久さんをA社経営陣に招き入れることを約束し、成果が出せなかった場合には別の方法を考えることとします。

民事信託の成果

① 新会社設立や会社分割のような手間や費用がかからず、かつ1年という期限を設けることに

よって、智久さんが緊張感を持って経営に専念することができます。

② 万一、智久さんに経営能力が足りないと判明した場合や、智久さんに不慮の事故等があった場合には、A社の事業を直ちに元の状態に戻すことができるのも大きなメリットです。

本事例で活用している民事信託の機能や特性

・財産分離機能（ある事業部門に対してのみ特別な管理方法を実行したい）

事例19　特定財産保全信託

水島祐司さん（35歳）と麗華さん（22歳）は新婚夫婦ですが、祐司さんには両親も兄弟もなく、かつ祐司さんは麗華さん側の両親との関係が良くないため、夫婦間の子が生まれる前に自分が死亡した際に、財産が麗華さん側の親族に流れることを懸念しています。

祐司さんは、特に大切にしている両親の形見となる有名画家の作品である日本画については、将来生まれてくるであろう自分たちの子に遺してやりたいと強く思っています。

そして、万一に子が生まれる前に自分が死亡した場合には、日本画は祐司さんの故郷にある美術館に寄贈したいと考えています。

【水島家財産目録】

所有名義	種　類	時　価	備考
水島祐司	現金預金	500万円	
	自宅マンション持分	1500万円	
	日本画	3000万円	本当の価値は不明
水島麗華	自宅マンション持分	1500万円	

【図表68】特定財産保全信託

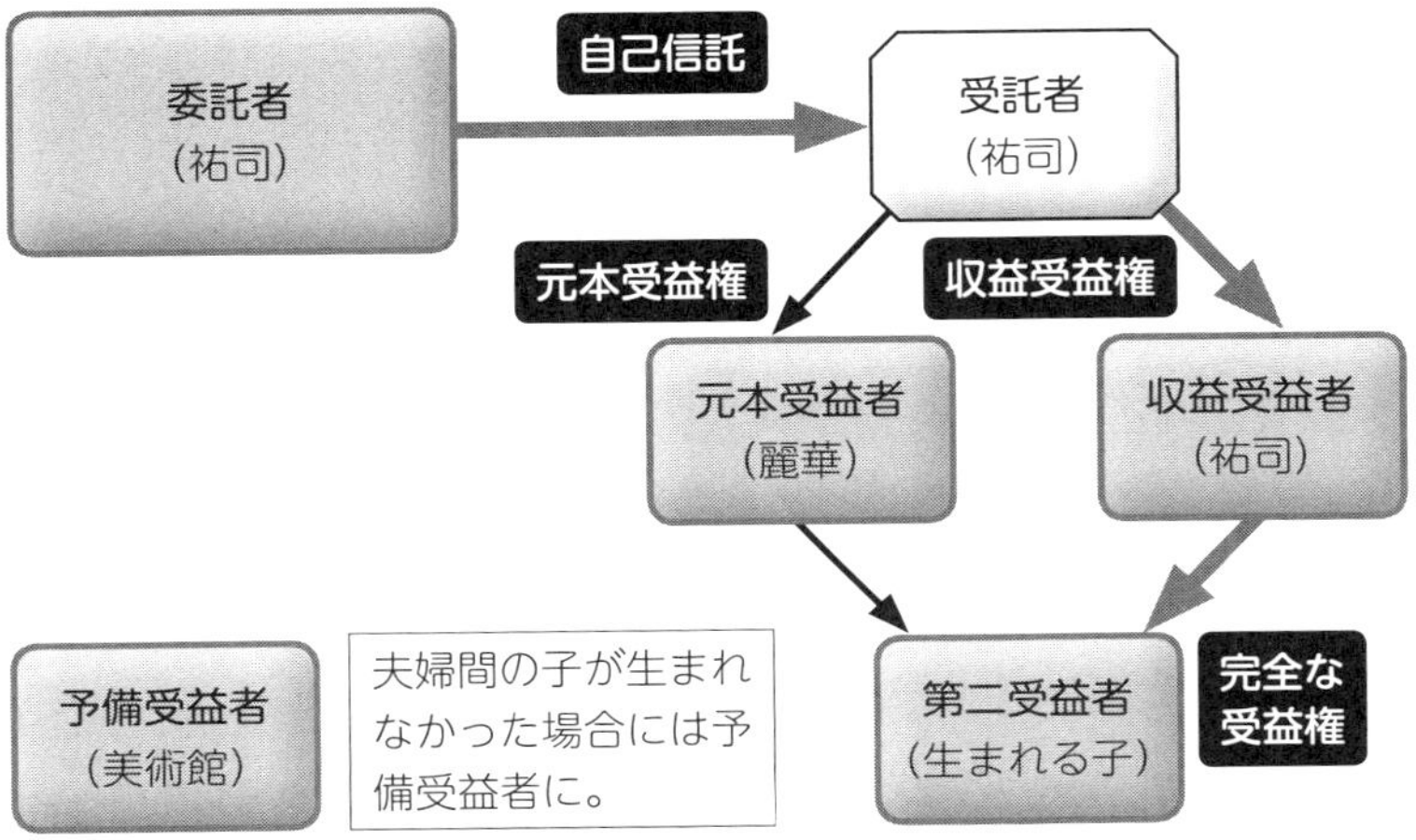

民事信託の設計

① 祐司さんは、所有している財産のうち、両親の形見の日本画など、特に大切な物につき、公証役場で「自己信託宣言」を行って、他の財産と分離します。

② 当初受益者を祐司さんとすると「1年ルール」に抵触しますので、受益者は祐司さん及び麗華さんの両名とし、かつ課税の可能性を考慮して、祐司さんの受益権を「信託財産を使用し、収益が生まれた際にはそれを受領できる」収益受益権、麗華さんの受益権を「信託財産を処分した際の利益を受けられる」元本受益権として区別しておきます。

③　祐司さん若しくは麗華さんの死亡後又は生前で良い時期を見て、それぞれの受益権は生まれてくる子に承継又は美術館に寄贈されるよう契約しておきます。

民事信託の成果

①　夫婦間に子が生まれた場合には、確実に子に日本画に関する権利が移転します。

②　夫婦間に子が生まれるまでに祐司さんが死亡した場合には、美術館に日本画が帰属します。

③　万が一両者が離婚した場合でも、日本画に関する権利を財産分与の対象から外すことが可能になります。

本事例で活用している民事信託の機能や特性

・意思凍結機能（特定の財産に関する帰属先を事前に決めておきたい）
・財産分離機能（特定の財産に対してのみ特別な管理方法を実行したい）

7　まちづくり信託

前述のように、第二次世界大戦後に民法が改正されて法定相続制度が導入されてから70年弱の間に、我が国の所有権、特に不動産の所有権が複雑に共有化してしまい、その結果として「空き家問題」「農地問題」「被災地問題」をはじめとする数多くの社会問題が発生し、これは制度が大きく変わらない限り、時間の経過と共に、さらに回復不能な状態になって行くことが目に見えています。

そこで民事信託を活用して、これら諸問題に対処しようとする発想が芽生えてきていますが、信託業法の規制をはじめとする数々の障害物が立ちはだかっており、なかなか進展が見られない状態で、根本的には法改正を求める以外に方法はないのかもしれません。

それでも、伝統的建造物を守りたいという意識が強い地域では、実際に民事信託を活用したスキームが提案されています。

ここでは代表的な事例として「伝統的木造家屋保全・利活用信託」について、その概要を紹介します。

事例20　伝統的木造家屋保全・利活用信託

ある地方自治体では、伝統的な木造家屋が、無秩序な開発行為によって取り壊され、町全体の景観が悪化して行くことを問題視していました。

その原因として、家屋の所有者が死亡して居住者が不在となった際、遠方にいる法定相続人の共有財産となってしまったために処分されてしまうことと、家屋の保全管理に多額の費用がかかり、賃貸等の利活用が困難であることが指摘されました。

大型の木造家屋に一人で居住している立川末松さん（79歳）は、一人息子の惣一さん（46歳）が故郷を離れて家庭を持っており、帰ってくる見込みがないことから、自宅の保全を諦めていましたが、伝統的家屋の保全や町並みの美観保持への理解はあり、何か良い方法があるのであれば、惣一さん共々に協力できると言っています。

【図表69】伝統的木造家屋保全・利活用信託

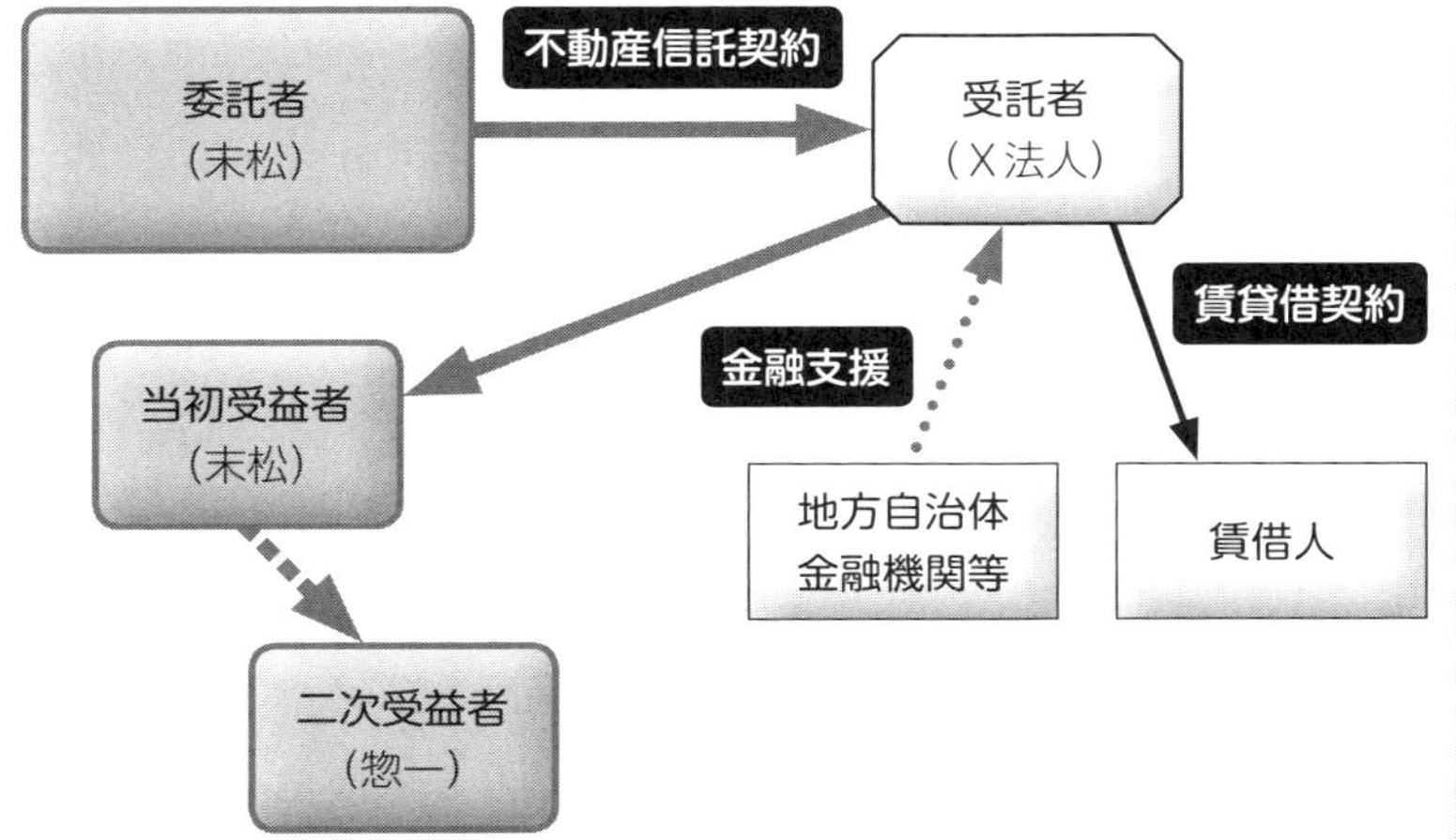

民事信託の設計

① 家屋所有者である末松さんは、一般社団法人Xを設立して不動産を信託し、Xは地方自治体からの助成金や協力金融機関からの融資を得て、建物を改修、その一部を賃貸できる状態にします。

② 改修した建物の一部を商業を営む賃借人に賃貸し、賃借人は保証金を支払い、その後は賃借家屋で商売をして、継続的に賃料を支払います。

③ 末松さん死亡後は、末松さんが居住していたスペースも含めて賃貸し、相続人である惣一さんは受益権として賃料債権を得ることになります。

民事信託の成果

①　家屋所有者である末松さんは、その生存中も相続後も、家屋は賃借人に賃貸されて収益が発生しますので、伝統的文化を持つ都市の建造物を、無計画な建替え、無秩序な開発行為や売却から守り、景観や町並みの保全を継続することができます。

②　物権は受益権に変化しますので、スムーズに惣一さんに権利が移転しますし、その後に相続が重なっても、不動産自体は永久に共有物とはなりません。

③　同様のスキームを農地や山林の保全、あるいは震災被災地の復興支援に活用できる可能性も考えられます。

本事例で活用している民事信託の機能や特性

・意思凍結機能及び所有権名義集約機能（相続に影響されない永続的な財産管理を実現したい）

8　複合型民事信託

ここまで、数々の事例や想定事例をご紹介してきましたので、既にお気付きかも知れませんが、不動産を所有する資産家の方や、自社株式を所有する中小企業経営者の方は、ご自身の財産を民事信託する際の受け皿として、「プライベート・トラスト」となる法人を設立し、そこに不動産・株式・金銭等々の財産を信託することによって、自分が希望する通りの財産管理方法を長期にわたって実現することが可能になるのです。

プライベート・トラストは、法人であればどのような種類であっても構わないのですが、株式会社や合同会社であれば、その株式や社員権が相続の対象となりますので、可能であれば一般社団法人として、その社員権が相続の対象にならない、あるいは相続の対象になったとしても、信託財産からの利益を受けられない状況にしておくことが、長く続く信託期間を考えれば、最も的確なのではないかと思います。

ここでは「複合型民事信託」の事例を紹介します。

事例21　複合型プライベート・トラスト

中小企業経営者で資産家でもある権藤英治さん（68歳）は、会社の後継者となる長男・省吾さん（41歳）には会社株式及び会社が使用している不動産を、自宅で同居し、自分の世話をしてくれている長女・睦美さん（39歳）には自宅不動産を相続させ、それぞれに複数いる孫たちには、継続的に教育資金を贈与したいと考えていました。

英治さんは遺言を書いていますが、資産内容の変動も多く、また時々気が変わる時もあるので、もっと柔軟かつ簡単な方法で、かつ確実に自分の思い通りの資産承継を実現したいと考えました。

そこで、あるコンサルタントから、英治さん自身で株式会社を作って、その会社に不動産の所有権を移転すれば、資産承継は楽になるとの提案を受けました。

しかし、自宅を含む不動産は高額であるため、不動産管理会社に所有権を移転した場合には、相当額の譲渡資金、譲渡所得税、不動産取得税、登録免許税等々が発生するということがわかりました。

【権藤家家族関係図】

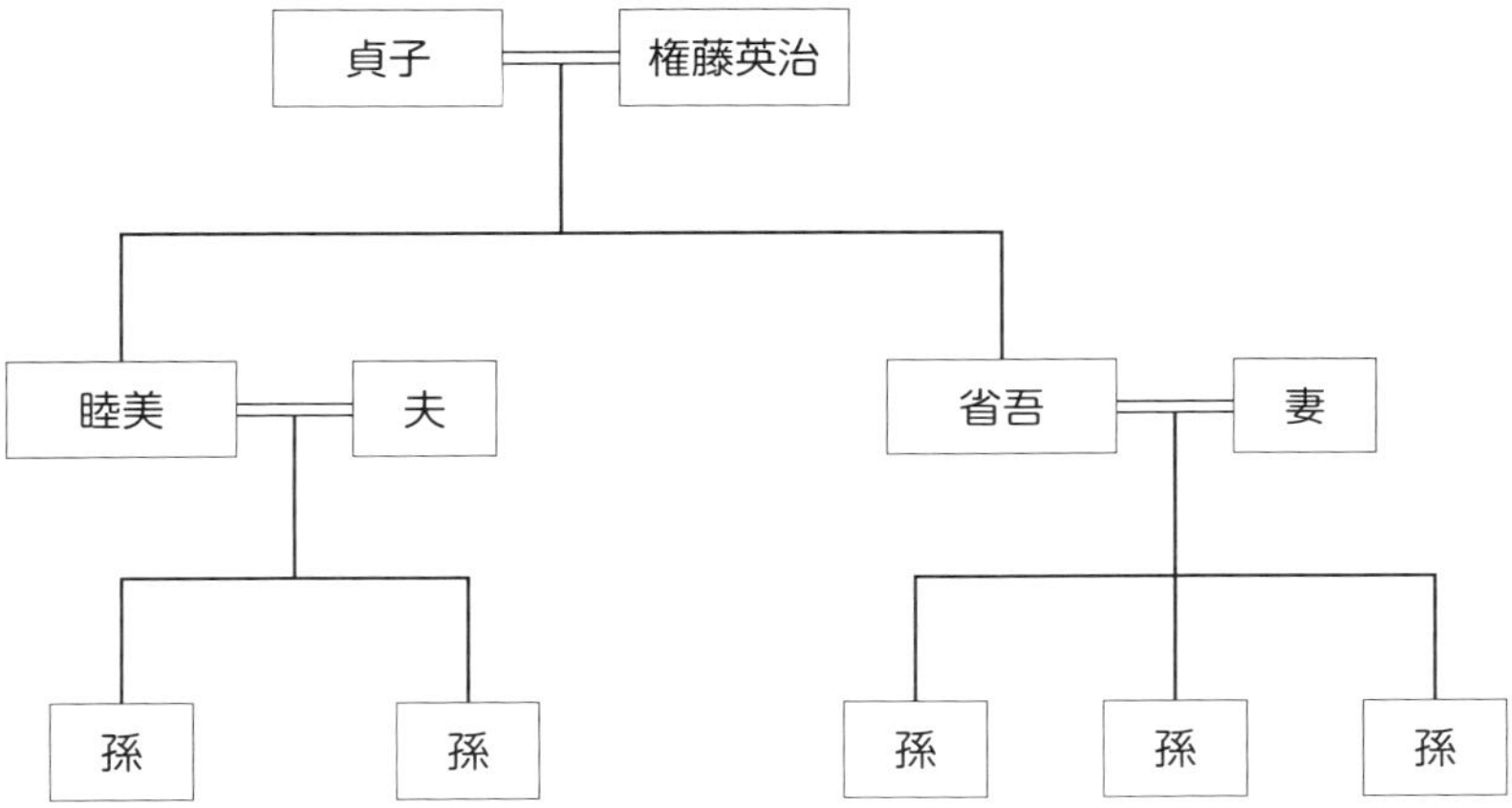

【権藤家財産目録】

所有名義	種　類	時　価	収　益
権藤英治	現金預金	1億円	
	自宅不動産	1億5000万円	
	収益マンションA	2億円	年間2000万円
	収益マンションB	1億円	年間700万円
	収益マンションC	7000万円	年間300万円
	投資有価証券	3億円	
	自社株式	8000万円	

【図表70】複合型プライベート・トラスト

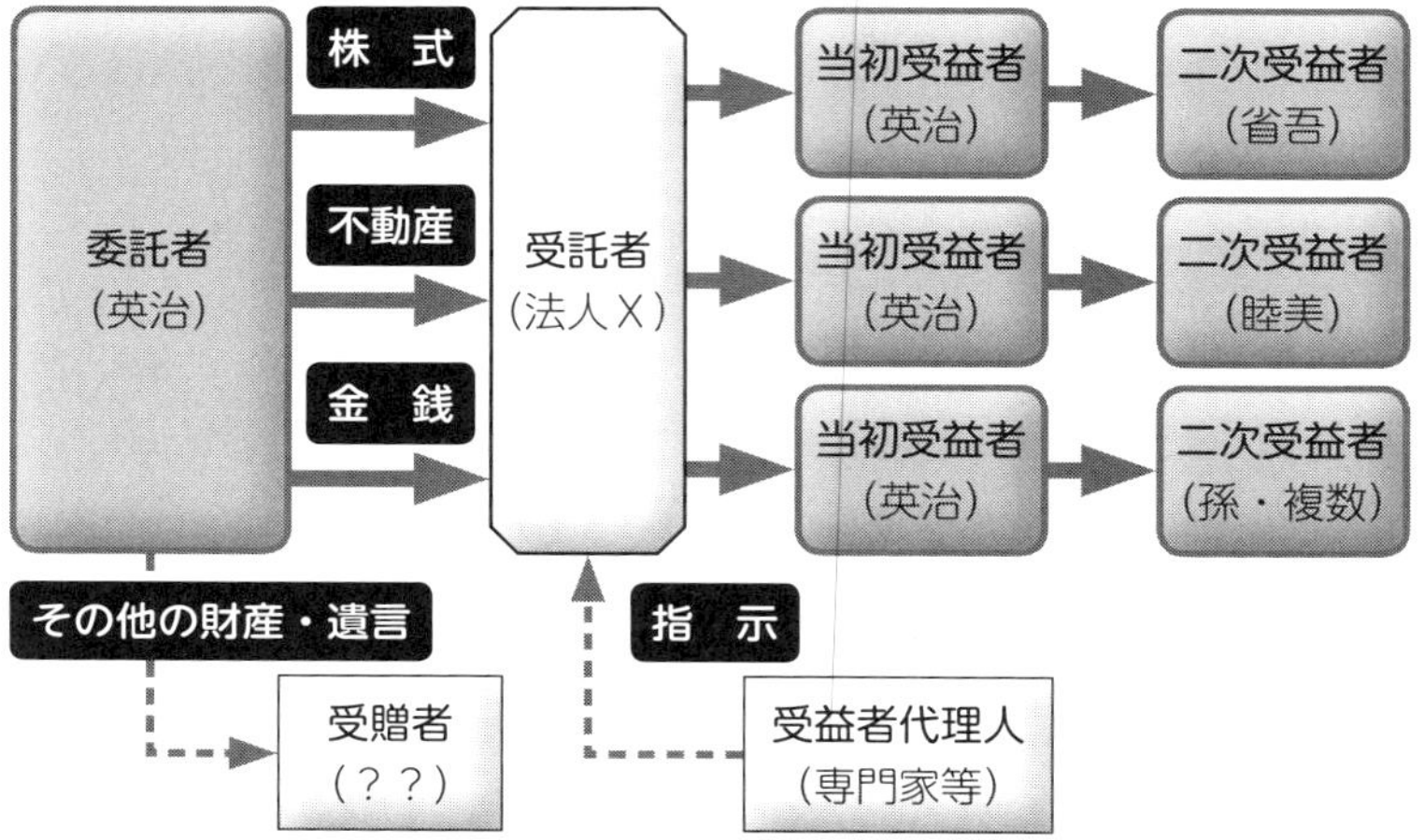

民事信託の設計

① 英治さんは自らで出資し、長男と長女を理事として新設する一般社団法人Xに、相続先や贈与先が決まっている財産をすべて信託移転し、それぞれに帰属先を決定しておきます。

② 孫たちのための教育資金贈与を実行するための金銭は、受託法人で管理し、英治さんが認知症になった場合には、信頼できる専門家に受益者代理人となってもらい、その者に執行させるようにしておきます。

③ 相続先が決まっていない財産や、今後変動する可能性のある財産については、一応遺言を書いておき、必要に応じて書き換えることにします。

民事信託の成果

①　英治さんは、会社株式と会社使用不動産を後継者である長男省吾さんに、自宅不動産を同居している長女睦美さんに確実に承継させることができ、かつ自分が認知症等になった際にも受益者代理人である専門家が意思決定をしてくれるので、成年後見人の就任を待つまでもなく、必要な財産管理や会社の経営が可能となりました。

②　遺言を必要に応じて書き換えることにより、気持ちの変化にも随時対応することが可能となりました。

③　不動産の信託移転については、登録免許税以外の課税関係がなく、かつ相続登記時にも低額の登録免許税で済むことになりました。

本事例で活用している民事信託の機能や特性

・意思凍結機能又は条件付贈与機能（委託者の当初の希望通りに財産を移転させたい）
・物権の債権化機能（遺留分減殺請求を抑止したい）

・所有権名義集約機能（一つのトラストにあらゆる財産を集約しておきたい）
・財産分離機能（民事信託する財産としない財産に分類して管理したい）
・パス・スルー機能（民事信託設定時点における課税を回避したい）
・倒産隔離機能（民事信託した財産への債権者からの影響を少なくしたい）

民事信託の実践 2

日本初の民事信託活用者の回顧

（白木正四郎氏インタビュー）

【プロフィール】
白木正四郎（しらき　まさしろう）氏
昭和23年福岡市親富孝通り生まれ
福岡市在住、不動産会社経営者、サイバー大学客員教授、作家、映画監督、TVキャスター、イベントプロデューサー、醤油バルオーナーｅｔｃ．様々な分野で活躍中
先代から相続して兄や姉たちとの共有物件となっていた福岡市中央区親富孝通りにある巨大商業ビルを、信託法改正直後に、民事信託によって兄や姉たちと一緒に設立した法人に所有権移転し、現在も順調に運営中。
我が国における民事信託のリーディングケースとして知られている。

河合：白木さん、いつもお世話になっております。

白木：こちらこそ、いつもありがとうございます。

河合：白木さんがお兄様やお姉様たちと一緒に受益権を所有しておられます親富孝通りのビルは、私たち専門家の間では民事信託のリーディングケースとして有名でして、この登記事項証明書（251ページ以下）は色々な場所で拝見することがあります。

白木：それはそれは、恐縮です。

河合：本日は、白木さんに民事信託について、おおいに語っていただこうと思っています。

白木：私は別に信託の専門家ではありませんが、私たちのビルを信託してから、いつも信託のことを考えるようになりました。実は昨日まで私はポルトガルに行っていたのですが、このインタビューのこともあったせいか、何でも信託に繋げて考えていました。

河合：ポルトガルですか。ポルトガルも信託の発祥と言われる十字軍と関係していますよね。

白木：そうなんです。ポルトガルを支配していたムーア人から、失われた国土を取り戻すため、12世紀に十字軍の遠征が行われています。いわゆるレコンキスタですね。このレコンキスタに参加した騎士たちは残された家族の為に財産を信頼できる友人に託して長い戦いの旅に出たと河合さんの講演で勉強しましたから。

河合：長い戦いの旅に出る時に安心して財産を友人に信託し、失われた国土を取り戻す、ですか。確かに私が進めている民事信託には、そのような要素がありますね。戦後の法定相続制度の導入以来70年弱の間に、何度も相続が起きて複雑な共有状態となってしまったり、所有者が認知症になって運営できなくなって実質的に使えなくなってしまった不動産が沢山あり、これが空き家問題や被災地の復興が遅れている問題の原因となって、まさに国土が失われつつあります。

白木：私が民事信託をした親富孝通りのビルも、親から相続しまして、今は四きょうだいで仲良く運営していますが、何代も先のこととなると、権利関係が複雑になってしまい、使えなくなってしまうリスクがありました。

河合：そこで民事信託の導入を思い付かれた。

白木：河合さんも関係しておられるコンサルタント団体から民事信託を勧められまして、これはまさに私たちが求めていた方法だと思いました。

河合：白木さんを含む相続人4名の共有だった物件を、みなさんで設立された法人に信託でもって所有権移転しておられますね。

白木：共有者は私の兄と二人の姉でして、私は末弟です。法人の社員も四人で務めています。

河合：次の代、次の次の代になっても、四きょうだいのお子さんたちやお孫さんたちが受益権と法人の社員権を引き継がれるということなのですね。

▲右：日本初の民事信託活用者・白木正四郎氏

白木：その通りです。ただ、私たちの世代はともかく、子や孫の代になった時に、必ずしも全員の意見が一致するとも限りませんから、受益者としても受託法人の社員としても、意思決定は全体の4分の3を以って決議することになっています。

河合：なるほど、それなら仮に意見が分かれたり、一人の人が認知症や行方不明になっても、他の人が適切に意思決定できるという仕組みですね。

白木：その通りです。民事信託を使った財産管理は何十年、場合によっては何百年続く仕組みとなりますから、いろいろな事態を想定しておく必要があったのです。

河合：ところで、話が戻りますが、白木さんはミッテラン大統領を題材にした推理小説なども書かれて、お詳しいヨーロッパの歴史の中での信託制度の位置付けについて、ご見識をお聴きしたいです。

白木：信託には他の契約にない大きな特徴が幾つもあります。その中でも特に重要なのが、信託する財産について、その行く末を現在や近未来ばかりではなく、遙か遠い未来まで決めておけるということです。

河合：専門家的に言ってしまえば意思凍結機能ですが、もっと深く大きな意味がありそうですね。

白木：それは言い換えてみれば、進路を決める、航路を決めるということで、信託契約はいわば地図や羅針盤の役割を持っています。15世紀、わずかに人口１００万人たらずの小国に過ぎないポルトガルが短い期間とはいえ、当時四億人の世界を制覇できたのは、ポルトガルの英雄ブァスコダ・ガマが大西洋を進むとインドに通じる航路が有ると揺るぎない確信と勇気を持って大航海時代を拓き、その結果として香辛料とかの当時最も必要だった物資を発見し独占的にその航路を支配できていたからです。それが可能となった理由は正確な地図や羅針盤を持っていたことですから、信託も揺るぎない確信と勇気と、その航路を安全に実現できる地図と羅針盤が必要で、まさに相通じる部分があると思っています。

河合：なるほど、確かに歴史上で小国が世界を制覇したケースでは、その当時に必要な物資とその流通経路を的確に押さえていますよね。

白木：そうです。信託を航海する船にたとえますと、いつ嵐に遭遇し、船が座礁するか？　いつ食糧や水が枯渇するか？　また船の中で信頼していた水夫達の反乱が起こるか？　などの様々なリスクが有ります。単に武力が優れていたということではなく、未来を見据えた戦略と細かい戦術を持っていたということなのです。またその戦略というものには、単に自国の利益や繁栄だけを求めるのではなく、誰もに利益をもたらすべきという共通の大前提を踏まえた上で、互助互譲の精神が必要であると思います。

河合：なるほど、世界航路を作るという物理的な部分だけではなく、戦略には精神的側面が大切ということですか。だからポルトガルも含めて、いわゆる列強の自国だけに富をもたらす植民地占領政策は長続きしなかったのですね。

白木：そうだと思います。その意味から、日本は欧米列強の国々と全く異なり、植民地に自国以上の公共投資を行い、自国と同じように繁栄することを願いました。しかし、近年の日本人が、互助互譲の精神を忘れてしまいつつあるのは嘆かわしいことです。

河合：そうですよね。テレビの法律相談番組の悪影響もあるのか、自分の権利ばかりを主張して義務を履行しないことを是とする風潮になってきているのも、無用な相続争いの大きな原因となっていますよね。

白木：互助互譲は日本人の本来の精神です。私たちの民事信託の運営が、末弟である私にある程度任されているのは、一番弱い立場である私に対して兄や姉が譲る精神、そして私が兄や姉を助ける精神があればこそだと思っています。

河合：重要な財産を実質的に任されている白木さんとして、常に心がけていることはありますでしょうか。

白木：それは「上善如水」です。これは老子の言葉ですが、水はあらゆるものに生命力を与える存在でありながら、その形は常に自由で、しかし他者に対して自らを主張することはなく、かつ低い所に向かって進んで、最後は海という大きな姿にもなる。人間もそのように自己主張を控え、しかし自由に、そして様々なことを受け止めて生きていくべきということですね。

河合：さすがは老子哲学をサイバー大学で教鞭をとられている白木さんです。ところで白木さんはまさに団塊の世代ですが、今ちょうど、白木さんの年代の資産家が相続のことで、中小企業経営者が事業承継のことで悩んでおられます。何かアドバイスはありますでしょうか。

白木：私たちは、物事を決めるに際して多数決が正しいもの、それが民主主義であると教えられてきました。では誰がその多数決に参加できるのでしょうか？

河合：法律面だけで言えば、ここにいる人たちということですが。

白木：私はそうは思っておりません。明治時代に我が国に民主主義の原典として紹介されたチェスタトンが書いた評論『正統とは何か』の中に民主主義について言及があり、「われわれは死者を会議に招かねばならない」と述べています。法律面のことはともかくとして、明治時代に我が国に紹介された民主主義は、多数決の場に先祖の意見を考慮するという民主主義でした。しかし、この伝統的民主主義を21世紀では変えるべきだと思うようになりました。

河合：それはどうしてですか？

白木：東日本大震災と福島の原発事故など、現在の判断が未来にも長く影響を与えるような問題が近年、発生しています。科学が人間の時間軸を遥かに凌駕する現在においては、過去の人々の意見を聴くと同時に発言権の無い未来の世代の意見も聴く必要があります。これからの信託にも同じ観点が必要だと思います。

河合：過去、現在、未来を通じて何がベストなのかということを、時間軸を過去、現在、未来にまで拡大してベストな信託はどうあるべきかを考える。

白木：そうです。戦後の我が国の民主主義は現在に生きる人々の利益のみを尊重して、功利的に判断する考え方に変容していると思います。

河合：それは私も感じています。家督相続とか隠居とか、戦前民法の良い面を再認識し、かつ形式的平等ばかりを重視する法定相続制度を見直し、特に権利を主張するばかりの道具になり下がっている遺留分制度を廃止する必要があると考えていました。しかし、今は現行法のもとで対策を立てざるを得ない。

白木：まさに、そこに民事信託が使えるのですね。本当のベスト・チョイスとは、現在ここに居る人のためだけに考えるべきではなく、過去、現在、未来を通じて最適な判断をすることが必要なのです。

河合：資産の相続にも事業承継にも同じことが言えますよね。

白木：過去と現在と未来を「繋ぐ」、理想の大地を発見するための航路を示すための地図を示し羅針盤を提供する、それが民事信託の大きな役割であると私は考えています。その意味で、河合先生は21世紀の日本のファスコダ・ガマだと尊敬しています。

河合：ファスコダ・ガマですか？　ありがとうございます。日本的な民事信託の普及は、同時に我が国が本来の精神を取り戻すための取り組み、つまり現代のレコンキスタにもなり得るということですね。

白木：現代の日本精神のレコンキスタですか。まさにその通りだと思います。

河合：福岡には白木さん以外にも、服部薫さんというペット信託の第一人者も居られますし、何だかレコンキスタの本拠地のようになってきていますね。

白木：福岡には昔から進取の気性がありますから。

河合：最後に、白木さんが実際に民事信託を導入されてから約6年になりますが、その感想を頂戴できればと思います。

白木：私を含む今を生きている白木家の親族全員はもちろん、過去と未来の白木家にとっても、民事信託はまさにベスト・チョイスであったと思っています。

河合：白木さんには、我が国最初の民事信託の実践者として、今後とも、いろいろとご指導をいただければと思っております。

白木：こちらこそ、今後ともよろしくお願いします。本日はありがとうございました。

2014年7月4日　福岡にてインタビュー

権　利　部（甲区）（所有権に関する事項）			
順位番号	**登記の目的**	**受付年月日・ 受付番号**	**権利者その他の事項**
1	所有権保存	平成１年５月26日 第×××××号	白木さんの父
2	所有権移転	平成19年10月９日 第×××××号	原因　平成19年４月20日相続 共有者 持分４分の１ 白木さんの兄 持分４分の１ 白木さんの長姉 持分４分の１ 白木さんの次姉 持分４分の１ 白木正四郎さん
3	所有権移転	平成20年10月30日 第××××号	原因　平成20年10月30日信託 受託者 シラキアセットトラスト一般社団法人
付記１号	信託	余　白	信託目録第×××号

信　託　目　録		調製　平成×年×月×日
番　号	受付年月日・受付番号	予　　　備
1　委託者に関する事項	白木さんの兄 白木さんの長姉 白木さんの次姉 白木正四郎さん	
2　受託者に関する事項	シラキアセットトラスト一般社団法人	
3　受益者に関する事項等	受益者 　持分４分の１ 　　白木さんの兄 　持分４分の１ 　　白木さんの長姉 　持分４分の１ 　　白木さんの次姉 　持分４分の１ 　　白木正四郎さん	
4　信託条項	Ⅰ，信託の目的 本信託は，本信託契約に定める信託不動産を，受益者のために管理・運用・処分することを目的とする。 Ⅱ，信託財産の管理，運用及び処分の方法 一，信託不動産の管理・運用方法 １　受託者は，信託不動産の管理・運用・処分その他の信託事務について善良な管理者の注意をもって処理する。 ２　受託者は，本信託契約に特段の定めがある場合を除き，自らの裁量で，信託不動産を管理・運用するものとする。 ３　受託者は，信託不動産の管理事務を遂行するために必要があるときは，信託不動産の一部を無償で使用することができる。 Ⅲ，信託終了の事由 一，信託期間 本信託の信託期間は，信託開始日から満20年間とする。但し，期間満了の６ヶ月前までに受益者から受託者に対する書面による意思表示がなされない限り，10年間更新するものとし，以後同様とする。 二，信託契約の変更 本信託は，貸付人の承諾を得た上で，受託者と受益者の合意によってのみ変更できる。この場合，受益者については，総受益者の受益権持分の４分の３以上の同意を必要とする。	

※この登記事項証明書は一部分をデフォルメしており実際のものとは異なります。

第９章

民事信託実行に関しての注意点

民事信託は、我が国ではまだ歴史が浅く、先例や判例にほとんど現れていない状況にありますので、専門家にとっては、現実の案件に対応する際に、どのような部分に注意すればよいかが不明であると思います。

しかし、これまで見てきましたように、他の制度では実現できない新たなスキームを含み、積極的に活用すべき仕組みであることには間違いありませんから、大いに活用すべきでしょう。

金融庁の許可がある信託銀行等が受託者になり、ほぼ１００％が自益信託で、委託者兼当初受益者が、自己の資産運用のために利用する商事信託とは異なり、民事信託の場合には、その意義や目的によって多種多様なパターンが考えられます。

そもそも民事信託とは、当初の財産所有者である「委託者」が、その願いを叶え、想いを実らせるためのツールです。

その意味から例えてみるなら、委託者の願いや想いを託されて、その実現に手を貸す、いわば「民事信託というお芝居」の登場人物が何人も必要であり、その組み合わせがいろいろと考えられるのです。

民事信託には、最低限で委託者、受託者、受益者の三者、そしてケースによっては二次以降の受益者、受益者代理人、信託監督人、受益者指定権者等々、様々な登場人物の設定が必要になるのです。

そういったことから、その「脚本」をどのように書くかが問題になるということになるのです。

そこで、これまでの事例を踏まえながら、各カテゴリーに分けて、民事信託実行の際の注意点をまとめておきたいと思います。

1　受託者について

民事信託の場合は、信託法第7条により、「未成年者又は成年被後見人若しくは被保佐人」でない限り、個人でも法人でも、本当に誰でもが受託者となることができます。

しかし、民事信託の場合には、受託者は基本的には報酬を得ることができず、受益者のために義務を負うだけの、いわば「割に合わない」仕事をしなければならない立場に立つことになるのですから、まずは委託者及び受益者との、いわば十字軍の信託に匹敵する程の信頼関係が必要ということになります。

その意味から、もしそれ程に信頼できる人物がいないということであれば、委託者自身が、民事信託の受託だけを目的とした法人を設立するのがベストです。

しかし、現実には法人の設立費用や運営経費の問題から、個人を受託者として選定しなければならないケースも数多いと思われますので、個人及び法人を受託者としたケースに分けて、その一般的注意点を列記しておきます。

個人を受託者とする場合

・委託者及び二次受益者との人間関係

当たり前のことですが、民事信託の主人公は委託者であり、委託者亡き後の二次受益者なのですから、委託者が大切にしている財産の名義を託して管理の責任を負ってもらい、かつ自分の死後は確実に二次受益者に権利を移転する責務を担ってもらうべき受託者は、当然に永続的な人間関係が保持できる人物でなければなりません。

専門家がよく「受託者を監督するために信託監督人を置くべき」と言いますが、それは受託者がビジネスとして信託行為を行う商事信託と混同した捉え方であり、民事信託の本質を考えれば、そもそも監督を付けなければならないような受託者しかいないのであれば、民事信託などするべきではないと思います。

その意味から、もし個人を受託者とするのであれば、例えば絶対的かつ強固な人間関係がある親子兄弟であるとか、本当の親友であるとか、自己犠牲をしてまで委託者に対して献身的な思いを持っている人物に限られるということになるのではないでしょうか。

もちろん、民事信託の円滑な運営のために信託監督人が必要とされるケースはあると思いますので、その際には専門家なり資格者法人なりの、第三者性と十分な学識や経験を持つ人物や法人が信託監督人となることが適当でしょう。

・年齢や体調

いかに素晴らしい受託者が見付かったとしても、その人も人間なのですから、必ず年老いて死亡したり、若くても体調を崩してしまうことが有り得ます。

その意味から、民事信託において個人を受託者にする場合には、当初の契約で「二次受託者」を設定しておくか、あるいは契約上で容易に「予備受託者」を選定できるようにしておく必要があるのですが、信託契約当初から、委託者と年齢が変わらない人や体調の悪い人を選任するのはリスクが大きすぎると考えなければならないでしょう。

・受託者の仕事内容についての理解

前記のように、民事信託の受託者は利益を得ることがなく、義務を負うばかりの「割の合わない」仕事なのですから、これを個人が担うということ自体に難しさがあります。

もちろん、信託財産が自宅と預金だけといった単純な福祉型信託などでは、受託者に日常的な業務が生じることはあまりありませんが、それでも信託契約上での受益者への報告義務などもありますので、少なくとも受託者としての仕事内容を理解しておいていただくと、後々になってトラブルの原因にならずに済むでしょう。

・二次受益者の推定相続人との関係

当初受益者を兼ねている委託者が死亡した際、受託者が利益の分配や報告義務を負う対象が二次受益者に移ることになりますが、それが相続問題と連動していた場合には、受託者が委託者の推定相続人と何等かの接点を持たなければならない可能性が考えられます。

その意味から、少なくとも受託者と委託者の推定相続人との人間関係が悪くないということが、受託者選定の基本となると思います。

いわゆる「家族信託」の場合、受託者自身が委託者の推定相続人の一人である場合が少なくないと思われますので、民事信託をしたばかりに相続問題が複雑になるというような事態は避けるべきでしょう。

法人を受託者とする場合

・受託法人の社員や役員と、委託者及び受益者との関係

委託者自身が民事信託専用の受託法人を設立したとしても、法人には社員や役員が必要で、その人たちが法人を運営するのですから、その人たちと委託者及び受益者との関係は、受託者が個人である場合と同じように、十分に注意しておかなければならないと思います。

・法人の決議機関や決議方法について

民事信託の受託者の役割は難しいものではなく、特に民事信託の受託法人は、一般的には信託財産を託されているだけで、固有財産や固有債務はほとんどないのですが、それでも法人が受託者となる限り、法人としての意思決定や業務執行に関するルールを厳格に決めておく必要があります。

その意味から、法人の組織を可能な限りシンプルにするため、当初は委託者自身が法人の代表者となることが好ましいのですが、委託者はやがて行為能力を喪失し、そして死亡するのですから、委託者に代わる社員や役員の事前準備が必要であり、かつ委託者以外の者が法人を運営するようになった時以降も、変わらず受託者としての任を果たせるような仕組みを作っておくことが重要であると思います。

・民事信託受託以外の業務との関係

民事信託専用の法人を設立するのが理想的ですが、ケースによっては既存の会社等の法人を受託法人として利用することも有り得ますし、それ自体は何の問題もありません。

しかし、その場合には、法人の業務執行上、民事信託の受託者としての業務を完全に切り分け、かつ信託財産を法人の固有財産と完全に分別するために「管理会計」を導入するなどの工夫が必要となります。

さらに、信託業法との関連を考え、法人の事業と民事信託の関係が、外部からの誤解を受けないよう注意する必要もあると思います。

2 受益者について

我が国では税制の関係から、一般的には信託設定当初は委託者と受益者が同一人物となる「自益信託」の場合がほとんどで、一代限りで終了する信託でない限り、委託者兼当初受益者死亡によって、受益権が二次受益者に承継されるのが普通です。

その意味から、当初受益者が存命中に認知症等になった場合、受益権の適切な行使が難しくなるケースも考えられますし、また、信託契約は委託者と受託者の二者間で行われるものであり、必ずしも二次受益者が関与しないで決定されることも考えられますので、信託契約締結後に発生する様々な事象を想定し、それらに対応できる取り組みを事前にしておく必要があります。

ここでは、受益者（二次受益者）に関連する一般的注意点を列記しておきます。

・委託者の行為能力喪失への対応

委託者の認知症等による行為能力喪失への対応策として、委託者の親族等との間での「移行型任意後見契約」の締結が必要であると思います。

移行型であれば、後見監督人が付されて正式に任意後見が開始される以前の段階から、委任契約の受任者が一定範囲で委任者である委託者の代理人として行動することが可能となりますから、民事信託自体の運営がストップする事態を回避することができます。

ただし、民事信託の受託者が親族であった場合、受託者が任意後見人を兼務することは、形式的には利益相反に陥る可能性が有り得ますので、避けておいた方が賢明でしょう。

もちろん、任意後見人を決めておらず、家庭裁判所が法定後見人を選任した場合であっても、後見開始前に合法的に締結された民事信託契約の効力には影響ありませんから、信託財産に関しては後見人の権限が及ばないということになりますが、やはり民事信託自体に理解がある任意後見人を最初から指定しておいた方が、すべての手続きがスムーズに進み、ひいては委託者の意思が最大限に生かされる結果となりますので、任意後見制度の併用は必須ではないかと考えます。

・委託者兼当初受益者の遺言について

特に遺言代用信託の場合、別途に遺言を書かなくても、信託財産は確実に二次受益者に受益権として相続されることになりますので、遺言自体が不要であるとする考え方もありますが、信託契約は財産権の帰属についての指示ができるだけで、やはり遺言は別途必要なのではないかと考えます。

信託は所詮「モノ」の処分に関しての契約行為ですから、「心」の部分は関係ないイメージとなり、その部分を遺言書の付言事項あるいは心情的な部分のみを記した自筆遺言書で埋めるという発想が必要でしょう。

また、民法に基づく「遺留分減殺請求の順序の指定」等、遺言特有の機能もありますので、大いに活用すべきです。

・他の推定相続人の納得と合意

民事信託は多くの場合、「遺言代用信託」「受益者連続型信託」など、特定の推定相続人に特定の財産を相続させるための手法を活用しますから、当然に二次受益者となる者以外の推定相続人との関係を考慮しておく必要が生じます。

ベストなのは、信託契約締結前の時点で、すべての推定相続人に説明をして納得と合意を取り付けてから契約を行うことですが、現実にはそうできないケースも想定されます。

その意味から、いかに事後においてでも他の推定相続人の納得と合意を得られるような契約内容にしておくかが問題となり、そういった問題への対応策の一つとして遺言の併用があると考えます。

・税務の検証

民事信託に関しての税務は、信託のパス・スルー機能から、基本さえ押さえておけば、そんなに難しいものではありませんが、それでも当初の設計を誤ったり、例えば関係者の死亡する順番が想定外のものになった場合等々で、思いもよらない課税がなされるリスクが全くないとは言えません。

その意味から、相続税の課税対象となるくらいの規模の信託財産を扱う場合には、一応税務の専門家のチェックを経ておくのが安全であると考えます。

・名義移動に関する問題

信託には財産権の名義が委託者から受託者に移転するという大きな特徴があるのですが、その意義が一般的にはあまり理解されていないように思われます。

例えば、抵当権が既に付いている不動産を信託でもって名義移転した場合には、抵当権者である金融機関との事前調整を行っておかなければ、「担保物権の処分ではないか？」との誤解を受けることがあるでしょうし、株式であれば受託者への信託移転であっても「譲渡」とみなされ、譲渡制限株式であれば譲渡承認の手続きが必要になったり、中小企業経営承継円滑化法等の特別措置の利用に影響を与えたりする可能性もありますので、事前に十分な情報収集と対策を講じておく必要があります。

3　民事信託の各類型における注意点と代替策との比較

次に、民事信託の設計を行う際に注意すべき点や代替策との比較について、各分類の民事信託別に解説します。

福祉型信託設計に関する注意点

・委託者の意思能力や民事信託に対する理解力

民事信託は、一般人にとっては、いくらやさしく説明しても完全に理解することが困難なものですが、金銭や不動産の名義が移動するという、一般人にとっては相当な大事業であり、かつ長期間にわたって継続するものなのですから、当事者の理解度や納得感が中途半端なものであれば、契約を締結したとしても、将来のトラブルの原因を内包したままで事が進められるという不安定なものになってしまいます。

その意味から、民事信託は設計段階から十分にヒアリングを行った上で、当事者が十分に理解できるような説明を尽くしておくことが重要となります。

・財産や相続関係の把握

民事信託を実行する財産が全体の一部であったり、今は推定相続人が一人しかいない場合であっても、財産は将来に向けて変動を繰り返すものですし、現在の推定相続人が先に死亡することによって対象が変わる可能性もあるのですから、民事信託の設計の段階において、必ず十分な情報収集をしておく必要があります。

信託契約は、当事者全員が十分な意思能力・行為能力を維持していなければ、簡単にやり直しや変更ができないものなのですから、当初の契約の前の段階での調査が極めて重要なのです。

・周囲の理解と協力

推定相続人でなくても、委託者や受託者の周囲の人たちが、民事信託をする理由や必要性を十分理解していないと、あらぬ誤解や憶測を生み出してしまい、円滑に民事信託が運営できなくなる可能性もあります。

特に一般の方々にとって「信託」という名称には誤解や思い込みがあるようですし、ましてや「民事」という言葉のイメージは「裁判」「破産」等の嫌なことを想像させてしまう可能性があるものですから、十分に説明をして、理解を得ておく必要があるでしょう。

・手続き費用や専門家報酬の支払いについて

ケースにもよりますが、民事信託は一件一件をオーダーメイドで設計するのが通常ですから、契約書も雛形で機械的に処理できるものではなく、専門家にとっては手間と時間と想像力を要する仕事であり、当然にその報酬も安いものにはならないはずです。

さらに不動産信託などでは、軽減されているとはいえ、登録免許税等の実費や公証人手数料等が必要になりますし、民事信託スキーム全体に要する費用は決して安いものではないと思います。

もちろん、民事信託には、「何もしない」ケースと比較すれば何十倍何百倍の効果がありますので、専門家側の視点から見れば費用が高いとは思えないのですが、それでも一般人にとってはデリケートな問題ですから、合意と納得のうえで費用を請求できるよう、人間関係を構築しておくことが重要になるでしょうし、逆に費用が負担できない、あるいは金額に納得しない人であれば、民事信託をお薦めすることは難しいということになるのでしょう。

福祉型信託の代替策と問題点

・不動産管理会社への所有権移転

63ページでも解説していますとおり、不動産の所有権が完全に会社に移転して、個人の相続財産ではなくなり、その不動産自体が相続問題とは無関係になる方法ではありますが、税負担等の費用的な問題があり、かつ会社財産となるので会社株式の相続の問題が残ってしまいます。

また、民事信託と比較した場合、完全な所有権移転となるため、元の所有者に財産名義を戻すことが困難になるなど、事情の変更に伴っての柔軟な対応をすることができないという問題があります。

・成年後見制度のみによる対応

確かに、一般的な財産管理行為については、信託をしなくても成年後見人が本人に代わって実行してくれますが、成年後見人は常に家庭裁判所の監督下にありますので、財産の保全的な行為以外は一般的にはできないことになっています。

また、成年後見人はすべての財産を一律に管理することになりますので、特定の財産について特別な取扱いを求めることは困難ですし、相続の開始によって後見は終了して通常の相続となりますので、財産を長期的に元所有者の意思通りに動かすことは不可能となります。

・遺言若しくは死因贈与契約のみによる対応

ごく単純な相続関係であれば対応可能かもしれませんが、遺言等では物権の債権化機能や受益者連続機能がありませんので、少し複雑な内容若しくは財産所有者に強い希望がある場合には、これらのみでの対応は困難となります。

また、遺言等が私文書で作成されている場合、紛失や行方不明、あるいは検認不能や執行不能等のリスクもあり、契約として安定性がある民事信託に比較すると弱い面があります。

・信託銀行や信託会社などの商事信託利用

もちろん、商事信託も信託の一つですから、決して民事信託と対立するものではなく、ケースによっては活用又は併用することも視野に入れるべきですが、多額の費用がかかり、かつ現実には相当多額の現金や収益不動産等の大きな財産でなければ信託銀行や信託会社が受託してくれないと思われます。

株式信託設計に関する注意点

・受託者の見識について

株式信託の場合、一般的には委託者に代わって受託者が信託株式に関する議決権行使を行うことになりますが、その会社の経営者であった委託者と比較して、会社経営に関する知識や会社経営陣との人間関係があまりにも不足しているようでは、議決権の行使も正しいものにならない可能性がありますので、受託者の人選段階から十分に注意しておく必要があると思います。

・二次受益者の認識について

一般的に二次受益者となる者は会社の後継者となる予定の者ですから、一般的な事業承継に関する注意点と同じく、会社経営に対する意識や会社経営陣との人間関係の他、他の推定相続人との関係についても十分に考慮しておく必要があります。

事業信託設計に関する注意点

・委託者の認識について

何等かの理由で自社の事業を他社に事業信託するのですから、まずは受託者となる会社やその経営者との人間関係、信頼関係が強固であるかが一番の問題となります。

また、事業信託をするということは、将来における選択肢を複数確保しておく目的があるということですから、委託者自身の体調の問題であればその回復可能性や時期について、委託者側の後継者の成長の問題であればその者の後継可能性や時期について、十分に予測しておく必要があり、かつ最終的に事業譲渡となるのであれば、その売却代金や条件等についても一定範囲で予定しておくべきでしょう。

さらに、事業信託は債務引受を伴いますので、委託者が負っている事業信託関連債務を確実に分別し、受託者及び債権者の納得のうえで事業信託契約自体を進める必要があります。

・受託者の認識について

受託者は、いわば条件付きで他社の事業を託され、それを自社の固有事業と同様に発展させる責務を負うという立場ですから、何よりも委託者側との人間関係、信頼関係が重要になります。

また、受託者は事業信託開始後、自社の固有事業と受託している信託事業とを完全に分別管理する必要があり、それには相当な手間と費用を要するものと考えられますので、その負担に関しての決め事も事業信託契約書内でしておく必要があります。

さらに委託者側から従業員を引き受けることも有り得ますので、その場合の労働契約や労働者個々の納得と合意も十分に考えておかなければなりません。

事業信託の代替策と問題点

・事業譲渡

事業譲渡をしてしまいますと、譲渡側の会社は完全に事業を失うことになり、かつ以後の事情の変更によって事業を旧に復することは非常に困難になりますし、契約時点において、譲渡代金次第では相当額の課税が発生したり、労働者の移籍に関してのトラブルが勃発する可能性もあります。

また、事業譲渡では債務が引き継がれないので、譲渡側の会社は譲渡代金を得ても債務の返済に充てなければならないということも考慮に入れておく必要があります。

・会社分割

会社分割によって実質的に事業主体の移動を行うことは可能で、会社分割であれば事業譲渡の場合とは違って、課税関係や労働問題は発生しにくくなり、債務もスムーズに移転することができますが、やはり事業を旧に復することが困難であるとか、分割後の株主構成をどうするか等の問題が残ります。

また、会社分割は手続き的には相当複雑なものとなり、それなりの費用がかかりますし、さらに個人事業の場合にはそもそも会社分割自体ができないという問題があります。

まちづくり信託設計に関する注意点

・委託者と二次受益者の認識について

まちづくり信託に関しては、単なる財産管理というレベルを超えて、歴史的建造物の保全や町全体の景観保全などの社会的意義がありますので、委託者及び二次受益者が、そのあたりの認識を十分に持っていませんと、設計自体がうまくいかないということになります。

また、複数の委託者がいる集団的な信託になる場合などには、全員の意思統一や、周辺住民との関係が問題になることもあるでしょう。

・受託者に関して

本来であれば、まちづくり信託は公共的な目的に基づくものなのですから、信託業法の規制とは馴染まないのですが、現行法上では公益法人等を受託者とすることは困難です。

もちろん、不動産信託を業とする商事信託会社を受託者とする方法も考えられますが、まちづくり信託の場合、現実には多くの信託対象物件が収益性の高いものではないため、ごく一部しか商事信託は活用されていないようです。

そういった事情から、現実には委託者の親族若しくは委託者が設立した受託法人を受託者とするしか方法がありません。

しかし、将来的には、まちづくり信託の受託者に関しては信託業法の規制の対象外となるよう運動を進めなければなりませんから、その意味からも、今は一般人である受託者の意識や行動が適切なものであることが要求されるものと思います。

特に資産活用型信託の場合、周囲の専門家や行政機関などが受託者を支援して、より適切な活用方針を策定し、それを的確に実行できるようにする必要があるでしょう。

第 10 章

専門家業務と民事信託

冒頭にも書きましたが、最近では民事信託に関する書籍の出版が相次いでおり、民事信託をテーマとしたセミナーも毎週のように開催されていますが、それら出版物の読者やセミナー受講者の多くが、いわゆる「専門家」であると考えられます。

おそらく、信託法改正前から民事信託に着目していたのは、不動産関係の専門家と司法書士ではないかと思います。

彼らは実際に資産家や中小企業経営者、あるいは成年後見制度を利用する人等からの依頼で、不動産取引や不動産の活用支援などに携わっている中で、何となく「民事信託が使えるのでは」と考えたのではないでしょうか。

しかし、我が国の税制では、民事信託を利用しても相続税や贈与税の節税にはならないことから、つい最近まで税務や会計の専門家が民事信託に興味を示すことはほぼ皆無であり、そのことが民事信託制度自体の普及を遅らせてきたのではないかと考えています。

また、金融機関や保険会社等の資産家や中小企業経営者に近い存在の人たちも、以前は全く民事信託には興味を示さず、理解しようともしていなかった感がありました。

確かに民事信託は直接的な税金対策にはなりませんし、金融機関や保険会社に直接利益をもたらす仕組みではないばかりか、むしろ面倒なだけのことだったのかもしれません。

しかし、これまでにおわかりのように、民事信託には「もっと大切なこと」をケアする機能があるのです。

最近、ようやくそのことを理解する専門家が増えてきたのは嬉しいことなのですが、まだまだ多くの専門家が、民事信託にどのように関わったら良いのかがわからない状態にあるように感じます。

そこで各専門分野に分けて、民事信託の「デザイン」「設計」「手続き」等のプロセスへの関わり方をまとめてみましょう。

1 民事信託のデザイン

これまで申し上げてきましたように、民事信託には実に様々な種類や手法があり、一つのテーマに対しての答えが一つではないということが大きな特徴となっています。

そのため、民事信託を作り上げるためには、それぞれの事案に対する解決法としての「グランド・デザイン」が非常に大切で、その部分を間違ってしまうと、民事信託全体の方向性を誤ることになります。

そこで最初に、民事信託をデザインするための知識として、顧客対象、適用できるスキーム、そして民事信託に取り組むにあたって連携すべき専門家と期待される知識についてまとめておきます。

【図表71】顧客となり得る対象と適用できるスキーム

	顧客となり得る対象	適用できるスキーム
資産家層	不動産等の資産を所有し、かつ相続関係に不安を持つ人	疑似家督相続信託 金銭贈与信託 複合型プライベート・トラスト
中小企業経営者層	中小企業のいわゆる「オーナー経営者」	疑似隠居信託 会社使用不動産保全信託 始期付株式信託 株式暦年贈与信託 後継者指定型信託 事業承継信託 個人事業の疑似会社分割 事業承継トライアル信託
後見制度予備軍層	近い将来に被後見状態になる可能性が高い人	遺言／後見併用福祉型信託 障がい者福祉型信託 死後事務委任信託
自己実現積極層	制度的保障や法的保護が十分でなく困っている人	再婚支援信託 法律外婚姻支援信託 生活再建支援信託 ペット信託®（FA信託）
リスクマネジメント積極層	その他、積極的に自己の予防的財産管理を進めたい人	特定財産保全信託 事業レスキュー信託 伝統的木造家屋保全・利活用信託

【図表72】民事信託に取り組むにあたって連携すべき専門家と期待される知識

	専門家	期待される知識
法務面	司法書士 行政書士 弁護士等	・信託法、民法全般、相続全般に関する知識 ・民事信託契約書作成に関する知識 ・遺言、成年後見等の民事信託周辺制度に関する応用知識
財務面	税理士 公認会計士等	・相続税等の資産税務に関する知識 ・信託税務に関する知識 ・分別経理（管理会計）に関する知識
事業／人事組織面	中小企業診断士 社会保険労務士等	・中小企業経営及び経営分析に関する知識 ・事業承継全般に関する知識
資産管理面	不動産鑑定士 宅地建物取引士等	・不動産及び不動産取引に関する総合知識 ・不動産時価鑑定に関する知識

2　民事信託の設計

民事信託を考える際に最も大切なのは「委託者の願いと想い」で、それを民事信託という枠組みにあてはめることでグランド・デザインが行われます。

そして次に、その願いや想いが正当なものであるか、そして実現可能なものであるかについて検証した上で、事案を分析し、具体的な民事信託の設計が始まるのです。

ヒアリングと対話

民事信託の設計は、一体委託者は何を目指しているのか？　ということについて、十分にヒアリングをすることからスタートします。

ここで注意しなければならないのは、民事信託に限らず個人の財産管理を取り扱う際には、多くの場合、委託者の大変プライベートな部分に及ぶ情報を収集しておかなければ正しい設計ができないということです。

例えば、「前婚の際の子がいる」という個人情報を取得しないままに設計を進めてみても、推定相続人が違っていては最終的な結果が全く変わってしまいます。

これは、専門家がいかに委託者からの強い信頼を得ることができるかにかかっていると思います。ところが多くの専門家は、対話の手法を学習する機会がないためか、あまり上手にできていると思えない向きが大多数です。

「対話」と「尋問」とは根本的に異なるということを忘れてはなりません。

人と対話し、信頼を得て、そして正しい情報を収集するためには、特別な技術が必要ですから、そのための学習も欠かすことができないということになります。

事案の分析

・特定の推定相続人に財産を渡したい（逆に特定の者には渡したくない）

↓基本的に財産を誰に渡すかは所有者の自由ですから、この段階では法定相続分や遺留分、そして相続税対策等に関係なく、委託者の自由な希望を、先入観や憶測なしで素直に聴取するべきでしょう。

・会社を特定の後継者に承継させたい

↓いわゆる事業承継は、現代では必ずしも自社株式を所有している者が経営者とならなければならないということではなくなっていますので、財産状況を確認した上で、民事信託以外の選択肢、例えば種類株式や定款自治の併用なども検討しておくべきでしょう。

・認知症等の行為能力喪失に備えておきたい

↓成年後見制度の問題点が多く指摘されるようになり、特に財産管理に関する後見人の権限が硬直的であるため、後見制度を排除して民事信託を利用しようとする動きもあるようですが、民事信託とは所詮は財産権だけにしか適用できない制度なので、基本的には成年後見制度と民事信託とは共存・併用しなければならないと考えてください。

・民法では実現不可能なことをやりたい

↓受益者連続型信託や自己信託、事業信託等に代表されるように、信託法を活用すれば民法では絶対にできなかったことが実現できる可能性が極めて高くなります。

ただし、民事信託とて万能ツールではありませんから、その活用には十分に注意を払う必要があります。

登場人物の設定と配役

民事信託は芝居の脚本と似た部分があるのではないかと思います。

すなわち、委託者・受託者・受益者という三者は必ず登場する他、受益者代理人、信託監督人、そして二次受益者や三次受益者、そして受益者指定権者を登場させることもできますし、さらに信託の期間は相当に長く設定される場合も多いのですから、現世代が居なくなった後の次世代の登場人物や、まだ生まれてもいない人物の登場まで予定しておかなければならず、いわば「大河ドラマ」のような脚本が必要になるのです。

そして、脚本を書いて登場人物が決定したなら、次に配役をしなければなりません。

その配役は、一人二役も含めて多種多様な組み合わせが考えられますし、もし適当な役者がいなければ他から呼び寄せるとか、場合によってはこのために法人を作るなどの方法で、すべての配役を埋めて行くことも必要になるでしょう。

脚本の確定

そうして配役が決まりましたら、次は脚本の確定です。

多くの場合の民事信託は、相当長きにわたって演じられる芝居ですから、先々で状況が変化することも考慮に入れて、十分にリスクマネジメントを効かせた内容としておく必要があります。

その意味から、民事信託は設計する者の能力や意識によって、結果が大きく変わってしまうだけではなく、場合によっては想定外の事態が勃発することによって、民事信託自体がデッドロックに乗り上げてしまい、失敗に終わる危険性もあることを忘れてはなりません。

他の制度との併用

民事信託は他の制度と併用してこそ、本来の役割を全うできる制度であるともいえます。

民事信託は所詮は契約なのですから、その契約で決めることができるのは、人間の持つ三要素の中の「財産」の部分だけに過ぎず、人にとってさらに大事な要素である「精神」や「身体」の部分を決めることはできません。

その意味から、「精神」の部分を自由に記載することができる遺言や、「身体」に関するケアが可能な成年後見制度との併用は必須のものとなります。

ただ、民事信託契約書は、必ずしも法的な部分しか記載してはならないというものではありませんので、21の事例に示しております民事信託契約書では、民事信託をするに至った当事者の「願い」や「想い」の一部を記載することによって、関係者の理解と協力を図るという手法を取っています。

民事信託契約書に遺言における「付言事項」的な役割を担わせることは、必ずしも不可能ではないのです。

3　民事信託の手続き

こうしてようやく、民事信託という芝居の脚本が完成し、いよいよ芝居が開幕となる前の最後の仕上げ段階が、民事信託の手続きということになります。

民事信託は今のところ、まだ実際の事例を経験した人が少なく、かつ民事信託自体が千差万別の内容であるため、体系的に手続きを理解するのが困難な部分がありますが、ここでは基本的な民事信託契約を前提に、代表的な手続きについて紹介します。

民事信託契約書の作成

やはり民事信託の手続きで最大のものは「信託契約書の作成」でしょう。

まことに厄介なことに、民事信託は本当に多種多様、百者百様なものであり、契約書に関しても他の定型的な契約とは異なり、いわゆる「雛形」というものが存在しないと考えても良いと思います。その意味から、これまでの契約書作成を「雛形」に頼ってしかできなかった専門家は、ここで知識力と想像力を試されるということになるのです。

もちろん、信託契約書とて一般の契約書と同じですから、必要的な記載事項は決まっていますが、本当に大切なのは「想定外への対応」なのです。

公証役場での手続き

民事信託契約書につき、これを公正証書にする必要があるかどうかの問題ですが、これはケースバイケースであると思います。

もちろん確実性を重んじるのであれば公正証書による契約がベストであるとは思いますが、財産の価額によっては多大な公証手数料がかかることでもありますし、必ずしも公正証書にする必要がないケースも有り得るでしょう。

例えば不動産信託のみを行って登記される場合には民事信託契約書自体は私文書でも差し支えないかも知れませんし、単純な内容で他者に影響を与えないような民事信託契約であれば、契約書に確定日付を取得するのみで差し支えないケースもあるでしょう。

また、確定日付と公正証書の中間的な方法として、公証人による私文書認証の制度を活用する方法も考えられます。

これは、私文書として作成した契約書等につき、当事者が公証人の面前で「自分が関与して作成された文書に相違ない」と宣誓し、これを公証人が証書でもって証明する手続きで、これであれば文書の内容に関係なく1件あたり１１０００円の手数料で済みます。

私文書認証をしておけば、少なくとも公証人による本人確認と意思確認が確実になされているということが公的に証明されますので、例えば後日になって契約書自体の成立に疑いを持たれたりすることを防止できますが、あくまでも公証人が証明するのは文書自体の成立に関する部分のみであり、文書の内容についての証明にはなりませんので、注意が必要です。

このように、文書の存在証明や真正担保に関する気配りをしておくことにより、民事信託契約がより安全かつ強固なものになるのです。

信託登記

不動産の場合には信託登記という手順を踏まなければなりません。

実は、不動産の信託は、その登記自体は難しくないのですが、手続き上「信託目録」を作成して、その内容を登記しなければならず、そこで迷ってしまう専門家が少なくありません。

信託目録とは、必要的記載事項は決められているものの、その他の部分については、信託契約書をそのまま転記するのではなく、契約書の中からピックアップして必要な事項だけを登記することになっています。

我が国における不動産登記は、多くの場合に効力要件ではなく対抗要件ですから、要するに外部に公示すべき事項を選択して登記すれば良いということになります。

実務的には、登記原因証明情報と呼ばれる、登記事項を決定して当事者が署名押印した書類に記載された事項がそのまま登記簿に反映されるということになっていますので、その書類の内容を固めるということが大切な作業になるでしょう。

信託スタート後の諸手続き

信託の種類にもよりますが、信託スタート後にも様々な手続きが必要になる場合があります。

例えば収益マンションなどの事業性がある不動産を信託した場合には、税務署への届出をしておかないと、その不動産から出てくる収益に関しての税務申告に支障をきたすことになります。

また、許認可や税制の特例を受ける際に、民事信託をすることが非認定要件になっている場合もありますので、これらは信託契約前の段階でよく確認しておく必要があるでしょう。

それに、現時点ではまだ民事信託が普及していませんので、金融機関等の理解が進んでいないケースも考えられます。

例えば、金銭信託をする際には、「委託者○○受託者××信託口」という名義の預金通帳を作成する必要がありますが、そういった通帳を作ることに抵抗を示す、「勉強不足」な金融機関も存在しています。

【図表73】民事信託通帳の作成

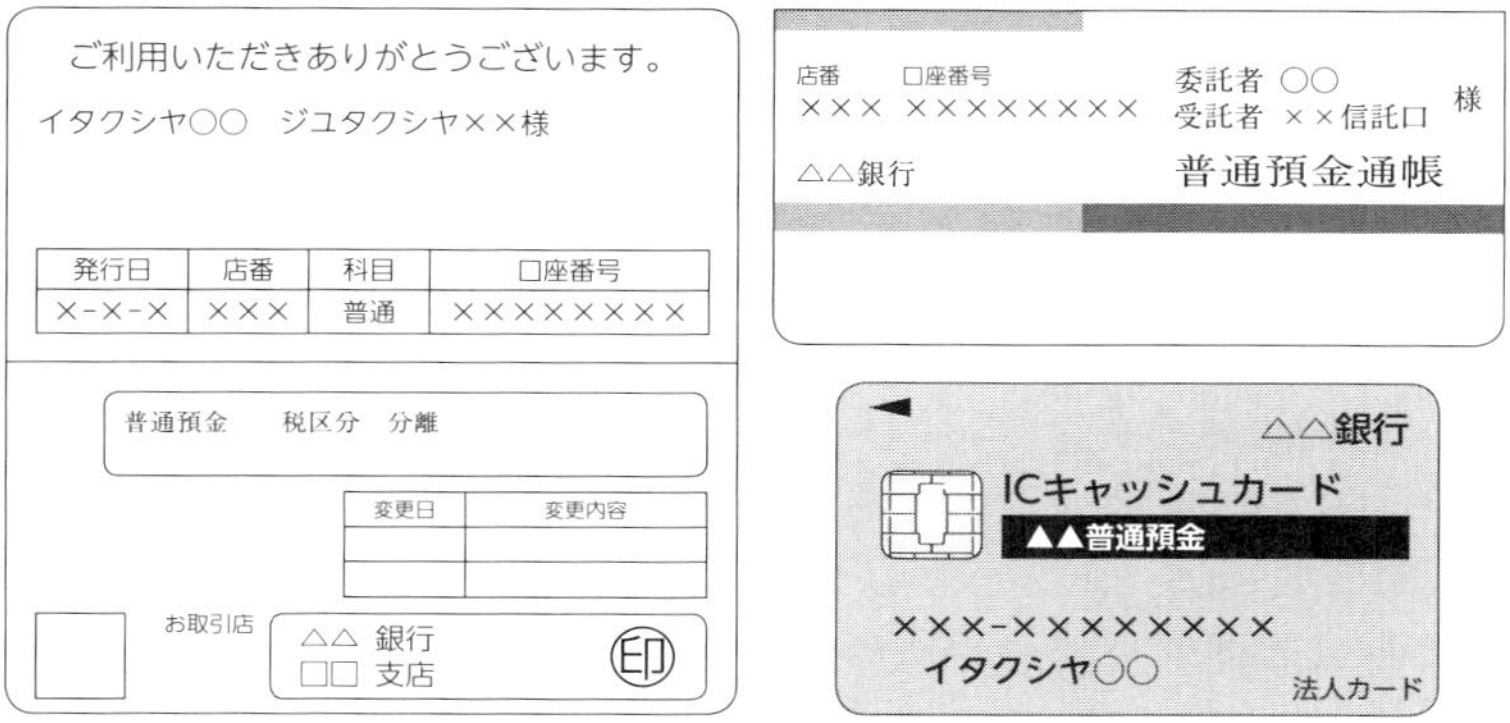

「委託者○○受託者××信託口」という預金通帳とキャッシュカードを作るとこのようになる。

不動産信託の際に、対象不動産が抵当権付になっている場合、法律上は特に債権者の同意を要するということはありませんが、金融実務上では所有者の名義が変更になるということですから、事前に金融機関に説明を尽くしておく必要があるでしょう。

さらに未知の分野ではありますが、例えば事業信託をした場合の債務引受の方法とか、従業員の処遇をどうするかとか、考えてみれば民事信託の世界には「前例のない」ことが山ほど存在しているようです。

一般的な常識では、我が国は法治国家としての歴史が長いので、大抵の法律はその解釈が判例や通説等で決まっているものなのですが、意外と信託に関しては未確定なことが少なくありません。

言ってみれば、一般的な法律については「地図が整備されている」町の中みたいなものであるの

【図表74】民事信託設計プロセス

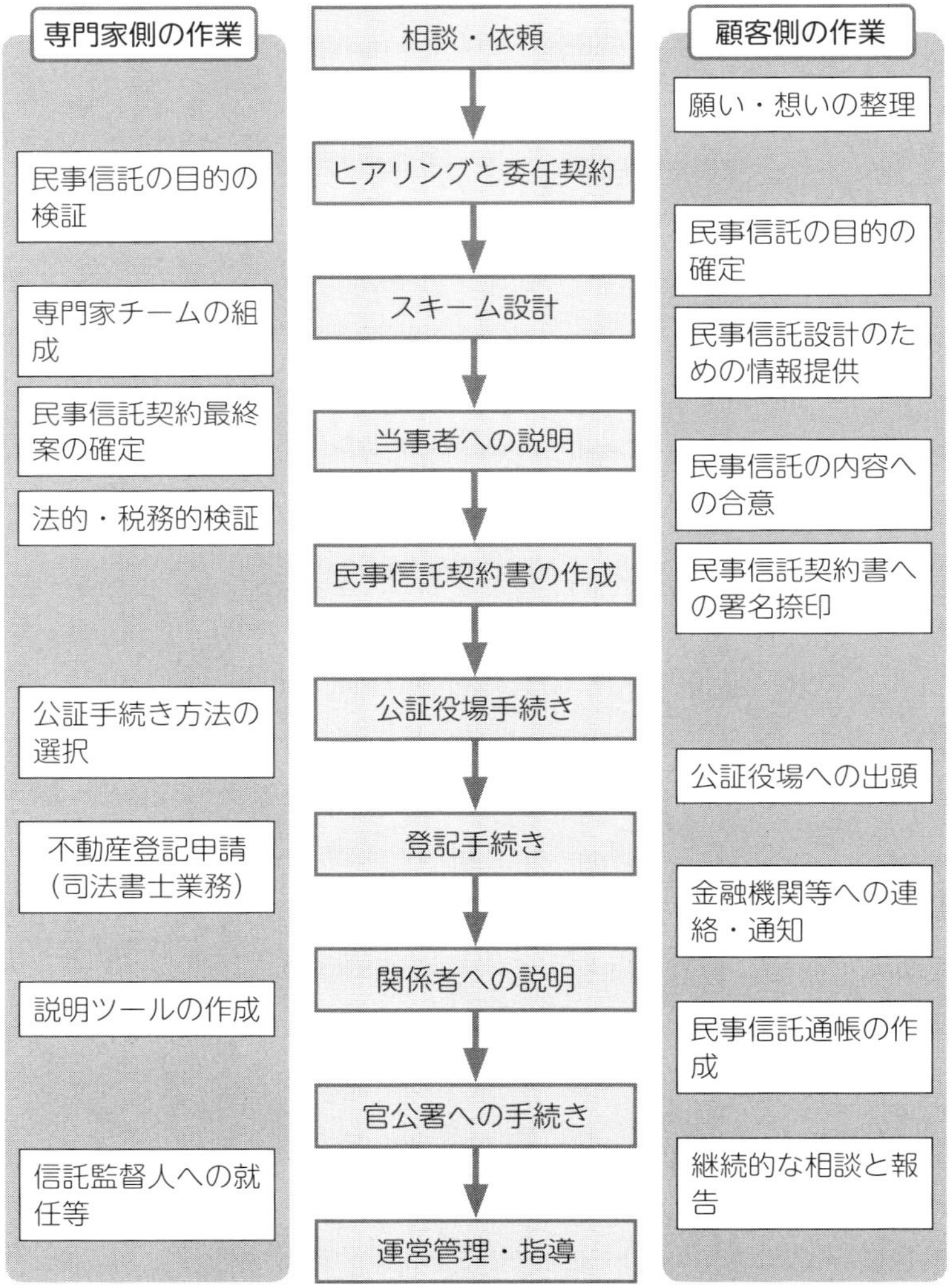
専門家側の作業
民事信託の目的の検証
専門家チームの組成
民事信託契約最終案の確定
法的・税務的検証
公証手続き方法の選択
不動産登記申請（司法書士業務）
説明ツールの作成
信託監督人への就任等
相談・依頼
ヒアリングと委任契約
スキーム設計
当事者への説明
民事信託契約書の作成
公証役場手続き
登記手続き
関係者への説明
官公署への手続き
運営管理・指導
顧客側の作業
願い・想いの整理
民事信託の目的の確定
民事信託設計のための情報提供
民事信託の内容への合意
民事信託契約書への署名捺印
公証役場への出頭
金融機関等への連絡・通知
民事信託通帳の作成
継続的な相談と報告

に対し、信託については「富士の樹海」みたいなものなのかも知れません。

その意味から、開拓者として民事信託に取り組むのは楽しくて、やり甲斐のあることではありますが、常に未知なものとの遭遇を繰り返さなくてはいけない大変な作業ではあると思います。

第 11 章

次回法改正に向けての提言

以上、民事信託に関して、その考え方の基本から活用例まで、様々に述べてきましたが、結局のところ信託法や信託業法といった法律自体に問題があるため、本来可能であるべき活用法を使えないとか、使えるにしても制度的あるいは人的な制約があって極めて不便であることが少なくありません。

実は前回の信託法大改正の際には、国会における附帯決議が存在しており、そこでは「いわゆる福祉型信託については、受託者となる要件を緩和することを検討すべき」とされています。

要するに、福祉型信託については、信託財産自体が不動産にしても金銭にしても小規模なもので、かつ自宅不動産のように収益を生み出さないものが多いため、受託者に支払うべき報酬が発生する商事信託には向いておらず、それらは個人や民間法人が受託者となって、信託業法の範囲外で行わせても構わないのではないかということです。

しかし大変残念なことに、現時点においては直接的に受託者に関する規制緩和の動きはありません。

そのため、せっかく改正された信託法が数々の新しい信託類型を認めているにも関わらず、我が国においてはまだ「信託は難しいもの」「一般人の手が届かない分野」であるが如き誤解が完全に解けないままになっています。

そこで本書の最後にあたって、我が国でも民事信託をベースとした柔軟かつ多彩な信託が大いに活用される世界が訪れることを願い、それを阻害している法律制度について、改正提言を行っておきたいと思います。

信託法

第１６３条に定められている信託の終了事由、いわゆる「1年ルール」ですが、民事信託の場合には、個人である受託者が遺言代用信託等の二次受益者となる可能性が高いですし、また自己信託の場合にはいわゆる「三位一体型」で委託者の生存中は信託を維持したいというニーズがありますので、何らかの特則が必要と感じます。

また、信託法上での明文規定がないため、遺留分減殺請求に関しての学説が分かれており、最終的な結論が出ていないようですが、基本的に信託法は民法に対する特別法なのですから、民法の規定に優先するという前提で解釈すべきなので、遺留分減殺請求権の効力を弱める方向で明文規定を設けるべきです。

例えば、遺留分減殺対象者を受託者とする説と受益者とする説がありますが、信託の大原則から受託者が債務を負うことは有り得ないので当然に「受益者説」とすべきですし、また受益者連続型信託における二度目以降の受益者交替につき、これを「相続ではない」と明文で示すことによって、遺留分減殺請求権を完全に排除すべきと考えます。

これは、そもそも遺留分制度自体の存続の是非や合憲性の検証から議論すべき問題であり、さらには法定相続制度そのものに疑問を呈する時期が到来したとも考えるべき大きな課題であると思います。

信託業法

受託者に関する規制を、民事信託に関してはすべて除外するべきでしょう。

すなわち、民事信託として必要であれば、受託者が複数の委託者から受託することや、専門家等が受託者となった際には一定範囲で報酬を受領することを認めれば、民事信託は一気に普及すると思います。

ただ、近年は成年後見人による被後見人財産の横領事件などが相次いでいますので、民事信託の本旨から言えば大変残念なことではありますが、信託監督人の活用などが条件になることは認めざるを得ないかも知れません。

また、目的信託に関する規制があり、民事信託では目的信託を組成することができませんが、意味のない規制と思います。

信託に関連する税法

目的信託の際に「みなし法人課税」が行われることは、確かに課税の公平の観点に沿ってはいますが、例えば公益的な寄付を目的とする信託で、最終的な受益者が非課税対象の寄付に当てはまることが明白な場合などは、一律に課税をすることを猶予すべきと思います。

これは、障がい者福祉信託などの、福祉目的が明白な他益信託についても適用すべきで、いずれにしても最終的な受益権取得者の性質に応じて課税非課税を分けるのが自然でしょう。

また、固定資産税の賦課対象が、現時点では所有権名義を持つ受託者であるとされていますが、信託の本質から考えれば、所有権の名義ではなく実体の権利を持つ受益者が賦課対象となって然るべきと考えます。

民法（相続法分野）

そもそも論として、現行民法においては、財産所有者の意思に関係なく機械的に相続分が決められてしまうなど、相続に関する規定自体に欠陥があるのではないかと思います。

そのために不動産や会社株式等の物権の共有化によって無駄な争いが生じたり、空き家問題や震災被災地の再開発が遅れるなどの、社会全体に影響する極めて深刻な損失が生じていると考えざるを得ないのですから、将来的には法改正を求めていくべきでしょう。

最初に遺留分制度は少しでも早く廃止若しくは少なくとも権利の濫用を制限する規定を設けるべきです。

現行の遺留分制度は、財産の所有者があえて一部の推定相続人を除外した遺言や死因贈与契約あるいは民事信託契約を行ったことに対して、本来であれば財産を取得すべきでない推定相続人の権利として濫用されているばかりで、社会的にも国民感情的にも無制限に許されるべきものではないと思います。

しかし何故か我が国の民法上及び裁判例上においては、諸外国には類を見ない程に遺留分権利者が強く保護されており、これが権利の濫用に繋がって無用な相続争いを招く原因となったり、場合によっては最初から財産所有者の願いを叶えることを諦めるべきという誤った考え方に陥ってしまう理由にもなっているのです。

前述しておりますように、日本国憲法に遺留分権を認める根拠は何もないのですから、根本的な問題として次回の民法改正の機会までに国民的議論をしておく必要があると考えています。

さらに遺留分制度ばかりではなく、本来は個人が持つ財産権は絶対的なものであるにも関わらず、何故か我が国では当たり前のように考えられている法定相続制度自体についても、果たして日本国憲法の趣旨に照らして適切なものであるのか否かに関する根本的議論が必要であると思います。

民法の相続法分野の改正論議は間もなく始まるものと思いますので、是非ともご一考いただきたいと願っております。

おわりに

これまでに述べてきましたように、民事信託にはまだまだ未知の部分が多く、早急な法解釈の確定及びさらなる法整備が必要な事項は沢山あると思います。

しかしそれよりもまず、民事信託に関しては、とにかく一般市民のニーズに応えた正しい使い方をするように努めることが先決であると思います。

実際、今から約90年前、「信託会社」を自称する一部の心無い者のために、我が国の信託全体が世界の水準から大きく後れを取ってしまったという悲しい歴史があるのですから、そういった失敗を繰り返さぬよう、関係者全員が心して取り組むべきです。

それを扱う人間の想像力次第で民事信託には無限の可能性があることと表裏一体の事実として、その想像力が悪い方向に向かった時、民事信託はとんでもない「凶器」にもなり得るのです。

大変残念なことに、今でも講演等で民事信託の話をする時、これを一部の人を欺いたり阻害したりする道具にしようとしたり、脱税とか脱法の目的で利用しようと考えているのではないかと思われる人と出会うことがあります。

民事信託実務の世界で第一人者と呼ばれている公証人の遠藤英嗣先生は「民事信託は正義でなければならない」と言っておられますが、まさにその通りです。

強力な武器であればこそ、正義のために正しく使わなければ大変なことになり、そして結局「規制」という名のもとに、その便利なツールは国家に取り上げられてしまうでしょう。

「願いが叶う」「想いが実る」そのためのツールとして新しく生まれ変わった「民事信託」を、正しくかつ大きく育てなければなりません。

それには、民事信託を活用しようとする人の意識はもちろん、民事信託の活用を提案して支援すべき専門家の、さらなる意識改革が必要であるということを、最後に申し上げておきます。

著者紹介

河合保弘（かわい・やすひろ）

司法書士
企業再建・承継コンサルタント協同組合（ＣＲＣ）常務理事
宮城県亘理町観光親善大使
メールアドレス：kawai@votre-soleil.com
ＵＲＬ：http://votre-soleil.com

１９９３（平成５）年に司法書士登録。現在は司法書士法人ソレイユを結成し、大阪支店代表司法書士となる。予防法務とリスクマネジメントを専門とし、個人の財産管理や中小企業の企業再生・事業承継のために、民事信託や遺言、種類株式等を活用した総合的支援を主業務としている。近年は講演と出版に注力し、人材育成を図っている。

主な著書

「知って安心!!　可愛いペットと暮らすための知識〜出会いからお見送り、ペット信託®まで〜」

（監修、梓書院、２０１４年）

「誰でも使える民事信託（第2版）」（共編著、日本加除出版、２０１２年）

「不動産取引とリスクマネジメント」（共著、日本加除出版、２０１２年）

「小説エスコートランナーⅡ」（単著、梓書院、２０１１年）

「小説エスコートランナーⅠ」（単著、梓書院、２０１０年）

「中小企業の経営承継」（共著、日本加除出版、２０１０年）

「ザ・企業再編／地域エクイティへの道」（単著、梓書院、２００９年）

「経営統制と資金調達」（共著、民事法研究会、２００９年）

「中小企業のための戦略的定款」（共著、民事法研究会、２００８年）

「種類株式プラスα徹底活用法」（共著、ダイヤモンド社、２００７年）

「ＷＩＬＬプロジェクト・間違いだらけの遺言を超える」（単著、出版文化社、２００７年）

「会社の継ぎかたつぶしかた」（共著、日経ＢＰ社、２００４年）

ほか多数

願いが叶う!!　想いが実る!!　究極の財産管理ツール

民事信託超入門

定価：本体2,700円（税別）

平成26年９月16日　初版第１刷発行
平成28年２月18日　初版第２刷発行

著　者　河　合　保　弘
発行者　尾　中　哲　夫

発行所　日本加除出版株式会社
本　社　郵便番号 171-8516
東京都豊島区南長崎３丁目16番６号
TEL (03)3953-5757（代表）
(03)3952-5759（編集）
FAX (03)3953-5772
URL http://www.kajo.co.jp/

営業部　郵便番号 171-8516
東京都豊島区南長崎３丁目16番６号
TEL (03)3953-5642
FAX (03)3953-2061

組版・印刷・製本　㈱倉田印刷

落丁本・乱丁本は本社でお取替えいたします。

Printed in Japan
ISBN978-4-8178-4185-8 C2032 ¥2700E